Dit is klussen aan je boot

Dit is klussen aan je boot

Pat Manley

Werkboek

Bewerkt door Olav Cox

Hollandia Haarlem

U kunt u gratis abonneren op de Hollandia-nieuwsbrief via onze website www.hollandia-boeken.nl, waar u natuurlijk ook alle informatie vindt over onze andere boeken.

Oorspronkelijke titel: Simple Boat Maintenance

Voor het Nederlandse taalgebied:

(e-mail: post@gottmer.nl)

Uitgeverij Hollandia BV maakt deel uit van de Gottmer Uitgevers Groep BV

Vertaling en bewerking: Olav Cox, www.ritmevandeoceaan.nl

Omslagontwerp en vormgeving binnenwerk: Atelier van Wageningen

Illustraties: Peter Spreadborough (pp. 72-74), Blakes Lavac Taylors (p. 121), Volvo Penta (pp. 20, 25, 26, 33, 43, 51 en 53), Vetus (p. 128), Perkins (p. 31), Lewmar (pp. 131-132 en 171), Lofrans (p. 171), Harken (p. 165), Erna Vader (pp. 13, 16, 22, 73, 76, 105 en 106), Hiswa (p. 68); alle resterende foto's en figuren zijn gemaakt door de auteur

ISBN 978 90 6410 439 8

NUR 484

Inhoud

Woord vooraf

Lange tijd heb ik met het idee voor dit boek rondgelopen, denkend over allerlei mogelijke onderwerpen en een goede manier om ze aan bod te laten komen. Mijn uitgever Tim Davison heeft me tijdens het proces begeleid met als eindresultaat: *Dit is klussen aan je boot*.

Zonder mijn vrouw Lynette was dit boek er nooit gekomen. Ze heeft veel van de klusfoto's gemaakt, en het zijn vaak haar handen die zichtbaar zijn bij het klussen. Tijdens het schrijven zorgde ze ervoor dat ik voldoende te eten en te drinken kreeg en ze kalmeerde me wanneer de computer weer eens niet deed wat ik wilde.

Ik wens je – met dit boek in de ene hand en een schroevendraaier in de andere – veel zorgeloos vaarplezier!

Pat Manley
Hythe, Southampton

Dankbetuiging

De auteur dankt de volgende personen en bedrijven voor hun hulp:
Colin Bridle voor de toestemming om foto's te maken van reparaties van polyesterbeschadigingen;
Peter Spreadborough van Southampton Calor Centre voor het gebruik van zijn foto's van knelkoppelingen en gasinstallaties;
Jeff Sheddick van ITT Jabsco voor het ter beschikking stellen van Jabsco-producten om te fotograferen;
Shamrock Chandlery voor de toestemming foto's van spullen in hun winkel te maken;
Blakes, Volvo Penta, Perkins Sabre Engines, Vetus, Lofrans en Lewmar voor informatie, tabellen, grafieken en foto's.

Varen en het klussen aan de boot brengen risico's met zich mee. De uitgever kan niet garanderen dat alle risico's volledig worden uitgesloten door te werken zoals in dit boek wordt aanbevolen. De uitgever neemt dan ook geen enkele verantwoordelijkheid voor ongelukken of schades die tijdens het varen of klussen aan de boot ontstaan. De lezer wordt erop gewezen dat de beschrijvingen van de klussen in dit boek moeten worden gezien als een algemene leidraad en dat de lezer zelf zijn inzicht en kennis zal moeten gebruiken om deze algemene beschrijvingen veilig toe te passen op de eigen situatie met betrekking tot het onderhouden van of klussen aan de boot.

Inleiding

Veel klussen aan boord zijn relatief eenvoudig, je hebt er echt geen twee rechterhanden voor nodig. Echter, wanneer je een bepaalde klus nog nooit hebt uitgevoerd kan het zijn dat je geen idee hebt hoe je die klus moet aanpakken.

Dit is klussen aan je boot is bedoeld om je op weg te helpen bij allerhande klussen aan boord, zodat je niet meteen een vakman hoeft in te huren wanneer er iets mis is. Alle klussen heb ik zelf uitgevoerd, dus dan moet het anderen ook lukken. Bij elke klus is aangegeven op een schaal van een tot vijf hoe moeilijk de klus is.
Er is geen speciaal gereedschap nodig; met een goed uitgeruste doe-het-zelf-gereedschapskist kom je een heel eind.

Omdat er veel verschillende uitvoeringen van producten bestaan, is het onmogelijk om voor elke uitvoering alle werkzaamheden te behandelen. Echter, *Dit is klussen aan je boot* en de gebruiksaanwijzing die bij het product hoort, zouden je in staat moeten stellen om alle klussen die in dit boek aan de orde komen tot een goed einde te brengen.

Klussen die een bovengemiddeld inzicht of vakmanschap vereisen worden in dit boek niet behandeld. Maar met dit boek als leidraad zou je wel in staat moeten zijn om de onderhoudskosten van je boot terug te dringen en zodoende meer plezier te beleven aan het bezit van een boot.

Elke klus wordt behandeld in de volgende stappen:

- Waarom is het nodig?
- Wanneer is het nodig?
- Benodigde gereedschappen
- Waar zit het?
- Moeilijkheidsgraad
- Beschrijving van de klus

Routineonderhoud

Routineonderhoud wordt regelmatig uitgevoerd, meestal jaarlijks, en zorgt in tegenstelling tot een klus die zich plotseling aandient voor weinig verrassingen.
Je kunt zelf bepalen wanneer je het uitvoert en alle gereedschappen en benodigde onderdelen vooraf alvast klaarleggen. Wanneer de boot intensief gebruikt wordt kan het nodig zijn het routineonderhoud vaker uit te voeren. Gebruiksaanwijzingen of handboeken vertellen je wat je moet doen, en ook wanneer. Schrijf wel ergens op wat je doet, bijvoorbeeld in het logboek. Zo houd je overzicht en kun je bij verkoop van de boot laten zien wat er aan gedaan is.

Maak een lijst van al het routineonderhoud dat jaarlijks aan de boot gedaan moet worden en vink aan wat er gebeurd is.

Repareren van iets dat stuk is

Soms is overduidelijk wat er stuk is. Je hoeft het dan alleen maar te repareren of te vervangen.
Maar er zijn ook gevallen waarin niet duidelijk is wat er stuk is. Je zult dan eerst het probleem moeten opsporen voordat je het op kunt lossen.

Filosofie achter het opsporen van een probleem

Zolang alles in orde is, is alles *normaal*. Om een probleem te kunnen constateren moet je dus weten wat 'normaal' is. Dat lijkt gemakkelijker dan het is. Want dingen kunnen langzaam veranderen, waardoor het niet zo opvalt. Bijvoorbeeld: het duurt steeds iets langer voor de motor start, de genualier draait een beetje stroever, het roer stuurt wat zwaarder dan normaal.

In bepaalde gevallen is de normale situatie gemakkelijk vast te stellen, zoals de bedrijfstemperatuur van de motor. Deze is in de normale situatie bijvoorbeeld 70 °C. Je hoeft dit niet precies te onthouden: een streepje verf op het venster van de temperatuurmeter op de plek waar de naald normaliter staat is voldoende. En wanneer er twee motoren aanwezig zijn, waarom zou je de temperatuurmeters dan aan weerszijden van het dashboard plaatsen? Zet ze direct naast elkaar, dan valt elk verschil direct op. Helaas zijn de ontwerpers vaak meer geïnteresseerd in vormgeving dan in functionaliteit.

Je moet dus gevoel krijgen voor wat *normaal* is. Dan pas is het mogelijk op te merken dat er iets is veranderd, en het is de *verandering* die verraadt dat er misschien een probleem is.

Door te kijken naar de verandering kun je bepalen of er echt iets aan de hand is. Het feit bijvoorbeeld dat de boot langzamer vaart dan normaal bij een bepaald toerental hoeft niet direct te betekenen dat de motor minder vermogen levert. Het kan ook betekenen dat de romp is aangegroeid, dat er iets in de schroef zit of dat het logwieltje niet soepel draait. Je moet dus alle verschijnselen bekijken. In dit geval kan een blik op het zog van de boot al duidelijkheid verschaffen over of er iets in de schroef zit. En weet je dat de romp twee jaar geleden voor het laatst in de antifouling is gezet, dan is het zeer aannemelijk dat aangroei op de romp de oorzaak is van de lagere snelheid. Pas wanneer je al deze voor de hand liggende oorzaken hebt afgestreept, wordt het tijd om de motor nader te inspecteren.

En pas als je ervan overtuigd bent dat er werkelijk een probleem bestaat, wordt het tijd om het probleem stap voor stap aan te pakken.

- Wat is normaal?
- Wat is er veranderd?
- Bekijk alle verschijnselen.
- Welke oorza(a)k(en) ligt/liggen er gezien de verschijnselen het meest voor de hand?
- Schrijf de mogelijke oorzaken op en orden ze op basis van kosten of het gemak waarmee ze te onderzoeken zijn.
- Win zo nodig advies in bij een specialist.
- Bedenk een plan van aanpak.
- Pak de klus aan en los het probleem op.

Maar met wat voor klussen je ook te maken krijgt, geniet vooral van je boot!

Motoren: koelsysteem

Het grootste deel van de energie die in de brandstof aanwezig is gaat verloren. Minstens een kwart van dit verlies komt als warmte terecht in het koelsysteem van de motor. Deze warmte moet worden afgevoerd, anders zal de motor oververhit raken en kan er ernstige schade ontstaan. Door een storing in het koelsysteem kan de temperatuur van de motor zo snel stijgen dat deze direct moet worden afgezet, iets wat niet altijd even goed uitkomt.

Het akoestisch temperatuuralarm van de motor is over het algemeen het eerste duidelijke signaal van oververhitting. Een temperatuurmeter geeft al eerder aan dat de temperatuur stijgt, maar vaak wordt dit niet opgemerkt. Wanneer de oververhitting wordt veroorzaakt door een kapotte koelwaterpomp of een verstopping van de koelwatertoevoer, zal er geen koelwater door de uitlaat naar buiten komen, waardoor de uitlaat anders klinkt. Hoe eerder dit wordt opgemerkt, hoe groter de kans is dat schade aan de impeller van de koelwaterpomp wordt voorkomen.

Er bestaan twee soorten koelsystemen:

Directe koeling

De motor wordt direct gekoeld door het buitenwater. Dus wanneer je op het IJsselmeer vaart, circuleert er IJsselmeerwater door het koelsysteem van de motor.

Indirecte koeling

In het koelsysteem van de motor circuleert speciale koelvloeistof. Deze koelvloeistof wordt gekoeld in een warmtewisselaar. Meestal stroomt er buitenwater door de warmtewisselaar om de warmte van de koelvloeistof af te voeren. Soms wordt de koelvloeistof ook door buizen langs de buitenzijde van de romp geleid, zodat langstromend buitenwater de koelvloeistof afkoelt. In dat geval spreek je van een volledig gesloten koelsysteem.

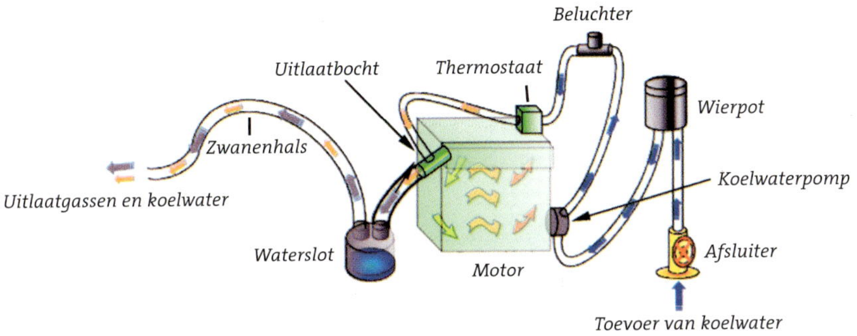

Directe koeling

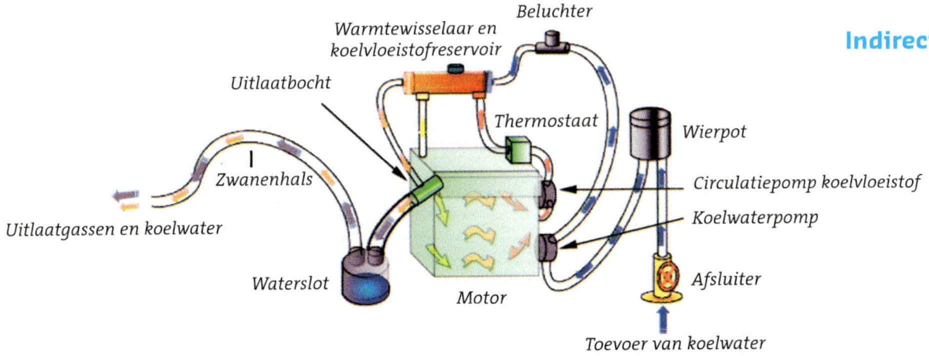

Indirecte koeling

Directe koeling

Dit is de meest eenvoudige vorm van motorkoeling. Het koelwater (zoet of zout) dat door de koelkanalen stroomt zorgt echter voor corrosie en kalkaanslag. Veel oudere scheepsmotoren zijn gemaakt van dikwandig gietijzer, en daar zal het dus zo'n vaart niet lopen. Maar sommige hedendaagse lichtgewichtmotoren werken ook met directe koeling en daarbij zijn opofferingsanodes nodig om corrosie in de koelkanalen te voorkomen. Het is noodzakelijk deze anodes minimaal eenmaal per jaar te vervangen, dus zoek in het motorhandboek op waar ze zitten.

De thermostaat bepaalt hoeveel koelwater er door de koelkanalen van de motor stroomt voor het regelen van de motortemperatuur. Bij een koude motor blijft de thermostaat gesloten en stroomt het koelwater rechtstreeks via de uitlaat naar buiten. Wanneer de motor op temperatuur begint te komen opent de thermostaat een beetje, zodat een deel van het koelwater door de koelkanalen stroomt voordat het in de uitlaatbocht weer samenkomt met de rest van het koelwater. Wanneer de motor heet wordt stroomt al het koelwater langs de nu volledig geopende thermostaat door de koelkanalen van de motor.

1 – Oververhitting als gevolg van verstopping

Waarom is het nodig?
Oververhitting van de motor kan tot ernstige schade aan de motor leiden.

Wanneer is het nodig?
Wanneer het erop lijkt dat de motor oververhit raakt. Oververhitting kan worden aangegeven door het temperatuuralarm of een hogere waarde op de motortemperatuurmeter dan normaal.

Benodigde gereedschappen
Sleutels en schroevendraaiers.

Waar zit het?
Het kan overal zitten, vanaf de koelwaterinlaat tot de uitlaat.

Hoe doe je het?
Je zult het hele koelsysteem moeten nalopen, beginnend op de meest voor de hand liggende plaats of de gemakkelijkst bereikbare, tenzij je precies weet wat er aan de hand is.

Moeilijkheidsgraad

(Weten hoe een koelsysteem werkt is erg waardevol)

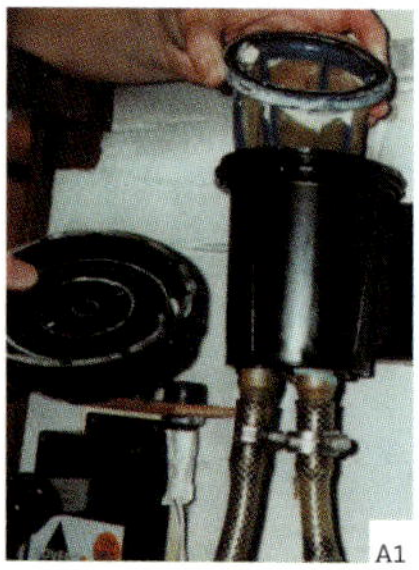
A1

Is er een verstopping?

1. Stop de motor wanneer je het idee hebt dat er iets mis is met de koeling.
2. Wacht een minuutje en start de motor weer. Met een beetje geluk werd het probleem veroorzaakt door een stuk plastic of iets dergelijks dat tegen de koelwaterinlaat werd aangezogen, en heeft dit de kans gekregen om weg te drijven.
3. Kijk naar de uitlaat of luister goed naar het geluid om te controleren of er koelwater naar buiten stroomt.
4. Zo niet, stop dan de motor opnieuw en ga verder met het opsporen van het probleem.
5. Controleer de wierpot om te zien of die verstopt zit. Zo nodig schoonmaken (foto A1). Sommige werven plaatsen geen wierpot bij de inbouw van een motor met saildrive. Indien er geen wierpot is gemonteerd, plaats er dan alsnog een op een gemakkelijk bereikbare plaats.

Indirecte koeling

Al het koelwater dat van buiten wordt aangezogen, stroomt voortdurend door de warmtewisselaar. Het koelwater stroomt niet door de koelkanalen van de motor.

Een circulatiepomp pompt speciale koelvloeistof rond door de koelkanalen van de motor. De thermostaat bepaalt hoeveel koelvloeistof er door de warmtewisselaar stroomt, zodat de motor op de gewenste temperatuur blijft.
Er zijn geen opofferingsanodes nodig in het koelvloeistofdeel van het koelsysteem, maar er zitten vaak WEL anodes in de warmtewisselaar in het deel waar het koelwater doorheen stroomt. En wanneer er meerdere warmtewisselaars aanwezig zijn, bijvoorbeeld voor het koelen van de motorolie, de keerkoppelingolie of de lucht van de turbocompressor, dan KAN er een anode zijn geplaatst in elke warmtewisselaar.

Wierpot

Het is aan te raden om een wierpot te plaatsen in het koelwaterdeel van het koelsysteem, vóór de koelwaterpomp en als het even kan boven de waterlijn. De wierpot filtert naast (zee)wier ook garnaaltjes, kwalletjes, blaadjes en andere zaken uit het water, zodat ze niet in het koelsysteem terechtkomen. Vroeger werden wierpotten niet altijd ingebouwd, en ook tegenwoordig zijn er nog werven die hun jachten zonder wierpot afleveren. Mocht er in het koelsysteem geen wierpot aanwezig zijn, plaats deze dan alsnog (foto A2).

A2

6 Een verstopping tussen de koelwaterafsluiter en de wierpot kan meestal worden opgelost door lucht door de slang naar buiten te blazen, bijvoorbeeld met de misthoorn of de pomp van de bijboot (foto B). Neem indien nodig de toevoerslang van de wierpot los en blaas de slang door totdat je luchtbellen langs romp hoort borrelen.

7 Wanneer de wierpot onder de waterlijn zit zul je eerst de koelwaterafsluiter dicht moeten zetten voordat je de wierpot opent of de toevoerslang losneemt. Tijdens het doorblazen de afsluiter openen en direct daarna weer dichtzetten (foto C).

8 Bij motoren met een saildrive-aandrijving zit de afsluiter van de koelwatertoevoer dicht bij de keerkoppeling (aan bakboord bij Volvo Penta's en aan stuurboord bij Yanmars). Oudere Volvo Penta's hebben een plastic wieltje op de koelwaterafsluiter (foto D), dat ongeveer 90 graden roteert en erg moeilijk draait. De afsluiters op jongere Volvo-motoren zijn voorzien van een hendel. Yanmars hebben een bronzen schroefafsluiter met een T-vormig handvat dat meerdere slagen gedraaid moet worden voordat de afsluiter dicht zit. Bij motoren met een schroefasaandrijving is de afsluiter van het koelwater te vinden aan het begin van de toevoerslang van het koelwater.

B

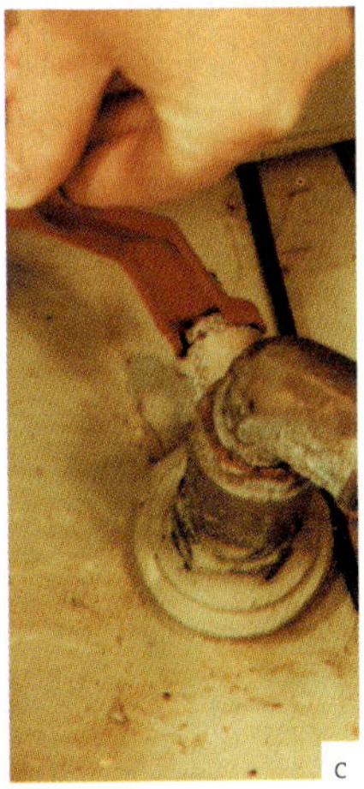
C

D

2 - Koelwaterpomp

Waar zit de koelwaterpomp?

1 Op veel kleinere motoren is de koelwaterpomp aan de voorzijde van de motor geplaatst, waar deze gemakkelijk bereikbaar is (foto E1). Helaas is dit niet altijd het geval.
2 Bij oudere Volvo Penta-motoren zit de koelwaterpomp boven de keerkoppeling (foto E2).
3 Volg de slang van de wierpot en je komt vanzelf bij de koelwaterpomp.

Tip

Yanmar 2GM- en 3GM-motoren

Op de Yanmar 2GM en 3GM is de koelwaterpomp achterstevoren geplaatst in het verlengde van de voorste motorsteun aan stuurboord. De gemakkelijkste manier om bij de impeller te komen is de pomp eerst los te maken van de motor (foto's F1 en F2). Dit is niet zo lastig als het lijkt, omdat je slechts twee bouten hoeft los te maken en de slangen aan de pomp kunnen blijven zitten.

E1

E2

F1

F2

Oorzaken van een kapotte koelwaterpomp

- Wanneer de pomp draait zonder water, worden de rubberbladen van de impeller heet en zullen ze kapotgaan. Dit is de meest voorkomende oorzaak van een kapotte koelwaterpomp (foto A).
- Stukjes van de rubberbladen kunnen vast komen te zitten in het koelsysteem en zo de waterdoorvoer blokkeren waardoor de motor onvoldoende wordt gekoeld. In motoren met directe koeling kunnen de afgebroken stukjes van de bladen overal in het koelsysteem terechtkomen en al dan niet problemen veroorzaken. Het doorspoelen van het koelsysteem in omgekeerde richting kan ervoor zorgen dat de stukjes uiteindelijk weer in het pomphuis terechtkomen. Raadpleeg in geval van twijfel een vakman.
- Bij indirect gekoelde motoren zullen de stukjes van de rubberbladen rechtstreeks naar de warmtewisselaar spoelen en daar klem komen te zitten of verder spoelen naar de uitlaat (figuur B). Het schoonmaken van de warmtewisselaar is een relatief eenvoudige klus.

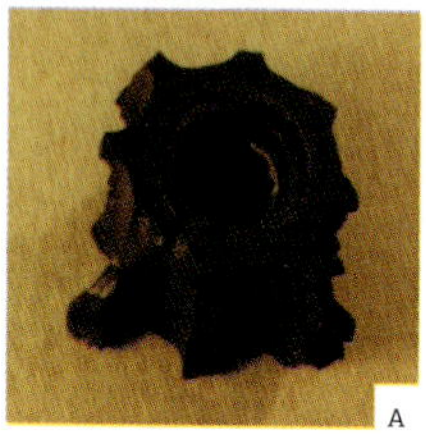
A

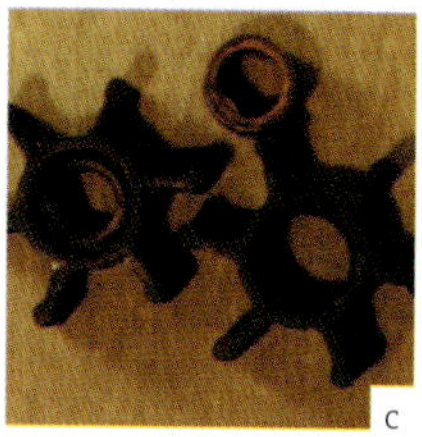
C

Er kan een opofferingsanode aanwezig zijn in de warmtewisselaar

Stukjes impeller hopen zich hier waarschijnlijk op

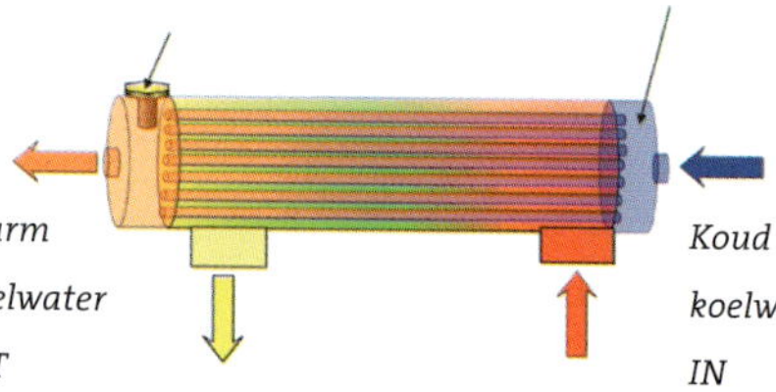

Warm koelwater UIT

Koud koelwater IN

Koude koelvloeistof UIT

Hete koelvloeistof IN

B

- Een impeller is vaak uit twee delen opgebouwd: een rubberen deel met bladen en een metalen buisvormige kern die om de pompas wordt geschoven. Wanneer het goed is zit het rubber vast aan de metalen kern, maar soms komt het rubber los te zitten (foto C, p. 14). De rubberbladen blijven dan stilstaan in de koelwaterpomp, terwijl de metalen kern met de pompas mee ronddraait. Wanneer je het deksel van de pomp losneemt, is dit niet altijd goed te zien. Controleer dus wanneer je de impeller uit de pomp haalt of de metalen kern van de impeller goed vastzit aan het rubber. Dit probleem kan altijd voorkomen, zelfs met een nieuwe impeller.
- In uitzonderlijke gevallen kan slijtage van de nok (foto D) in het pomphuis (een soort verdikking die in het pomphuis is geschroefd) de hoeveelheid water die wordt verpompt aanzienlijk verminderen, waardoor de motor niet voldoende wordt gekoeld en oververhit raakt.
- Een heel enkele keer gebeurt het dat de schroef die de nok in het pomphuis vasthoudt afbreekt. De nok draait dan mee met de impeller. Controleer dus of de nok op de juiste plaats zit: tussen de inlaat en de uitlaat van de pomp 'via de korte weg rond' (foto's E en F). Wanneer de schroef is afgebroken zul je de pomp waarschijnlijk moeten losnemen van de motor om de schroef te kunnen vervangen (foto G). De vervangende schroef mag niet te lang zijn zodat deze niet boven de nok uitsteekt, anders zullen de impellerbladen beschadigen.
- Het pompdeksel kan zo sterk zijn ingesleten dat de capaciteit van de pomp afneemt (foto H). Als tijdelijke oplossing kan het pompdeksel worden omgedraaid zodat de buitenkant van het pompdeksel nu tegen de impeller aan zit (foto I). Schuur eventueel aanwezige lak weg. Inscripties in het pompdeksel beïnvloeden de werking van de pomp niet.

D

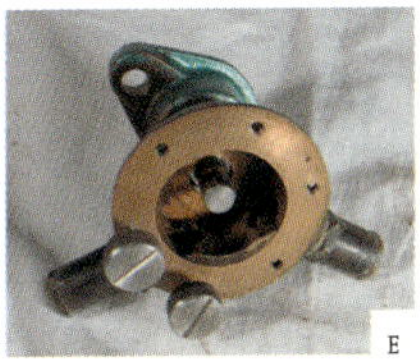
E

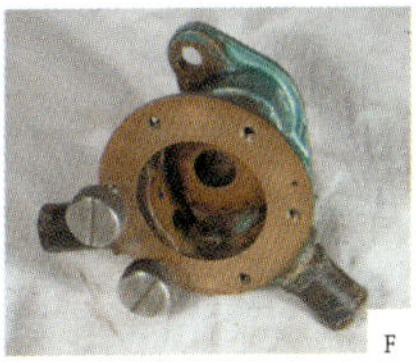
F

G

H

I

Vervangen van de impeller

Waarom is het nodig?
Een kapotte impeller zal oververhitting van de motor veroorzaken.

Wanneer is het nodig?
De impeller kan uit voorzorg het beste jaarlijks worden vervangen. Wanneer de pomp 'droog loopt', omdat de koelwaterafsluiter dicht staat of de aanzuigleiding verstopt is, zal de impeller binnen een paar minuten oververhit raken en beschadigen. Ook dan moet de impeller worden vervangen.

Benodigde gereedschappen
Sleutels en schroevendraaiers.

Waar zit het?
Meestal aan de voorzijde van de motor, maar de pomp kan ook aan de zijkant of achterkant zitten.

Moeilijkheidsgraad

Vervangen van de impeller

1 Sluit de afsluiter van de koelwatertoevoer (foto J).
2 Draai de schroeven van het pomphuisdeksel los (figuur K).
3 Neem het pomphuisdeksel en de pakking los (figuur L). Het nog aanwezige koelwater stroomt via het pomphuis naar buiten.
4 Schuif de impeller voorzichtig van de pompas met behulp van een tang of een paar schroevendraaiers (figuur M).
5 Controleer de oude impeller op scheurtjes of afgebroken stukjes (foto N).
6 Vet de nieuwe impeller dun in met vaseline en schuif de impeller op de pompas (foto O).
7 Zorg ervoor dat de bladen van de impeller de juiste kant op buigen; een impeller draait altijd 'via de langste weg rond' van inlaat naar uitlaat (foto P1 en figuur P2).
8 Plaats de pakking (indien nodig een nieuwe) en het pomphuisdeksel. Het kan geen kwaad de pakking ook met vaseline in te vetten.
9 Zet alle schroeven er weer in.
10 Draai alle schroeven vast (figuur Q).
11 Open de afsluiter van de koelwatertoevoer (foto R).

Controleer bij het starten van de motor of er koelwater uit de uitlaat komt en kijk daarna of er geen water lekt uit de buitenwaterpomp. Wanneer het pomphuisdeksel heet aanvoelt, loopt de pomp droog. Let er op dat haren of kleren niet gegrepen worden door de bewegende delen van de motor!

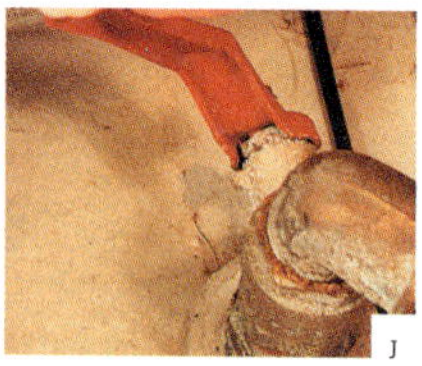
J

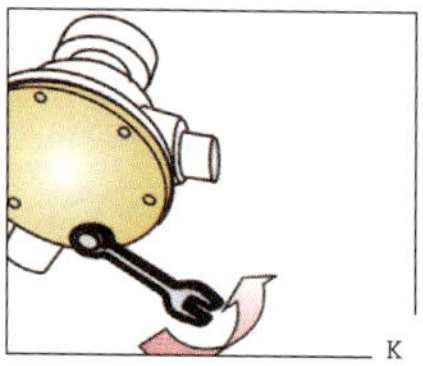
K

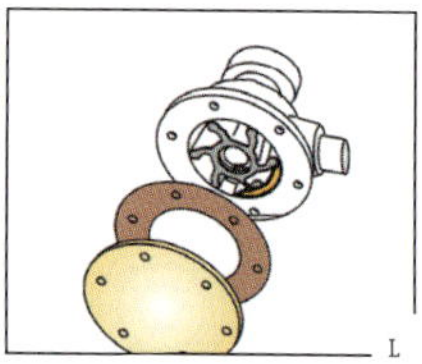
L

M

N

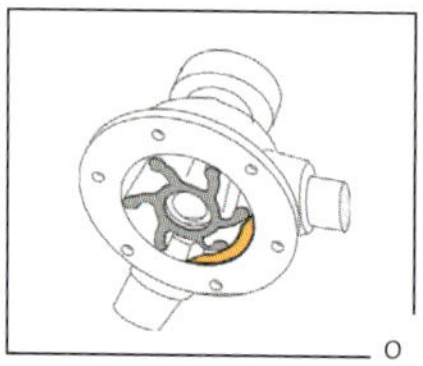
O

P1

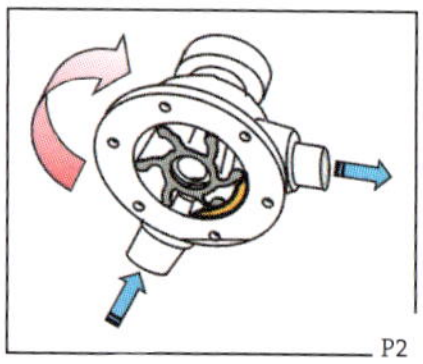
P2

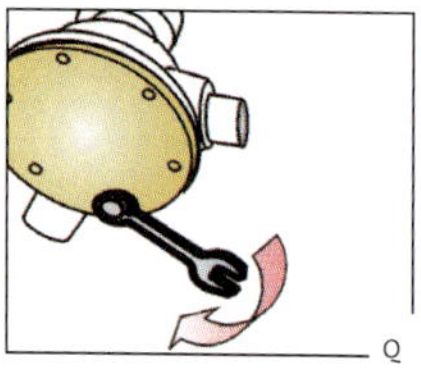
Q

R

Een collega-watersporter had een keer problemen met de koeling. Toen hij de impeller wilde inspecteren en het pomphuisdeksel losmaakte, glibberde er een aaltje uit de koelwaterpomp! Wees dus op alles voorbereid, je weet nooit wat je aantreft...

Tip

Plaatsen van een nieuwe impeller

Een impeller heeft geen voor- of achterkant, maar let er wel op dat de bladen van de impeller in de juiste richting wijzen wanneer deze geplaatst is. Door met een tie-wrap, touwtje of elastiek de bladen alvast in de juiste richting te trekken, schuift de impeller veel gemakkelijker in het pomphuis (foto S).

S

Tip

Monteer een 'speedseal'

De 'speedseal' (foto T) vervangt het standaard pomphuisdeksel met bijbehorende pakking door een zwaar uitgevoerd deksel met een rubberen O-ring. Het deksel wordt vastgezet met grote schroeven, waarvan er twee in het pomphuis kunnen blijven zitten wanneer het deksel eraf moet. De schroeven kunnen met de hand worden vastgezet. Hierdoor is de kans dat je iets in de bilge laat vallen een stuk kleiner en je hebt ook geen gereedschap nodig, waardoor je de impeller in een noodsituatie sneller kunt vervangen. 'Speedseals' zijn voor de meeste kleine motoren leverbaar.

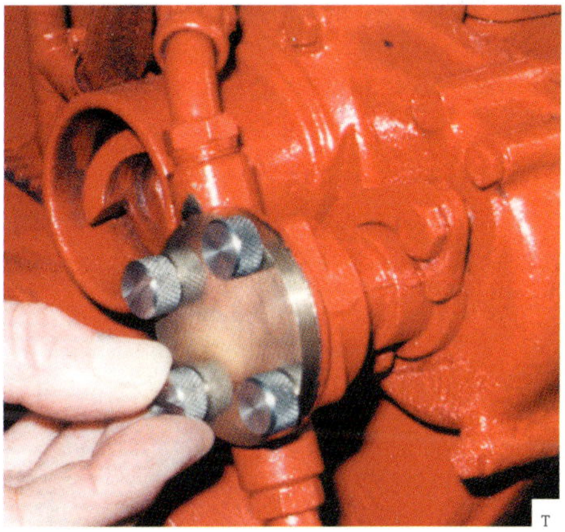
T

Buitenwaterpompen op Sabb-motoren

Sabb-motoren zijn voorzien van een heel ander soort koelwaterpomp: een membraanpomp (foto's U1 en U2). Deze zit een stuk ingewikkelder in elkaar, maar kan ertegen om lange tijd 'droog te lopen'. Wat dat betreft winnen ze het van impellerpompen, die zonder watertoevoer binnen tien minuten beschadigen.

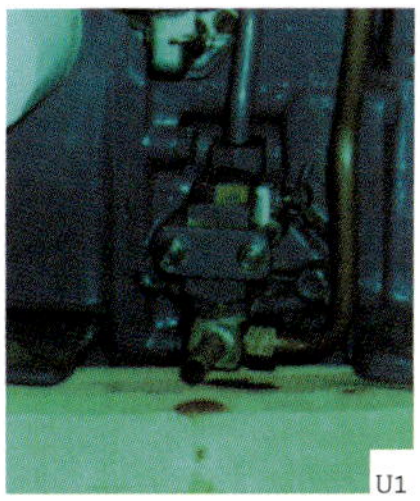
U1

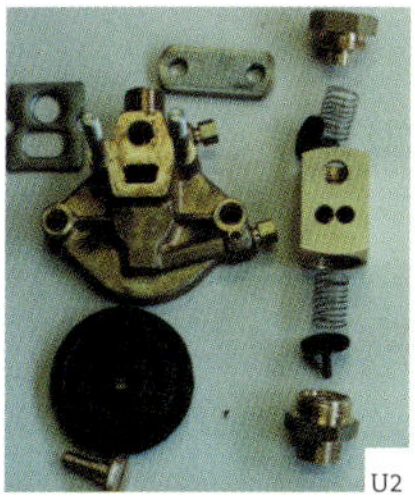
U2

Lekkage van de koelwaterpomp

Waarom is het nodig?
De water- en oliekeerringen op de pompas slijten op den duur, waardoor de pompas door weglekkend koelwater corrodeert of motorolie weglekt.

Wanneer is het nodig?
Een dagelijkse controle van het 'verklikkergaatje' van de koelwaterpomp geeft een tijdig signaal van een kapotte keerring.

Benodigde gereedschappen
Geen.

Waar zit het?
Meestal aan de voorzijde van de motor, maar de pomp kan ook aan de zijkant of achterkant zijn gemonteerd.

Moeilijkheidsgraad

Lekkage van het pomphuis

1. Er zit een waterkeerring op de pompas en waarschijnlijk ook een oliekeerring. Over het algemeen begint de waterkeerring als eerste te lekken; als die niet snel wordt vervangen, zal de pompas gaan corroderen. Wanneer er ook een oliekeerring aanwezig is, is die meestal identiek aan de waterkeerring, maar omgekeerd geplaatst (om de olie in het motorblok te houden).
2. Het pomphuis heeft een 'verklikgaatje' aan de onderkant (foto's A en B), waar druppels zichtbaar worden bij lekkage. Door dagelijks even met de vinger onder het verklikgaatje langs te vegen is lekkage snel ontdekt. Je kunt in dat geval de motor nog wel gebruiken, maar hoe sneller je de lekkage oplost, hoe goedkoper de reparatie zal zijn.
3. Het vervangen van de keerringen wordt in dit boek niet beschreven, maar voor veel pompen is een reparatieset verkrijgbaar. Mogelijk moet de hulp van een monteur worden ingeroepen om de lagers van de pompas te verwijderen en te monteren zodat de keerringen vervangen kunnen worden.

A

B

Verklikgaatje

Tip
Voor sommige pompen is geen reparatieset verkrijgbaar, zodat bij lekkage de hele pomp vervangen moet worden Vaak is het mogelijk een ander merk pomp te gebruiken ter vervanging van de originele, en dat voor de helft van het geld. En met een beetje geluk zijn er voor de vervangende pomp wel reparatiesets verkrijgbaar voor toekomstig onderhoud.

Lekkage van het pomphuisdeksel

1 Echte lekkage van het pomphuisdeksel komt eigenlijk alleen maar voor wanneer je het pomphuisdeksel net hebt gemonteerd en er iets niet helemaal goed zit. Toch kan de afdichting na verloop van tijd wat vochtig worden (foto C).

2 Neem het pomphuisdeksel los en controleer de pakking. Deze is over het algemeen erg dun en kan gemakkelijk beschadigen.

3 Een lik watervast vet zal samen met de pakking de lekkage wel een tijdje onder controle houden (foto D).

4 Wanneer de beschadigde pakking niet meer bruikbaar is, kun je een tijdelijk exemplaar snijden uit dun karton of stevig papier. Ook kan vloeibare pakking uitkomst bieden (foto E).

5 Wanneer je vloeibare pakking gebruikt, draai dan de schroeven van het pomphuisdeksel meteen vast en wacht niet tot de pakking een beetje aandroogt (zoals je normaliter zou doen). Dit zorgt voor een minimale pakkingdikte en dus een maximale compressie in de pomp.

6 Wanneer er een 'speedseal' is geplaatst (foto F), controleer dan de rubberen O-ring en vervang deze zo nodig (foto G).

C

D

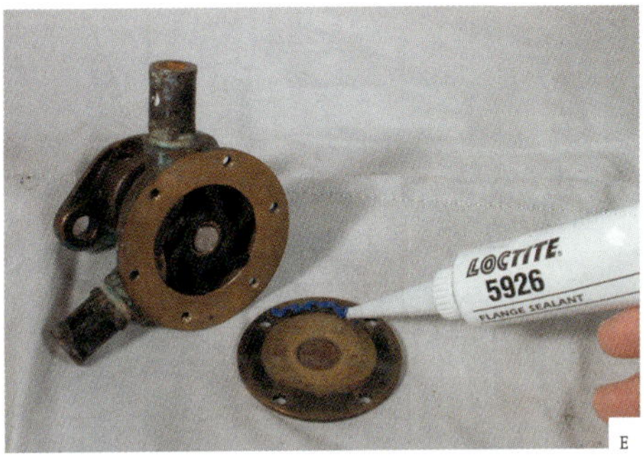

E

F

G

3 - Thermostaat

Thermostaatproblemen

- Moderne met was gevulde thermostaten (foto A) zijn over het algemeen erg betrouwbaar. Wanneer ze toch stukgaan, gaan ze meestal open staan, waardoor de motortemperatuur eerder te laag wordt dan te hoog. Dit heeft gevolgen voor de prestaties van de motor, maar leidt in ieder geval niet tot oververhitting.
- Oudere thermostaten, die nog steeds in veel motoren aanwezig zijn, werken met een luchtgevulde balg (foto B). Wanneer deze balg stuk gaat sluit de thermostaat, wat meestal leidt tot oververhitting van de motor. Vaak wordt gezegd dat je in dat geval de thermostaat, als noodmaatregel om terug in de haven te komen, het beste uit het koelsysteem kunt verwijderen. Maar dit is niet altijd waar – doe het dus niet! Beter is het om de thermostaat uit het koelsysteem te halen, in open stand te fixeren en dan weer in het koelsysteem terug te plaatsen. Waarschijnlijk komt de motor dan niet goed op temperatuur, maar in extreme omstandigheden kan de motor ook plotseling oververhit raken. Houd de temperatuurmeter, indien aanwezig, dus goed in de gaten.

A

B

Tip

Testen van een thermostaat

De thermostaat kan gemakkelijk worden getest op een juiste werking. Zet een pan water op het vuur en leg de thermostaat erin. Wanneer de temperatuur van het water stijgt zal de thermostaat op een gegeven moment openen. Met een thermometer kun je bepalen bij welke temperatuur dit het geval is en die temperatuur kun je controleren met de openingstemperatuur die op de thermostaat staat (figuur C).

C

Uitbouwen van de thermostaat

Waarom is het nodig?
Om de thermostaat te kunnen controleren of vervangen wanneer je het idee hebt dat de thermostaat de oorzaak is van oververhitting van de motor.

Wanneer is het nodig?
Op het moment dat je de thermostaat als oorzaak van een te hoge motortemperatuur hebt aangewezen.

Benodigde gereedschappen
Sleutels en schroevendraaiers.

Moeilijkheidsgraad

Waar zit het?
Zoek naar de thermostaatbehuizing, meestal aan het eind van een rubberslang. Bij direct gekoelde motoren is de thermostaat voorbij de waterpomp te vinden. Bij indirect gekoelde motoren is de thermostaat in het koelvloeistofsysteem ingebouwd. Meestal is de thermostaatbehuizing met een paar bouten gemonteerd. Er zijn ook motoren waar de thermostaat is geplaatst in een verdikking aan het uiteinde van een rubberslang.

Uitbouwen van de thermostaat, directe koeling

1 Zet de koelwaterafsluiter dicht.
2 Neem het deksel van de koelwaterpomp los om het water uit de pomp en uit de thermostaatbehuizing te laten lopen (dit is niet echt noodzakelijk, maar het zorgt ervoor dat er geen water over de motor stroomt wanneer je de thermostaatbehuizing losneemt).
3 Schroef de slangklemmen van elke toe- en afvoerslang op de thermostaatbehuizing los.
4 Draai de bouten die de thermostaatbehuizing fixeren los (foto A).
5 Neem de thermostaatbehuizing los van de motor (foto B).
6 Haal de thermostaat eruit (foto C).
7 Test of vervang de thermostaat en plaats deze terug in de behuizing.
8 Zet alles in omgekeerde volgorde weer in elkaar en vervang zo nodig de pakking tussen thermostaatbehuizing en motor.
9 Open de koelwaterafsluiter.
10 Start de motor, controleer de doorstroom van het koelwater bij de uitlaat en controleer op lekkage. De thermostaatbehuizing blijft koel totdat de thermostaat opengaat (dus wanneer de motor op temperatuur komt). Dan voelt de thermostaatbehuizing bij aanraking heet aan, omdat er door de motor verhit koelwater doorheen stroomt.
11 Bekijk of de problemen met het koelsysteem zijn verholpen.

A

B

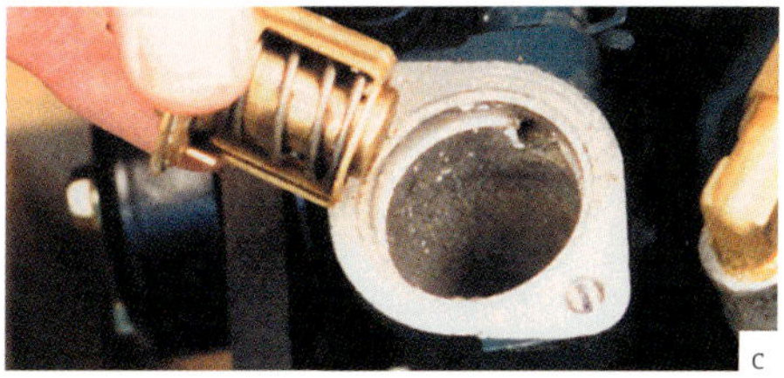
C

D

Uitbouwen van de thermostaat, indirecte koeling

1 Laat, indien de motor warm is, de koelvloeistof afkoelen.
2 Traceer de thermostaat en tap koelvloeistof af totdat deze onder het niveau van de thermostaat staat. Op deze manier voorkom je dat koelvloeistof over het motorblok heen stroomt wanneer je de thermostaat verwijdert.
3 Schroef de slangklemmen van elke toe- en afvoerslang op de thermostaatbehuizing los. Op foto D zit de thermostaat in de verdikking in de zwarte rubberslang en hoeft er verder niets los te worden gemaakt.
4 Draai de bouten die de thermostaatbehuizing fixeren los.
5 Neem de thermostaatbehuizing los van de motor.
6 Haal de thermostaat eruit.
7 Test of vervang de thermostaat en plaats deze terug in de behuizing.
8 Zet alles in omgekeerde volgorde weer in elkaar en vervang indien nodig de pakking tussen thermostaatbehuizing en motor.
9 Breng het koelvloeistofpeil weer op niveau.
10 Start de motor, controleer de doorstroom van het koelwater bij de uitlaat en controleer op lekkage. De thermostaatbehuizing blijft koel totdat de thermostaat opengaat (wanneer de motor op temperatuur komt). Dan voelt de thermostaatbehuizing bij aanraking heet aan, omdat er door de motor opgewarmde koelvloeistof doorheen stroomt.
11 Bekijk of de problemen met het koelsysteem zijn verholpen.

4 - Beluchter

Bij zeiljachten is er een zwanenhals in de uitlaatslang geplaatst om te voorkomen dat achteroplopende golven in de uitlaat kunnen spoelen. Wanneer de motor draait zal dit niet snel gebeuren, aangezien water dat naar binnen dreigt te stromen samen met het koelwater door de uitlaatgassen naar buiten wordt geblazen. Maar wanneer de motor niet draait en er geen zwanenhals geplaatst is om binnenspoelend water tegen te houden, kan zich steeds meer water verzamelen op het laagste punt van het uitlaatsysteem. Wanneer er zoveel water is binnengespoeld dat het waterniveau in de uitlaatslang is gestegen tot de hoogte van de uitlaatbocht, kan het water via deze uitlaatbocht het uitlaatspruitstuk instromen en elke cilinder vullen waarvan de uitlaatklep open staat. De motor starten met water in een of meer cilinders kan, mocht de motor al starten, leiden tot 'waterslag' en de daarbij behorende ernstige schade. Het water kan immers niet worden samengeperst.
Een onderschat probleem is echter dat water niet alleen via de uitlaatopening bij de spiegel in de uitlaatslang kan stromen, maar ook via de koelwaterpomp!

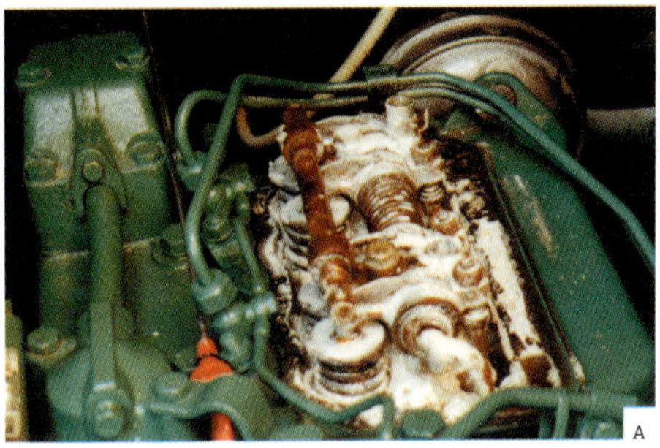
A

- Water kan in de uitlaatslang terechtkomen wanneer de koelwaterafsluiter open staat en de niet draaiende koelwaterpomp water doorlaat. Wanneer de uitlaatbocht beneden de waterlijn zit kan er namelijk buitenwater via de koelwaterpomp gaan hevelen naar het injectiepunt van het koelwater op de uitlaatbocht (figuur B). Het water vult zo de uitlaatslang totdat er genoeg water staat om via de uitlaatbocht de motor in te stromen.

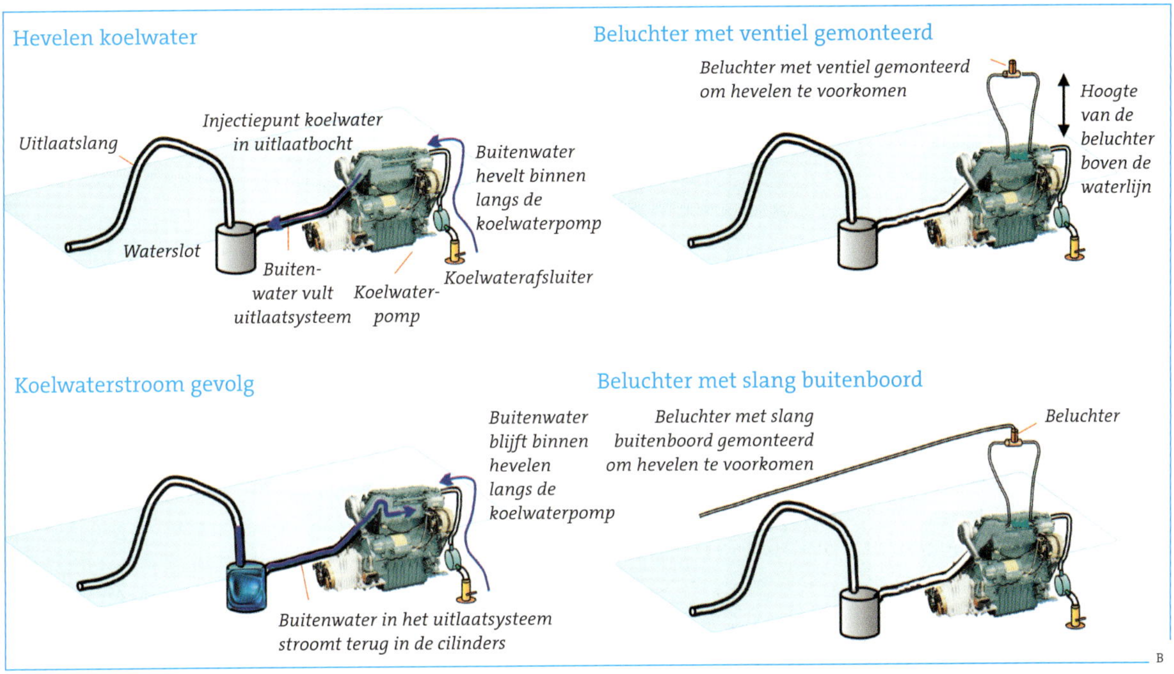

B

Zeiljacht-uitlaatsysteem

- Water dat in de motor terechtkomt, verontreinigt de olie en veroorzaakt ernstige corrosie (foto A, p. 23).
- Water kan niet worden samengedrukt en is in staat een zuiger te vernielen of een zuigerstang te verbuigen wanneer je probeert de motor te starten met water in een cilinder (waterslag).
- Om te voorkomen dat er buitenwater via de koelwaterpomp in de uitlaatslang kan hevelen, kun je altijd de koelwaterafsluiter dichtzetten wanneer de motor niet draait. Maar omdat dit niet altijd praktisch is, monteer je een beluchter wanneer het injectiepunt van het koelwater in de uitlaatbocht beneden de waterlijn zit. Door de bewegingen van een jacht kan hevelen ook al voorkomen wanneer het injectiepunt tot 150 mm boven de waterlijn zit.

C

Let op
Aan boord van zeiljachten en sommige motorjachten kan zich water in het uitlaatsysteem verzamelen wanneer je meerdere malen probeert de motor te starten zonder dat deze aanslaat.
De koelwaterpomp pompt het koelwater naar de uitlaat, maar er zijn geen uitlaatgassen om het water verder naar buiten te blazen.
Wanneer je de motor vaak moet starten voordat deze aanslaat, zet dan de koelwaterafsluiter dicht totdat de motor is gestart.

Beluchter met ventiel schoonmaken

Waarom is het nodig?
Een beluchter met een ventiel is geplaatst in de koelwaterleiding. Zolang de motor loopt is er waterdruk in de leiding aanwezig die het ventiel dichtdrukt. Wanneer de motor stopt gaat het ventiel open en komt er lucht in de leiding, zodat die 'lek' is en niet meer kan hevelen. Het ventiel kan echter verstopt raken door bijvoorbeeld zoutkristallen, waardoor het niet meer werkt tegen het hevelen. Een beluchter met ventiel heeft dus als risico dat het ventiel niet werkt, zonder dat je het weet, tot het mis gaat natuurlijk. Tijdig schoonmaken voorkomt een hoop ellende.

Wanneer is het nodig?
Jaarlijks.

Benodigde gereedschappen
Sleutels en schroevendraaiers.

Waar zit het?
- Wanneer er een beluchter nodig is, heeft de werf er waarschijnlijk al een geplaatst. Mogelijk is de beluchter nooit opgevallen aangezien deze minimaal 150 mm boven de waterlijn moet zitten en vaak uit het zicht is weggewerkt.
- Bekijk, om uit te vinden of er een beluchter aanwezig is, of de toevoerleiding met koelwater vanaf de koelwaterpomp ergens boven de motor verdwijnt om vervolgens weer terug te keren naar de aansluiting op het koelsysteem. Dit omhoog gaan en omlaag komen kan ook het geval zijn met de koelwaterslang die het koelsysteem verlaat en is aangesloten op het injectiepunt op de uitlaatbocht (foto C).

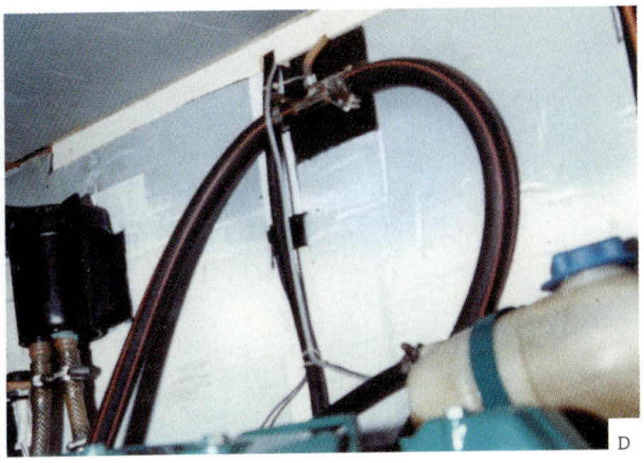

D

De Vetus-beluchter (zie foto C) bestaat in twee uitvoeringen. Een beluchter met een slang, zoals op de foto, en een beluchter met een ventiel, waaraan geen slang bevestigd is.

Merk op dat er soms een kort stukje slang van een beluchter met een ventiel naar de bilge is aangebracht om mogelijke druppels water uit de beluchter af te voeren. Maar het gaat hier nog steeds om een beluchter met een ventiel dat jaarlijks moet worden gereinigd.

- De ideale beluchter werkt echter niet met een ventiel, maar heeft een dun slangetje met een afvoer buitenboord, ruim boven de waterlijn. Dit is een vrijwel onfeilbaar systeem en vraagt geen onderhoud, behalve dan zo nu en dan een blik om te kijken of er water uit komt wanneer de motor draait. Zodra de motor stopt, zuigt het slangetje met een slurpend geluid leeg en dan weet je dat er geen hevelwerking meer mogelijk is (foto D).
- Op het moment dat er geen koelwaterafvoer vanuit de beluchter overboord is weet je dat je te maken hebt met een beluchter met een ventiel, hoewel dat er een kort slangetje geplaatst kan zijn om druppels water naar de bilge af te voeren.

Moeilijkheidsgraad

Beluchter met ventiel schoonmaken

1 Verwijder de bovenkant van het ventielhuis.
2 Haal voorzichtig het ventiel eruit en maak het goed schoon, net als de zitting waarop het ventiel afsluit (figuur E).
3 Controleer of het beluchtingspijpje schoon is door het goed door te blazen.
4 Zet alles weer zorgvuldig in elkaar.

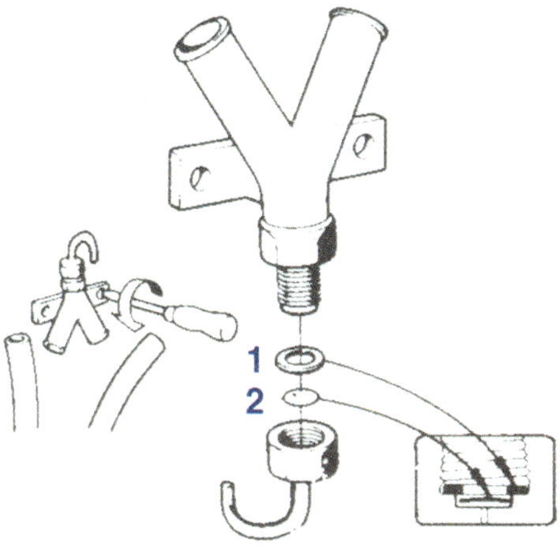

E

F

Tip

Volvo Penta-beluchter

Deze beluchter moet ondersteboven worden gehouden bij het in elkaar zetten. Daarom is het vaak gemakkelijker om de complete beluchter van het schot los te nemen wanneer je deze schoonmaakt, tenzij je er heel goed bij kunt (foto F).

Tip

Koelwaterafsluiter dicht

Buitenwater kan alleen in het uitlaatsysteem hevelen via de koelwaterpomp als er een toevoer van buitenwater is. Als je de koelwaterafsluiter dicht zet wanneer de motor niet loopt, weet je zeker dat je geen problemen krijgt. Niet vergeten de koelwaterafsluiter weer te openen wanneer de motor wordt gestart!

5 - Andere problemen

Overstromende koelvloeistof

1 Wanneer er te veel koelvloeistof in het koelsysteem aanwezig is (indirecte koeling), zal de koelvloeistof uitzetten en overstromen wanneer de motor heet wordt. Zodra het juiste koelvloeistofniveau is bereikt, zal het overstromen stoppen.

2 Motoren met rubber aansluitingen aan de uiteinden van de warmtewisselaar kunnen voortdurend te maken hebben met een te hoog koelvloeistofniveau (foto A).

3 Dit wordt meestal veroorzaakt door een losse slangklem waardoor er koelwater bij de koelvloeistof kan komen. Hierdoor raakt de koelvloeistof vervuild en zal er corrosie optreden (figuur B).

4 Draai de slangklem goed vast, spoel het koelvloeistofsysteem door en vul het met nieuwe koelvloeistof.

A

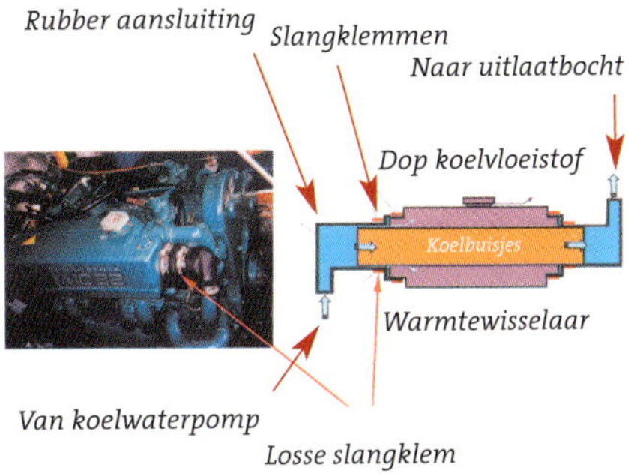

Losse slangklem als oorzaak van overstromende koelvloeistof

B

Andere mogelijke oorzaken

1 Wanneer het oververhittingsprobleem blijft bestaan, zal er naar nog veel meer zaken moeten worden gekeken. Een pasklaar antwoord bestaat niet.

2 Bij indirecte koeling kan een luchtbel in de koelvloeistof de oorzaak zijn en bij motoren waarbij dit kan voorkomen zal het instructieboek aangeven hoe er ontlucht kan worden. De Perkins 4107- en 4108-motoren zijn hiervoor speciaal voorzien van ontluchtingsschroeven in de cilinderkop (foto C).

3 Na het hervullen van het koelvloeistofsysteem zul je de motor een tijdje warm moeten draaien zonder dop op de warmtewisselaar, terwijl je meermalen de koelvloeistof bijvult. Er ontsnappen namelijk luchtbellen, waardoor het koelvloeistofniveau daalt (foto D).

4 Zodra het koelvloeistofniveau stabiel is, plaats je de dop op de warmtewisselaar, vul je het expansievat (indien aanwezig) tot het maximale niveau (de motor is warm) en zet je de motor uit. Controleer als de motor is afgekoeld het niveau van de koelvloeistof in het expansievat (foto E) of in de warmtewisselaar.

5 Oudere direct gekoelde motoren kunnen te maken krijgen met ketelsteen en corrosie in de koelkanalen, waardoor er te weinig koelwater door de motor kan stromen.

6 Er zijn speciale middelen verkijgbaar om de koelwaterkanalen te reinigen, maar volg bij gebruik de instructies strikt op om schade aan de motor te voorkomen.

C

D

E

7 Sterke aangroei (zeewier, algen, mosselen) in de koelwatertoevoer kan ook de oorzaak zijn van te weinig koelwater en een daardoor te hoge motortemperatuur.

Als de meest voor de hand liggende oorzaken zonder succes zijn onderzocht, zul je waarschijnlijk hulp moeten zoeken bij de vakman, aangezien de oorzaken en oplossingen dan niet meer behoren tot de eenvoudige bootklussen.

Overzicht brandstofsysteem

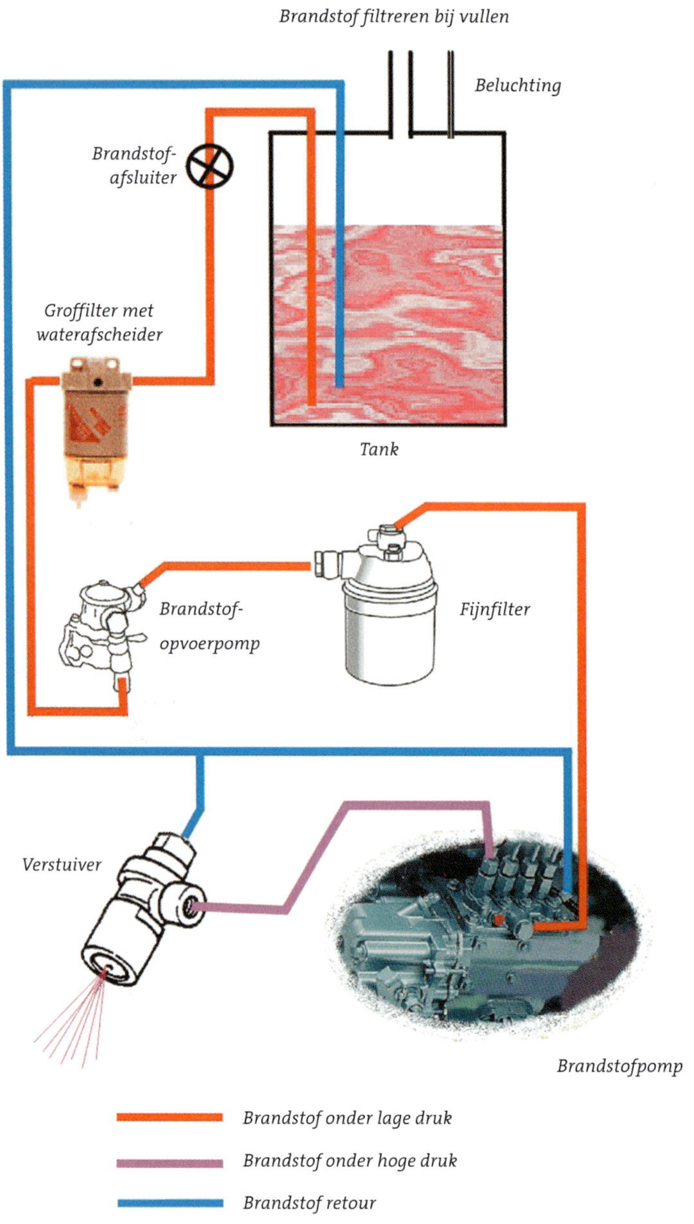

Motoren: brandstofsysteem

6 - Brandstofopvoerpomp

De brandstofopvoerpomp pompt de brandstof van de tank naar de motor onder een lage druk. Op kleine motoren wordt de brandstofopvoerpomp meestal direct aangedreven door de nokkenas (foto A). Bij grotere motoren kan de brandstofopvoerpomp ook deel uitmaken van de brandstofhogedrukpomp (foto B). Zie verder het overzicht van het brandstofsysteem.

Waarom is het nodig?
Brandstofopvoerpompen zijn erg betrouwbaar, maar wanneer ze stukgaan loopt de motor niet – tenzij het brandstofniveau in de brandstoftank hoger is dan de positie van de brandstofhogedrukpomp van de motor. In dat geval zorgt de zwaartekracht voor de toevoer van brandstof.

Moeilijkheidsgraad

Wanneer is het nodig?
Oudere motoren kunnen zijn uitgerust met een brandstofopvoerpomp met een ingebouwd filter. In dat geval moet dit jaarlijks worden schoongemaakt. In andere gevallen heeft de brandstofopvoerpomp alleen aandacht nodig wanneer er problemen zijn.

Benodigde gereedschappen
Meestal een setje inbussleutels.

Waar zit het?
Vaak ergens laag aan de zijkant van de motor, over het algemeen niet al te gemakkelijk bereikbaar (foto A). Bij sommige motoren is de brandstofopvoerpomp echter gecombineerd met de brandstofhogedrukpomp (foto B). Wanneer er in dat geval problemen zijn, kan het beste de hulp worden ingeroepen van een bedrijf dat is gespecialiseerd in brandstofinjectie.

De brandstofopvoerpompen van oudere motoren kun je uit elkaar halen en repareren. Bij nieuwere exemplaren is dit niet meer mogelijk, het zijn wegwerpproducten geworden. Maar wat kan er nu misgaan? En hoe weet je dat de brandstofopvoerpomp stuk is?

Werkt de brandstofopvoerpomp?

- Wanneer het brandstofniveau in de tank zich bevindt boven het hoogst geplaatste deel van het brandstofsysteem, zorgt de zwaartekracht voor de toevoer van brandstof en doet de opvoerpomp niets. In dit geval merk je een kapotte brandstofopvoerpomp niet op.
- Wanneer er een tekort aan brandstof optreedt bij een bepaald brandstofniveau in de tank, duidt dat op een kapotte brandstofopvoerpomp.
- Wanneer het brandstofsysteem zo is gemaakt dat er altijd brandstof moet worden opgevoerd door de opvoerpomp, dan zal een kapotte opvoerpomp de motor stilleggen.

A

B

A

B

C

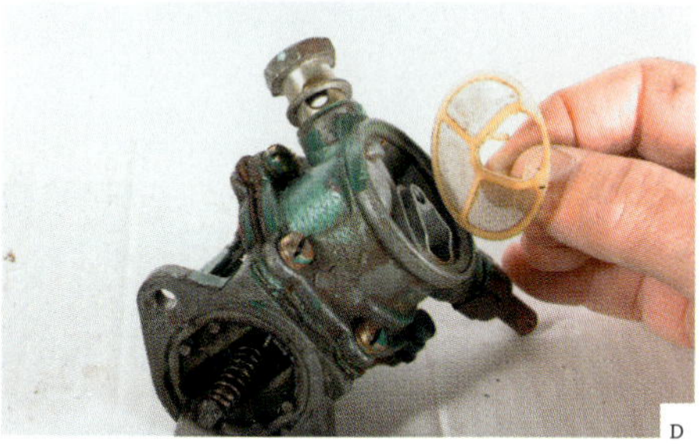
D

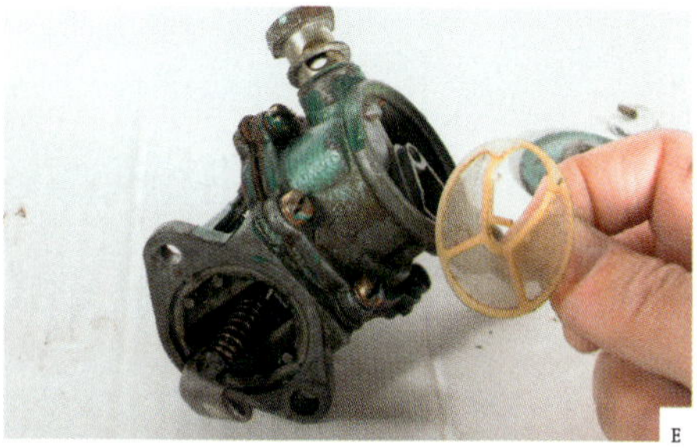
E

Controleren van de brandstofopvoerpomp

1 Oudere brandstofopvoerpompen zijn voorzien van een deksel dat je los kunt maken om bij het filter te komen (foto's A t/m E).
2 Wanneer het dekseltje vastzit, wip het dan los met de bout (foto's B en C).
3 Controleer het filter, maak het zo nodig schoon en monteer het weer in omgekeerde volgorde (foto F).
4 Verzeker je ervan dat er voldoende brandstof in de tank aanwezig is en dat de brandstofafsluiter openstaat.
5 Schroef de ontluchtingsschroef van het fijnfilter op de motor een paar slagen los (foto G).
6 Pomp met de handpomp of het hefboompje op de brandstofopvoerpomp de brandstof door het systeem.
7 Wanneer er na een tijdje pompen nog steeds geen brandstof via de ontluchtingsschroef naar buiten komt, schroef deze dan weer dicht.
8 Het ligt nu voor de hand dat de brandstofopvoerpomp kapot is, maar er kan ook iets anders aan de hand zijn (zie 'Let op!' hieronder).

Let op!

- Sommige werven plaatsen in de tank een extra brandstoffilter op de aanzuigleiding van de brandstof, zonder dit ergens te vermelden. Dit filter is vaak onbereikbaar, en als het verstopt raakt zal er geen brandstof uit de tank stromen.
- Een luchtlek aan de zuigzijde van de pomp zal verhinderen dat er brandstof uit de tank wordt gezogen – tenzij het brandstofniveau in de tank boven de brandstofopvoerpomp zit.

F

G

Oudere brandstofopvoerpompen

1 Oudere brandstofopvoerpompen kunnen meestal uit elkaar worden gehaald om ze te onderhouden of te repareren (figuur A).

2 Er bestaan veel verschillende brandstofopvoerpompen en over het algemeen geldt dat je ze maar het beste met rust kunt laten, tenzij je een duidelijk werkplaatshandboek hebt.

3 Je zult de pomp moeten demonteren om eraan te kunnen sleutelen (foto's B tot en met F).

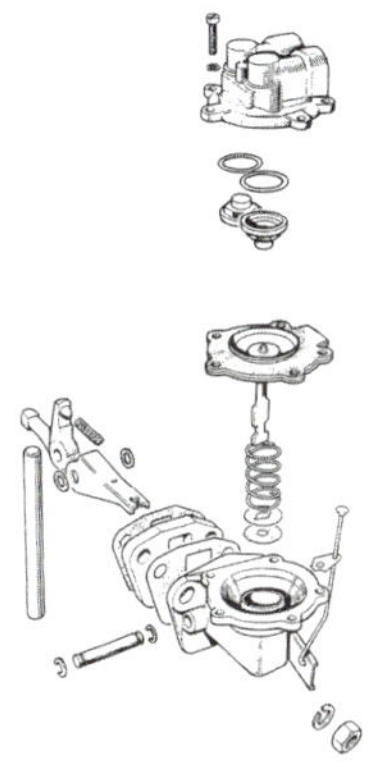
A

Nieuwere brandstofopvoerpompen

- Het enige wat je met een nieuwer type brandstofopvoerpomp kunt is vervangen.
- Vaak ziet de vervangende brandstofopvoerpomp er volkomen anders uit, zeker wanneer je een oudere opvoerpomp vervangt (foto G).

Thuiskomen met een kapotte brandstofopvoerpomp

- Maak met behulp van een jerrycan en een slang een brandstofsysteem waarbij de zwaartekracht zorgt voor de toevoer van brandstof. Zolang de jerrycan zich boven de brandstofpomp op de motor bevindt, zal de motor zonder problemen lopen (figuur H). Houd er wel rekening mee dat de retourbrandstof terugstroomt naar de normale tank en dat de jerrycan dus sneller leeg kan zijn dan je op basis van het brandstofverbruik van de motor zou verwachten!

B

E

C

F

H

D

G

7 - Ontluchten van het brandstofsysteem

Wanneer er lucht in de brandstofleidingen aanwezig is zal de motor onregelmatig lopen, waarbij het toerental stijgt en daalt en de motor uiteindelijk afslaat. Mocht het je lukken de motor opnieuw te starten, dan zal deze alleen op een laag toerental draaien en uiteindelijk opnieuw afslaan.
Er kan lucht in de leidingen komen wanneer de tank leeg is, of wanneer er zo weinig brandstof in de tank aanwezig is dat de aanzuigleiding door het bewegen van de boot soms boven en soms onder het brandstofniveau komt. Een lekkage in de brandstofleiding tussen de tank en de brandstofopvoerpomp boven het niveau van de brandstof in de tank zal ook lucht in de leiding tot gevolg hebben. Lucht komt tevens in de leidingen door het verwisselen van brandstoffilters of het losnemen van brandstofleidingen.

Tip

Vinden van een brandstoflek in een drukleiding

Brandstof verspreidt zich rondom het lek wanneer de motor loopt, dus het kan lastig zijn het lek op te sporen.

1 Maak alles schoon en droog. Met bicarbonaat of soda kun je de brandstof goed verwijderen.
2 Breng talkpoeder aan op de plaats waar je het lek verwacht.
3 Start de motor.
4 Het verkleuren (licht wordt donker) van het talkpoeder verraadt de plaats van het lek.

A

B

Moeilijkheidsgraad

Ontluchten van het brandstofsysteem

Zodra de oorzaak van de lucht in de leidingen is verholpen moet je het brandstofsysteem ontluchten.

1 Open de brandstofafsluiter op de tank.
2 Wanneer het groffilter met waterafscheider zich onder het brandstofniveau in de tank bevindt, schroef dan de ontluchtingsschroef boven op het filter een paar slagen los (foto A). Wanneer je twijfelt over het brandstofniveau, laat de ontluchtingsschroef dan dicht en ga verder met stap 4.
3 Wacht totdat er pure brandstofstof langs de ontluchtingsschroef op het groffilter stroomt en draai de schroef dan dicht. Je krijgt eerst lucht, daarna belletjes en dan pure brandstof. Controleer of het brandstof is en geen water. Brandstof voelt glibberig aan, water niet.
4 Open nu de ontluchtingsschroef op het fijnfilter op de motor (foto B).
5 Pomp diesel door de leidingen met de handbediening op de brandstofopvoerpomp totdat er brandstof langs de ontluchtingsschroef op het fijnfilter stroomt.
6 Draai de ontluchtingsschroef dicht en pomp nog even door. Het brandstofsysteem is nu ontlucht en de motor zou moeten starten.

Tip

Brandstofopvoerpomp pompt niet

Wanneer je de brandstofopvoerpomp handmatig wilt bedienen, maar het hefboompje voelt alsof het nergens tegenaan drukt en het veert niet terug, dan hoeft dit niet te betekenen dat er iets stuk is. Waarschijnlijk staat de motor stil met de nok voor de automatische bediening van de brandstofopvoerpomp in de bovenste positie, waardoor de hefboom waarmee je de brandstofpomp handmatig kunt bedienen in de bovenste stand staat. Laat om dit op te lossen de startmotor heel even draaien (je geeft de startknop als het ware een korte 'tik'). De motor zal hierdoor iets rondtornen waardoor de nok verdraait en de hefboom van de brandstofopvoerpomp weer werkt.

C

D

E

Tip

Vinden van een brandstoflek in een aanzuigleiding

Een lek in een drukleiding of een lek in een aanzuigleiding die zich onder het brandstofniveau in de tank bevindt, is op te sporen omdat er brandstof uit het lek komt. Maar wanneer er een lek is in een aanzuigleiding die zich boven het brandstofniveau in de tank bevindt dringt daar alleen lucht binnen en is het moeilijk te vinden.

Je zult moeten proberen de brandstoftank onder druk te zetten, maar om dat voor elkaar te krijgen zul je de vulleiding en de tankbeluchting moeten dichthouden terwijl je tegelijkertijd met een opblaaspomp de tank op druk brengt. Hoe je dit doet is afhankelijk van de tankconstructie en de bereikbaarheid. Maar met wat zachthouten pluggen, slangklemmen en een stukje slang heb je een goede kans van slagen.

Wanneer de tank een beetje op druk is gepompt, zou er brandstof uit het lek moeten komen. Als de leiding leeg is, smeer dan met een kwastje wat sop (water met een scheutje afwasmiddel) op de leiding. Bij het lek zullen zich belletjes vormen.

Ontluchten van hogedrukleidingen

In sommige gevallen kan het nodig zijn om de hogedrukleidingen tussen de brandstofpomp en de verstuivers te ontluchten.

1 Er zijn geen ontluchtingsschroeven in dit deel van het brandstofsysteem, dus je zult de verbinding tussen de hogedrukleidingen en de verstuivers moeten losmaken (foto C).
2 De brandstof staat onder hoge druk (ongeveer 200 bar!) en kan de ogen of de huid beschadigen. Wikkel daarom als bescherming een oude lap om de verbinding.
3 Laat nu de motor draaien met behulp van de startmotor om de brandstofpomp te laten werken. De motor kan hierdoor starten, dus blijf goed vrij van alle bewegende delen op de motor.
4 Als er geen brandstof uit de leiding komt, controleer dan of de stopkabel, indien aanwezig, niet is uitgetrokken en of de stopsolenoïde niet vastzit. Deze twee gebruikelijke manieren om de motor te stoppen werken namelijk doordat ze de brandstoftoevoer afsluiten (figuur D en foto E).
5 Draai de verbindingen tussen de hogedrukleidingen en de verstuivers weer stevig vast wanneer de hogedrukleidingen zijn ontlucht.

Tip

Snel kunnen ontluchten

Schilder de ontluchtingspunten van de motor in een opvallende kleur (foto F). Leg op een vaste plaats in de buurt van de motor 'noodgereedschap' klaar, zodat je op het moment dat je snel moet ontluchten alles bij de hand hebt.

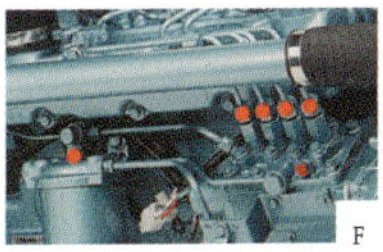
F

Motoren: elektrisch systeem

8 - Aandrijfriemen

Waarom is het nodig?

Een aandrijfriem wordt gebruikt om de dynamo te laten draaien. Bij indirect gekoelde motoren drijft dezelfde riem vaak ook de circulatiepomp van de koelvloeistof aan. Een juiste spanning op de aandrijfriem is belangrijk. Te strak heeft zwaar belaste lagers tot gevolg, te los resulteert in een slippende aandrijfriem. Een slippende aandrijfriem raakt oververhit, waardoor hij kan breken, en wanneer de toerenteller is aangesloten op de 'W'-aansluiting van de dynamo zal deze een te laag toerental aangeven. Een gebroken aandrijfriem heeft tot gevolg dat de accu's niet meer worden opgeladen (de dynamo draait immers niet) maar de motor zal gewoon blijven lopen. Houd er wel rekening mee dat bij een indirect gekoelde motor de circulatiepomp van de koelvloeistof dan ook niet draait, dus dat de motor oververhit zal raken en moet worden afgezet.

Bij sommige motoren wordt ook de koelwaterpomp door een riem aangedreven (foto A). Wanneer deze aandrijfriem breekt zal de motor snel oververhit raken en moeten worden afgezet.

De uitlijning van de riemschijven ('poelies') heeft veel invloed op de levensduur van de aandrijfriem, maar meestal speelt dit probleem alleen wanneer er een riemschijf of dynamo vervangen wordt.

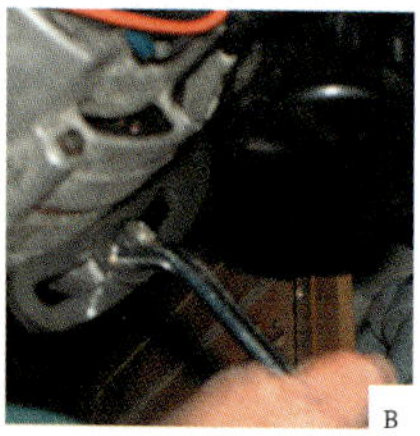

B

C

Wanneer is het nodig?

Een korte controle van de spanning van de aandrijfriem hoort bij de dagelijkse motorcontrole. Controleer ook op tekenen van slijtage van de aandrijfriem, zoals zwart rubberstof rondom de aandrijfriem of een rafelig uiterlijk van de riem zelf.

Benodigde gereedschappen

Sleutels.

Waar zit het?

Meestal aan de voorzijde van de motor. Op foto A zijn aparte aandrijfriemen voor de koelwaterpomp (beneden) en de dynamo/circulatiepomp (boven) te zien.

Riemschijf circulatiepomp koelvloeistof

Aandrijfriem dynamo en circulatiepomp

Aandrijfriem koelwaterpomp

Dynamo

Riemschijf krukas

Koelwaterpomp

A

Moeilijkheidsgraad

Op spanning zetten

De manier waarop je de aandrijfriem op spanning zet is bij de meeste motoren gerust 'lomp' te noemen. De dynamo roteert om een bout en wordt door een andere bout in een sleuf van de dynamo beperkt in de beweging. Door deze bout vast te zetten fixeer je de dynamo. In sommige gevallen is een wat meer subtiele schroefdraadafstelling toegepast, waarbij je door het verdraaien van een moer de dynamo kunt verstellen.

1. Draai de bout en de moer in de sleuf van de dynamo een slagje los (foto B).
2. Draai de bout waaromheen de dynamo roteert een slagje los (foto C).

3 Plaats een lange sterke houten (om schade aan de motorlak te voorkomen) hefboom tussen de motor en de dynamo, zodanig dat je de dynamo met de hefboom naar opzij kunt drukken en de aandrijfriem op spanning komt te staan (foto D).
4 Draai, terwijl je de aandrijfriem op spanning houdt, de bouten van de dynamo vast.
5 Controleer de spanning en stel deze zo nodig opnieuw af.
6 Het afstellen van de aandrijfriem van de koelwaterpomp gebeurt op een soortgelijke manier (foto E).
7 Bij het vervangen van een gebroken aandrijfriem zul je de dynamo ook moeten roteren om de nieuwe aandrijfriem te kunnen plaatsen.

Druk met de hefboom de dynamo opzij om spanning op de aandrijfriem te zetten.

Draai de bout in de sleuf aan terwijl je de hefboom goed op spanning houdt.

D

E

F

G

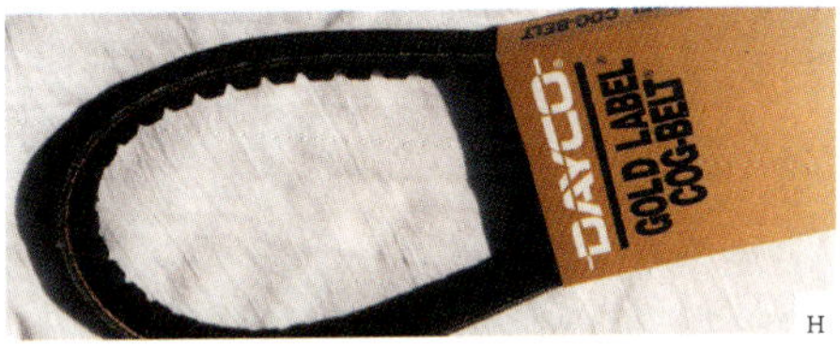

H

Meten van de spanning

Voor het nauwkeurig meten van de spanning van de aandrijfriem heb je speciale meetinstrumenten nodig. Maar met een ruwe meting van de spanning kom je ook een heel eind, zolang de vrije overspanning van de aandrijfriem niet veel groter is dan 450 mm. Er zijn twee methoden die je kunt gebruiken. Houd er wel rekening mee dat een volwassen man meer kracht kan uitoefenen dan een klein kind. Het gaat hier dus om gevoel.

De duwmethode

Deze methode werkt het beste voor korte, dubbele of brede aandrijfriemen:

1 Duw in het midden van de grootste vrije overspanning op de aandrijfriem.
2 De aandrijfriem moet ongeveer 10 mm weggeduwd kunnen worden (foto F).

De draaimethode

Voor normale aandrijfriemen (V-snaar):

1 Pak de aandrijfriem in het midden van de grootste vrije overspanning tussen duim en wijsvinger.
2 Draai de aandrijfriem.
3 De spanning is correct wanneer je de aandrijfriem ongeveer een kwartslag (90 graden) kunt draaien (foto G).

Korte levensduur aandrijfriem

Wanneer je het idee hebt dat de aandrijfriem ondanks een juiste afstelling wel erg snel versleten is, zeker wanneer je een ‘slimme’ laadregelaar op de dynamo of een sterkere dynamo hebt gemonteerd, probeer dan eens een ‘heavy-duty’- of een ‘hoge temperatuur’-aandrijfriem (foto H).

Motoren: onderhoud

9 – Het onderhoud van de motor

Waarom is het nodig?
Motoren zullen in de loop der tijd slechter en minder betrouwbaar worden, tenzij ze regelmatig worden onderhouden. De meeste motoren aan boord van pleziervaartuigen draaien maar een paar uur per jaar en hebben daaronder te lijden. Een motor die weinig wordt gebruikt en zelden goed op temperatuur komt heeft namelijk meer onderhoud nodig dan een motor die vaak aan het werk is.

Wanneer is het nodig?
De beste leidraad hiervoor is het handboek van de motor. Hierin staat vermeld na hoeveel draaiuren ('na 100 uur') of na hoeveel tijd ('eenmaal per jaar') onderhoud gepleegd moet worden. Watersporters hebben meestal te maken met de maximale tijdsduur die tussen twee onderhoudsbeurten in mag zitten, aangezien ze het aantal maximale draaiuren niet halen.

Benodigde gereedschappen
Een goed uitgeruste doe-het-zelf-gereedschapskist.

Waar zit het?
De onderhoudspunten zitten meestal verspreid over de motor, en afsluiters voor brandstof en koelwater kunnen zich ver uit de buurt van de motor bevinden.

Moeilijkheidsgraad
(Toegang tot bepaalde onderhoudspunten kan moeilijk of zelfs onmogelijk zijn!)

A

B

C

Koelsysteem

- Indirect gekoelde motoren worden, net als een automotor, gekoeld door koelvloeistof. Een groot verschil is echter dat bij een automotor de rijwind zorgt voor afkoeling van de opgewarmde koelvloeistof, terwijl de koelvloeistof van een indirect gekoelde motor aan boord van een boot door het buitenwater wordt gekoeld.
- De koelvloeistof moet elke twee jaar worden vervangen. Je kunt hiervoor kant-en-klare koelvloeistof kopen, maar deze ook zelf maken door één deel leidingwater met één deel antivries te mengen. De antivries bevat stoffen die corrosie voorkomen. Deze stoffen raken na verloop van tijd uitgewerkt en moeten worden vervangen. Testen tot welke temperatuur de antivries nog werkzaam is vertelt niets over de staat van de tegen corrosie beschermende stoffen. Het niet tijdig vervangen van de koelvloeistof kan onder andere een kapotte koppakking tot gevolg hebben.
- Bij direct gekoelde motoren stroomt het koelwater (zout of zoet) door de koelkanalen van het motorblok. Vaak zijn er in deze koelkanalen anodes ('zincs') aangebracht die elektrolytische corrosie voorkomen (foto A). Deze anodes lossen langzaam op en moeten eenmaal per jaar worden gecontroleerd en vervangen wanneer ze voor meer dan de helft zijn opgelost.
- De warmtewisselaars van indirect gekoelde motoren kunnen zijn voorzien van anodes welke gecontroleerd moeten worden (foto's B en C). Deze anodes zijn geplaatst in het deel van de warmtewisselaar waar het buitenwater doorheen stroomt. Er kunnen ook warmtewisselaars zijn gemonteerd voor het koelen van de motorolie, de keerkoppelingolie

en de turbocompressor. Ook hierin kunnen anodes aanwezig zijn. Het handboek van de motor zou hiervan melding moeten maken, maar wanneer het handboek verschillende combinaties van motor en keerkoppeling beschrijft kan het blijven bij algemeen advies.

- Het is aan te raden jaarlijks de impeller van de koelwaterpomp te vervangen (foto D). Zie het hoofdstuk over koelsystemen: vervangen van de impeller.
- Wanneer de koelwaterafsluiter van het Blakes-type is moet deze jaarlijks worden nagekeken. Zie het hoofdstuk over afsluiters: onderhoud van Blakes-afsluiters (foto E).
- Wanneer de motor op of onder de waterlijn is gemonteerd, is er waarschijnlijk een beluchter geplaatst. Wanneer het een beluchter is met een ventiel (dus zonder slangetje met een straaltje koelwater overboord) moet het ventiel jaarlijks worden schoongemaakt (foto F). Het niet schoonmaken kan leiden tot water dat door hevelwerking in het inwendige van de motor kan doordringen.
- Controleer of alle slangklemmen goed vast zitten en in welke staat ze verkeren (foto G).

D

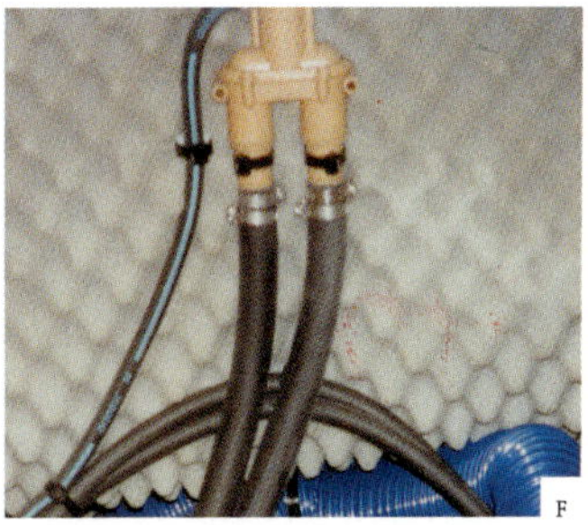
F

E

G

Smering

- Ververs de motorolie zo vaak als voorgeschreven door de fabrikant of vaker wanneer je de motor regelmatig maar kort laat draaien.
- Gebruik de juiste motorolie, volgens de specificaties in het handboek. Bij oudere motoren kan het voorkomen dat de juiste soort motorolie niet meer te verkrijgen is. Gebruik dan het type olie dat er het meest op lijkt. Veel motoren die in zeiljachten zijn ingebouwd en die dus minimaal gebruikt worden raken nooit echt goed 'ingelopen', hoe oud ze ook worden. Het gebruik van een 'synthetische' motorolie (tenzij zo gespecificeerd in het handboek van de motor) maakt dit probleem vaak nog erger.

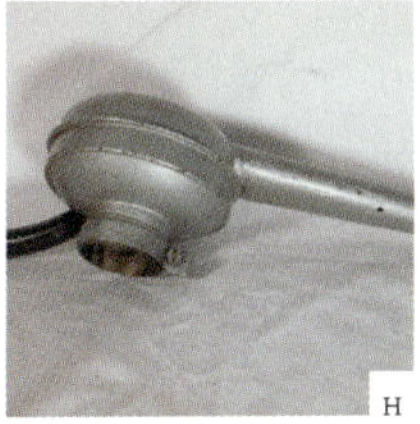
H

I

J

Luchtsysteem

1. Vervang of reinig luchtfilters zoals aangegeven in het onderhoudsschema van de motor (foto H).
2. Controleer of het filterhuis nog goed aansluit (foto I).
3. Wanneer het luchtfilter met een rubberslang aan de motor vastzit, controleer de slang dan op soepelheid en scheurtjes.
4. Werkzaamheden aan de turbocompressor, indien aanwezig, kunnen het best worden overgelaten aan de vakman (foto J).

Motorolie verversen

1 Draai de motor eerst even warm, aangezien warme olie zich gemakkelijker laat verpompen.

2 Vervolgens tien minuten wachten, zodat de olie naar beneden kan zakken.

3 Verwijder de oliepeilstok en steek de slang van de olieafzuigpomp zo diep mogelijk in het gat van de oliepeilstok (foto K).

4 Pomp de olie eruit en plaats vervolgens de oliepeilstok weer terug (foto L).

5 Giet de voorgeschreven hoeveelheid verse olie via het vulpunt in de motor. Deze nieuwe olie zal niet worden verontreinigd door de oude olie die nog in het oliefilter aanwezig is, maar het geeft de nieuwe olie de tijd om naar onderen te zakken (foto M).

6 Gebruik een speciale filtertang om het oude oliefilter los te draaien en probeer de olie die nog in het filter zit op te vangen (foto N). Mocht je het oliefilter niet loskrijgen, dan kun je er altijd nog een schroevendraaier doorheen prikken en de schroevendraaier als handvat gebruiken.

7 Smeer de rubberpakking van het nieuwe oliefilter in met schone motorolie en schroef het op zijn plaats (foto O). Op het oliefilter staat aangegeven hoe strak het filter moet worden aangedraaid (foto P).

8 Controleer het oliepeil. Aangezien het nieuwe oliefilter nog geen olie bevat kan het peil wat te hoog zijn (foto Q).

9 Laat de motor een paar minuten draaien en controleer op olielekkage. Wanneer je een mechanische stopknop hebt (meestal in de vorm van een trekkabel), houd deze dan uitgetrokken totdat het oliedruklampje uitgaat, zodat de oliedruk zich kan opbouwen voordat de motor aanslaat.

10 Zet de motor uit en wacht tien minuten alvorens het oliepeil opnieuw te controleren en indien nodig bij te vullen. Wanneer er te veel olie aanwezig is, moet je die verwijderen met de olieafzuigpomp.

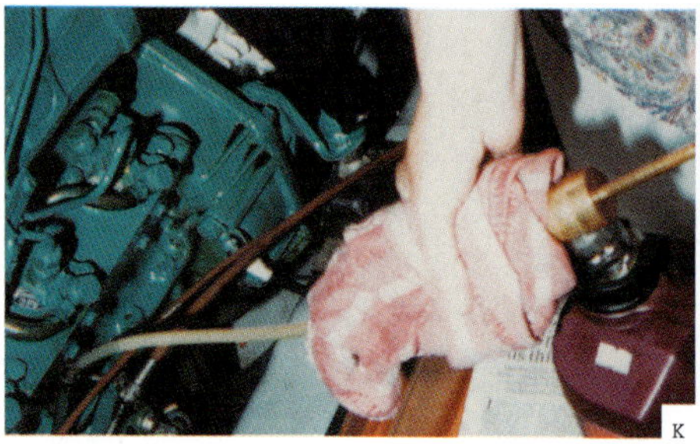
K

L

M

N

O

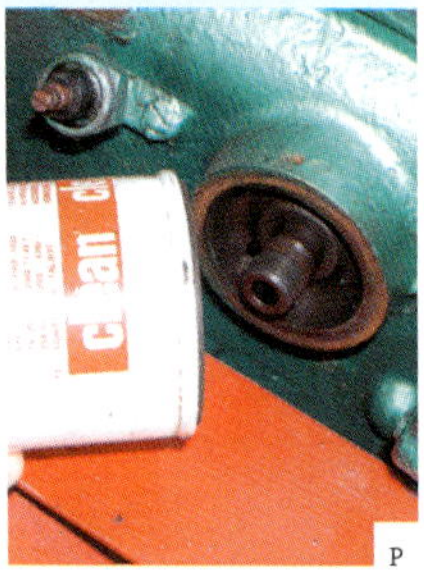
P

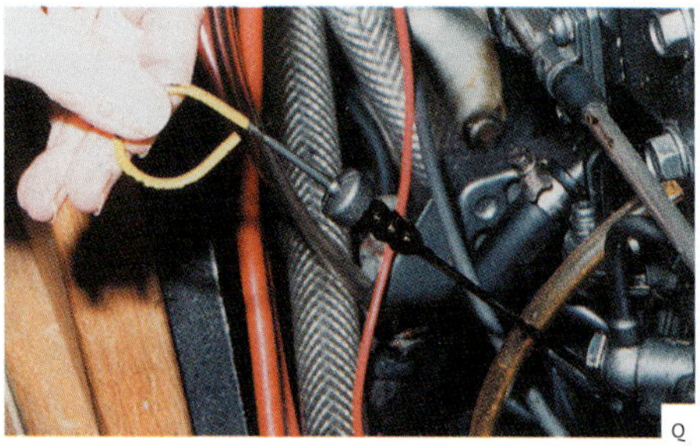
Q

Keerkoppelingolie verversen

1 Normaliter verwijder je de keerkoppelingolie met een olieafzuigpomp via het gat van de oliepeilstok (foto A).
2 Vul bij zoals voorgeschreven (foto B). Houd er rekening mee dat de keerkoppeling een eigen handboek kan hebben. Soms zijn de specificaties voor de keerkoppelingolie identiek aan die van de motorolie, soms zijn ze totaal anders.
3 Voor het vervangen van de olie in het staartstuk van saildrives en hekaandrijvingen moet de boot uit het water (behalve bij de nieuwste Volvo-modellen), omdat de olie aan de onderzijde van het staartstuk moet worden afgetapt (foto C).

A

B

C

D

E

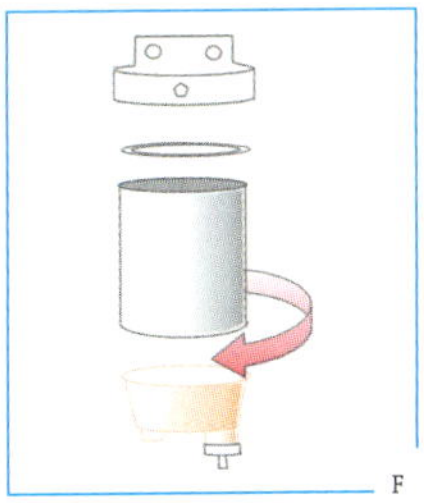
F

G

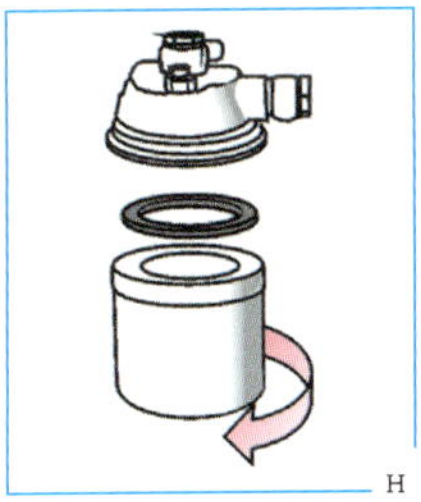
H

I

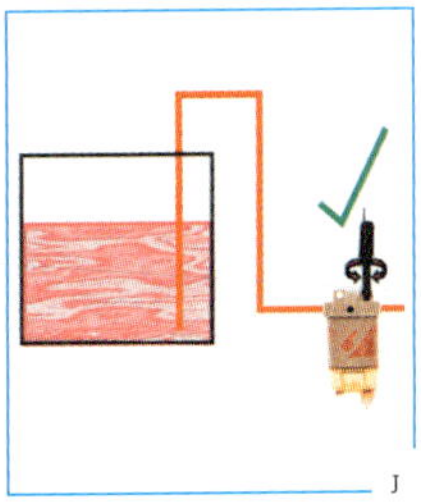
J

K

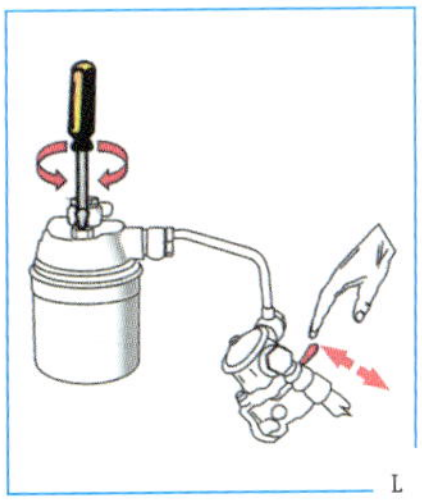
L

Brandstofsysteem

1 De brandstoftank zou elke vijf jaar een keer moeten worden schoongemaakt, maar dit gebeurt zelden omdat de tank vaak niet kan worden afgetapt en moeilijk te bereiken is. Het vuil in dit brandstoffilter geeft aan dat het hoog tijd is om de tank eens grondig schoon te maken (foto D).
2 Zet de brandstofafsluiter dicht (foto E).
3 Vervang het filterelement van het groffilter en maak de waterafscheider schoon (figuur F).
4 Maak het filter (indien aanwezig) van de brandstofpomp schoon (foto G).
5 Vervang het filterelement van het fijnfilter op de motor (figuur H).
6 Open de brandstofafsluiter (foto I).
7 Wanneer het brandstofniveau in de tank zich boven het groffilter bevindt, draai dan de ontluchtingsschroef van het groffilter een paar slagen los totdat er brandstof uitstroomt en draai de schroef dan weer dicht (figuur J).
8 Wanneer het brandstofniveau zich onder het groffilter bevindt, heeft het geen zin om het groffilter te ontluchten (figuur K).
9 Ontlucht het brandstofsysteem (figuur L). Zie hoofdstuk over het brandstofsysteem: ontluchten.
10 Vervang de verstuivers of stel ze af wanneer er symptomen zijn die erop duiden dat dit nodig is – continu lichtgrijze tot blauwe rook en moeizaam starten. Dit is werk voor specialisten.

Motoren: overige onderwerpen

Waarom is het nodig?
Volgens het onderhoudschema van de motor moeten de kleppen regelmatig worden gesteld. Er zit een kleine ruimte tussen de tuimelaar en de klep, de zogenaamde 'klepspeling'. Een te grote klepspeling resulteert in herrie of zelfs schade aan het klepmechanisme. Een te kleine klepspeling zorgt ervoor dat de kleppen niet goed sluiten met verbrande kleppen of erger tot gevolg. Kortom, wanneer de kleppen niet regelmatig worden gesteld kan ernstige schade ontstaan aan de motor

Wanneer is het nodig?
Zie het handboek van de motor.

10 - Kleppen stellen

Benodigde gereedschappen
Sleutels, schroevendraaiers en een voelermaat.

Moeilijkheidsgraad

(De meeste scheepsmotoren werken met een onderliggende nokkenas met klepstoters die eenvoudig zelf zijn af te stellen. Wanneer de scheepsmotor is uitgerust met dubbele bovenliggende nokkenassen is het een stuk moeilijker om de klepspeling af te stellen. Hiervoor kun je beter de vakman raadplegen.)

A

Stop-hendel op de motor

C

B

Stop-hendel in 'stop'-positie

D

1 Wanneer de motor is voorzien van een mechanisch stopsysteem, zet de hendel dan op 'stop'. Op zich heeft dit weinig met de kleppen te maken, maar bij het stellen van de kleppen zul je de krukas met de hand moeten draaien waarbij er een hele kleine kans bestaat dat de motor start. Dus wanneer het gemakkelijk te doen is, kun je er net zo goed even voor zorgen dat de motor absoluut niet aan kan slaan, hoe gering de kans ook is (foto's A en B). Wanneer de hendel niet in de 'stop'-positie blijft staan, fixeer hem dan met een tie-wrap of een stukje touw.
2 Op deze motor (Yanmar 3 GM30F) zit een beluchter die eerst moet worden losgemaakt voordat je het kleppendeksel kunt wegnemen. Verwijder hiervoor de bouten (foto C).
3 Haal de beluchter aan de kant (foto D).

4 Verwijder de bouten of moeren waarmee het kleppendeksel boven op de motor is bevestigd (foto E).
5 Verwijder het kleppendeksel (foto F1) zodat het klepmechanisme zichtbaar wordt (foto F2).
6 Bekijk eerst goed wat alles is (foto G).
7 Werkplaatshandboeken beschrijven de stand waarin de krukas moet staan zodat de klep die je wilt stellen helemaal dicht is. Heb je echter geen werkplaatshandboek dan is er een eenvoudige methode om er zeker van te zijn dat de te stellen klep helemaal gesloten is.
8 Bepaal bij een cilinder wat de inlaatklep is. Dit kun je doen door te kijken naar het inlaat- en/of uitlaatspruitstuk (foto H). Probeer visueel de verschillende kanalen te verbinden met de betreffende kleppen zodat je de kleppen kunt herkennen (foto I).

E

H

F1

F2

Benaming van de onderdelen

G

Herkennen van de kleppen

I

9 Zet een ring- of dopsleutel op de moer van de krukas, zodat je de motor rond kunt tornen (foto J).

10 Bepaal op basis van het motorhandboek de draairichting van de motor. Draai de krukas totdat de inlaatklep aan de voorkant van de motor opent en vervolgens weer sluit. Dit betekent dat de zuiger in die cilinder aan de compressieslag begint. Alleen wanneer de beide kleppen zijn gesloten, kan zich in de zuiger druk opbouwen; dus tijdens de compressieslag zitten beide kleppen dicht. Draai de krukas 180 graden tot de maximale compressie is bereikt (en beide kleppen dus helemaal dicht zitten), een punt dat je goed kunt voelen, omdat dan de kracht waarmee je de krukas moet draaien daarna opeens sterk afneemt. Probeer dit een paar keer totdat je precies weet op welk punt de compressie maximaal is en zet de krukas in deze stand.

11 Neem de juiste dikte voelermaat. De klepspeling is vermeld in het handboek van de motor, en tevens staat hier of het afstellen moet gebeuren bij een warme of koude motor (foto's K1 en K2).

12 Schuif de voelermaat tussen de stelschroef van de inlaatklep op de tuimelaar en de klepstoter. Als het goed is krijg je de voelermaat er zonder moeite tussen, maar voel je wel een behoorlijke weerstand wanneer je de geoliede voelermaat probeert te schuiven (foto L).

J

K1

K2

L

M

N

O

P

13 Wanneer het nodig blijkt om de klepspeling bij te stellen, draai dan de contramoer met een ringsleutel een slagje los, draai vervolgens de stelschroef met een schroevendraaier vaster of losser en zet ten slotte de contramoer weer vast. Houd bij het aandraaien van de contramoer de schroevendraaier stevig vast om te voorkomen dat de stelschroef met de contramoer meedraait (foto M).

14 Controleer de klepspeling van deze klep opnieuw en stel deze zo nodig opnieuw af.

15 Herhaal deze procedure voor de uitlaatklep van deze cilinder. Houd er rekening mee dat de klepspeling van de uitlaatkleppen kan verschillen met die van de inlaatkleppen.

16 Doe nu hetzelfde bij de kleppen van de andere cilinders.

17 Reinig het contactoppervlak van het kleppendeksel. Zorg dat er geen vuil kan komen bij het kleppenmechanisme en de cilinderkop (foto N).

18 Controleer de pakking van het kleppendeksel en vervang deze indien nodig.

19 Smeer indien nodig een flexibel blijvende vloeibare pakking op de rand waar het kleppendeksel op afsluit (foto O).

20 Monteer het kleppendeksel (foto P) en de andere onderdelen die zijn losgenomen.

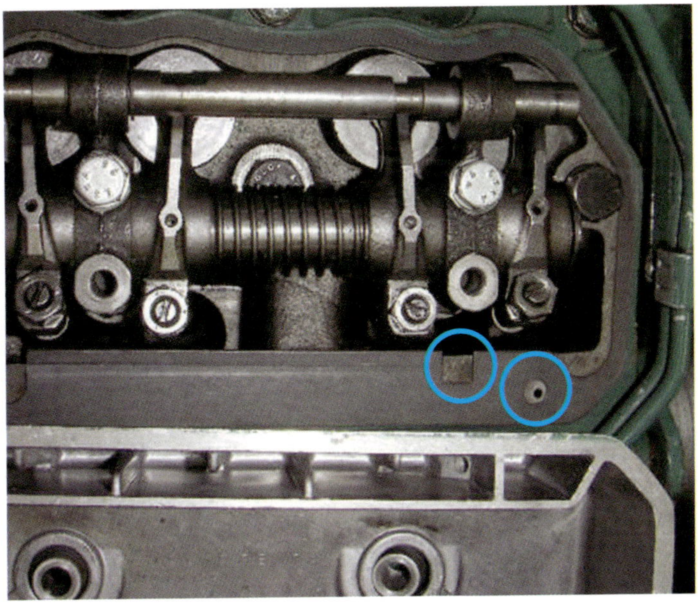

Tip

Let er bij de Volvo 2000-motoren op dat de uitsparing en het gaatje in de klepdekselpakking goed aansluiten op de beluchtingsgaten.

11 - Motorsteunen

Er zitten twee motorsteunen per kant

Ruimte tussen het rubber en de metalen delen van de motorsteun

Waarom is het nodig?

Flexibele motorsteunen zakken in naarmate ze ouder worden. Hierdoor staat de motor niet meer goed in lijn met de schroefas, waardoor er extra slijtage optreedt in de keerkoppeling. Vervuiling door brandstof en olie tast het rubber van motorsteunen aan en kan er zelfs de oorzaak van zijn dat het rubber loslaat van de metalen delen van de motorsteun. De bouten van de motorsteunen kunnen ook losraken, waardoor de uitlijning niet meer klopt, en het metaal van een motorsteun kan breken, waardoor de motor gaat 'rondspringen'. Hierdoor kan de schroefasdoorvoer beschadigen, met als mogelijk gevolg een ernstige waterlekkage.

Wanneer is het nodig?

Controleer de motorsteunen regelmatig, hoewel er in het instructieboekje van de motor waarschijnlijk niet op wordt gewezen. Bekijk ze ook zorgvuldig wanneer je in de motorruimte vreemde tikkende of kloppende geluiden hoort.

Benodigde gereedschappen

Geen – je hoeft alleen maar te kijken.

Moeilijkheidsgraad

1 Motorsteunen moeten worden gecontroleerd op inzakken, aangezien dit invloed heeft op de uitlijning en trillingen van de motor.

- Behalve wanneer de motorsteunen volledig zijn afgedekt is er een zichtbare ruimte tussen het rubber en de metalen delen van de motorsteunen.
- Het is niet gemakkelijk om de ruimte precies te meten, maar je zou in staat moeten zijn om er een pink in te steken (foto A).
- Wanneer de open ruimte erg klein is, is het rubber te veel ingezakt of zelfs losgeraakt van het metaal.

2 Motorsteunen moeten worden gecontroleerd op breuken in het metaal.

- Breuken kunnen ontstaan als gevolg van veroudering en metaalmoeheid (foto's B en C).
- Breuken kunnen ook het gevolg zijn van een touw in de schroef, waardoor de motor met een ruk tot stilstand is gekomen.

A

De las tussen het draadeind en de voet van de motorsteun is afgebroken

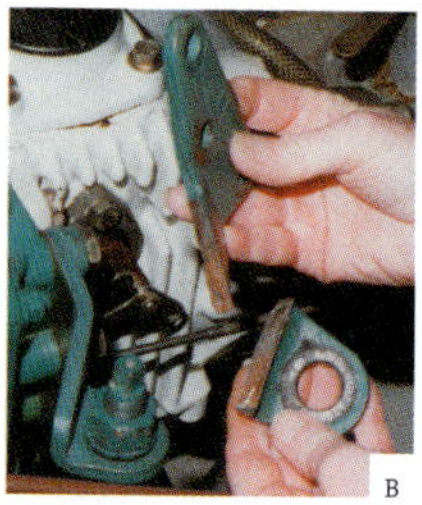

B

C

Tip

Een oude breuk is vaak herkenbaar aan een zwarte of roestkleurige lijn in de buurt van lassen of een gebogen deel van een motorsteun.

12 - Motoruitlijning

Waarom is het nodig?
Wanneer de motor niet goed is uitgelijnd met de schroefas (de schroefas en de motor staan niet precies in elkaars verlengde), zal er overmatige slijtage aan de keerkoppeling optreden en trilt de motor veel meer. Door de werf zal de motor ongetwijfeld goed zijn uitgelijnd, maar door het inzakken van de motorsteunen en het vervormen van de romp door de spanningen van het tuig zal de motor na verloop van tijd opnieuw uitgelijnd moeten worden.

Wanneer is het nodig?
Controleer de uitlijning van de motor jaarlijks. Lijn de motor aan het begin van het seizoen opnieuw uit, nadat de boot weer een paar weken in het water heeft gelegen en haar 'te water'-vorm heeft aangenomen (die aanzienlijk anders kan zijn dan de vorm op de bok!). Veel mensen zien op tegen deze klus, maar ervan uitgaand dat de motor door de werf goed is uitgelijnd is het niet moeilijk, aangezien het inzakken van de motorsteunen alleen maar de uitlijning in het verticale vlak beïnvloedt.

Benodigde gereedschappen
Rollermaat, voelermaat, steeksleutels, inbussleutels, houten hamer, verfkrabber. En misschien ook een autokrik.

Moeilijkheidsgraad
En geduld!

Controleren van de uitlijning

1 Zet de motor in voor- of achteruit, zodanig dat de schroefas blokkeert.
2 Draai de bouten waarmee de flens van de schroefas vastzit aan de flens van de keerkoppeling een slagje los (foto A).
3 Zet de motor in de vrijstand.
4 Tik met een houten hamer op de flenzen om er zeker van de zijn dat de flens van de keerkoppeling los is van de flens van de schroefas, zodat de motor en de schroefas hun natuurlijke stand innemen. Mogelijk is het nodig de bouten nog wat losser te draaien of met een verfschraper of iets dergelijks de flenzen los te wrikken (foto B). Draai vervolgens de bouten zover aan dat de flens van de schroefas op één punt precies de flens van de keerkoppeling raakt (meestal precies boven aan of precies onder aan de rand van de flenzen).

A

Draai de bouten een slagje los

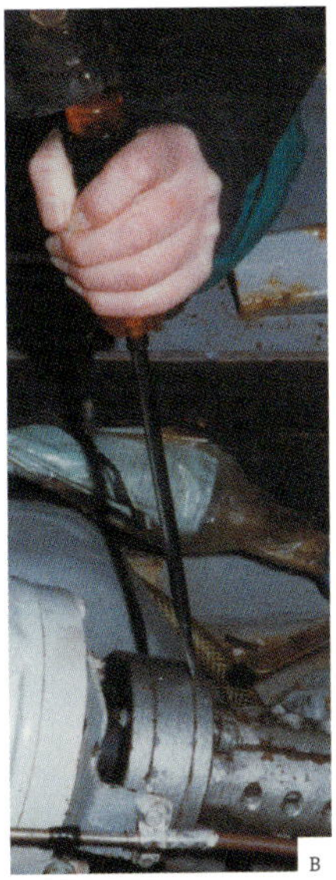
B

Wrik de flenzen los

5 Maak een tabel zoals op p. 47 is weergegeven.
6 Draai de schroefas zo dat één bout precies bovenaan staat en zet een merkteken op de flens zodat je weet waar je bent begonnen. Meet de ruimte tussen de flens van de keerkoppeling en de flens van de schroefas met een voelermaat op de 12-, 3-, 6- en 9-uurpositie (foto C, p. 46). Vul de waarden in de tabel in.

7 Draai de as 90 graden. Meet de ruimte op de 12-, 3-, 6- en 9-uurpositie opnieuw en vul ze weer in de tabel in.
8 Doe hetzelfde bij 180 en 270 graden.
9 Tel de vier waarden bij elkaar op en deel ze door vier om voor elke 'klokpositie' een goede gemiddelde waarde per positie te krijgen.
10 Voor een keerkoppelingsflens met een diameter van 100 mm zou de ruimte nergens meer dan 0,1 mm mogen bedragen. De afwijking mag dus maximaal 0,1% bedragen van de diameter van de flens.
11 Wanneer de uitlijning in orde is, draai dan de bouten weer goed vast.

C

Meet de ruimte met een voelermaat

D

Voorste motorsteun

Achterste motorsteun

E

Draai de borgmoer los

F

Draai de stelmoer in de juiste richting

G

Draai de borgmoer aan

Houd de stelmoer stevig vast

Motor uitlijnen

1 Meet de afstanden die zijn aangegeven in de tabel op p. 47 (foto D).
2 Vul de afstanden en de gemiddelde ruimte op de verschillende klokposities in de tabel in.
3 Meet de afstand tussen tien windingen van de draadeinden waarmee de motorsteunen zijn bevestigd, en die in hoogte kunnen worden versteld, om de spoed (aantal windingen per mm) te verkrijgen.
4 Vul de spoed als het aantal windingen per mm in de tabel in.
5 Reken met behulp van het voorbeeld bij de tabel uit hoeveel slagen de stelmoeren van de voorste en de achterste motorsteunen moeten draaien om de motor weer in lijn te zetten.
6 Draai de borgmoeren een slagje los (foto E).
7 Draai de stelmoeren het uitgerekende aantal slagen omhoog of omlaag (foto F).
8 Draai de borgmoeren weer aan (foto G).
9 Controleer de ruimte tussen de flens van de keerkoppeling en de flens van de schroefas opnieuw en draai de bouten wanneer de uitlijning in orde is weer stevig vast.

Motor uitlijning

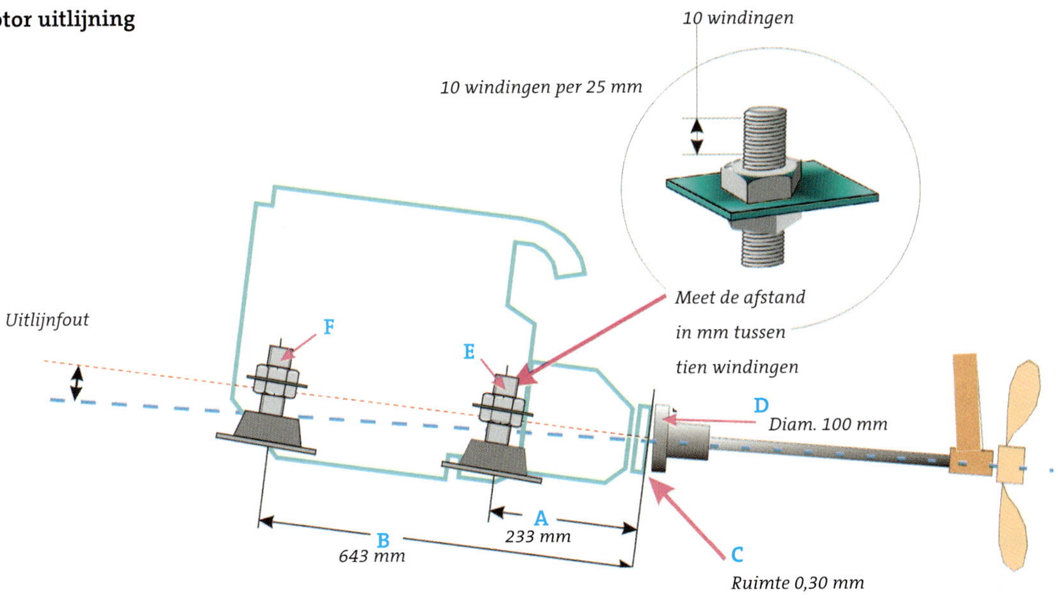

Keerkoppelingsflens	Ruimte	12 uur	3 uur	6 uur	9 uur
	C =	0	0,05	0,30	0
	C =	0,05	0,10	0,35	0,05
	C =	0	0,05	0,35	0,05
	C =	0,05	0,10	0,30	0
	Gemiddeld	0,025	0,075	0,325	0,025

Verticale uitlijnfout
0,325 – 0,025 *0,30*

Horizontale uitlijnfout
0.075 – 0,025 *0,05*

Diameter keerkoppelingsflens 100 mm

Ruimte volgens voelermaat 0,30 mm

Keerkoppelingsflens – achterste motorsteun 233 mm

Keerkoppelingsflens – voorste motorsteun 643 mm

Windingen per mm = 10/25 = 0,4

Bijstellen E = C x A/D = 0,30 x 233/100 = 0,699 mm LAGER

Bijstellen F = C x B/D = 0,30 x 643/100 = 1,929 mm LAGER

Bijstellen E = Windingen per mm x 0,699 = 0,28 WINDINGEN LAGER

Bijstellen F = Windingen per mm x 1,929 = 0,77 WINDINGEN LAGER

13 - Winterklaar maken

Waarom is het nodig?
Wanneer een motor langere tijd (meer dan zes weken) niet wordt gebruikt moet deze 'winterklaar' gemaakt worden. En is er kans op vorst, dan zullen er ook maatregelen moeten worden genomen om de motor tegen vorstschade te beschermen. Duurt de periode dat de motor niet wordt gebruikt langer dan een halfjaar, raadpleeg dan de leverancier. Er zijn in dat geval namelijk extra maatregelen nodig.

Wanneer is het nodig?
Voordat de boot voor langere tijd wordt achtergelaten.

Benodigde gereedschappen
Een standaard doe-het-zelf-gereedschapsset.

Waar zit het?
Je zult bezig zijn met de complete motorinstallatie.

Controlelijst
- Maak een lijst van alles wat je doet tijdens het winterklaar maken.
- Gebruik deze lijst wanneer je de motor weer in gebruik stelt, zodat je zeker weet dat je niets vergeet.

Brandstoftank
- Vul de tank volledig, zeker in de wintermaanden, zodat condens in de tank geen kans krijgt.

Geef de motor een complete motorbeurt, inclusief olie verversen. Dit laatste is van belang omdat de conserverende bestanddelen in de olie juist tijdens een periode van stilstand hun werk goed moeten kunnen doen. Maak daarna het koelsysteem, luchtsysteem en elektrische systeem winterklaar.

Moeilijkheidsgraad

A

B

Koelsysteem motor
1 Om tijdens het winterklaar maken van de motor overal bij te kunnen, zul je de omkasting zoveel mogelijk moeten wegnemen. Pas dus bij een draaiende motor goed op dat je vrij blijft van de draaiende delen.
2 Wanneer de motor is voorzien van directe koeling, laat de motor dan goed warm draaien zodat de thermostaat opent. Wanneer de motor geen temperatuurmeter heeft, voel dan aan de thermostaatbehuizing – wanneer die heet is, staat de thermostaat open (foto A).
3 Stop de motor, sluit de koelwaterafsluiter en maak de aanzuigslang op de koelwaterafsluiter los zodat je hem in een volle emmer met zoet water kunt hangen. Start de motor weer en giet een litertje antivries in de emmer wanneer deze nog voor ongeveer een kwart gevuld is. Zodra de emmer bijna leeg is zet je de motor uit. De motor niet meer starten voordat je deze weer in gebruik wilt nemen. Nu is het koelwater (zoet of zout) in de motor eerst vervangen door schoon zoet water en vervolgens door water met antivries, zodat het koelsysteem in de motor en de uitlaat (waterslot!) goed zijn beschermd tegen corrosie en vorst (foto B).

4 Verwijder de impeller van de koelwaterpomp niet. Vervang deze pas wanneer je de motor weer in bedrijf stelt, anders verlies je een deel van het water/antivriesmengsel.

5 Heeft de motor een indirect koelsysteem, dan is het eveneens aan te raden om het koelwaterdeel waardoorheen het koelwater via de warmtewisselaar naar de uitlaat stroomt net als bij een motor met een direct koelsysteem eerst goed door te spoelen met schoon zoetwater voordat je het voorziet van een water/antivriesmengsel. De thermostaat hoeft hiervoor niet open (dus je hoeft de motor niet warm te laten draaien), omdat die geplaatst is in het met koelvloeistof gevulde deel van het koelsysteem.

Luchtsysteem motor

1 Neem de uitlaatslang los van de motor en controleer de staat waarin deze verkeert.

2 Verwijder het luchtfilter(s) van de motor.

3 Spuit vochtverdrijvende vloeistof in de uitlaatbocht en de luchtinlaat en dek deze vervolgens af met plastic om te voorkomen dat vochtige lucht in de motor binnendringt (foto C).

4 Wanneer de boot in het water blijft liggen, zet dan een stop in de uitlaatdoorvoer in de romp of bevestig de uitlaat weer aan de motor om te voorkomen dat water via de losse uitlaatslang de boot in stroomt (wanneer er een zwanenhals is gemonteerd is het gevaar hierop minimaal).

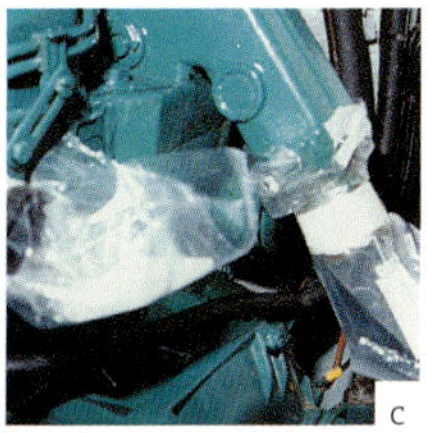

C

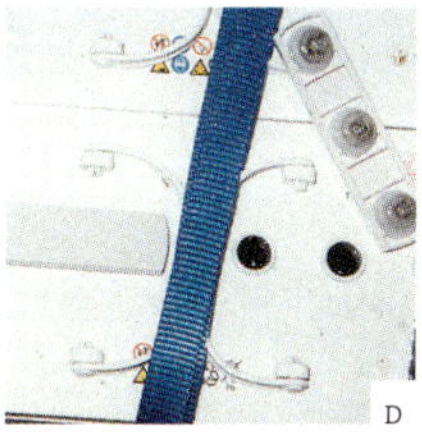

D

F

E

Elektrisch systeem motor

1 Controleer het niveau van het accuzuur (foto D). Het accuzuur moet ongeveer 1 cm boven de loodplaten staan.

2 Vul de accu's zo nodig bij met gedistilleerd of gedemineraliseerd water (foto E).

3 De accu's moeten eenmaal per twee maanden worden bijgeladen om goed opgeladen te blijven en op die manier bestand te zijn tegen vorst. Mogelijk is het handiger om de accu's mee naar huis te nemen.

4 Maak alle elektrische verbindingen schoon en zet ze opnieuw vast. Wanneer je twijfelt over de staat ervan, kun je ze het beste vervangen. Vergeet de massakabels op het motorblok niet!

Schoonmaken

1 Maak de motor en de motorruimte schoon. In een schone motorruimte kun je veel beter zien of er iets mis is met de motor. Olie- of koelvloeistoflekkage bijvoorbeeld valt meteen op.

2 Verwijder roest op de motor en tip de kale plekken vervolgens bij met verf.

3 Spuit vochtverdrijvende vloeistof over de motor, de bedrading en de contacten (foto F).

Ventilatie en verwarming

Om condensatie tegen te gaan:

1 Zet alle openingen naar de motorruimte open om een goede ventilatie mogelijk te maken.

2 Wanneer er walstroom beschikbaar is:

- Plaats een klein verwarmingselement in de motorruimte.
- Zet een luchtontvochtiger aan boord. Deze apparaten gebruiken op een lage stand weinig stroom en beschermen de boot tegen schimmel etc. Uiteraard kun je ook een paar 'vochtvreters' met van die witte korrels aan boord neerzetten, zeker in de herfst en het vroege voorjaar waarin de lucht het vochtigst is.

14 - Motor start niet

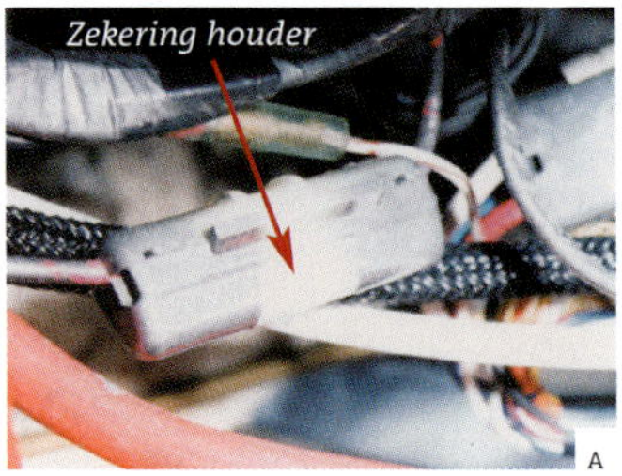

A

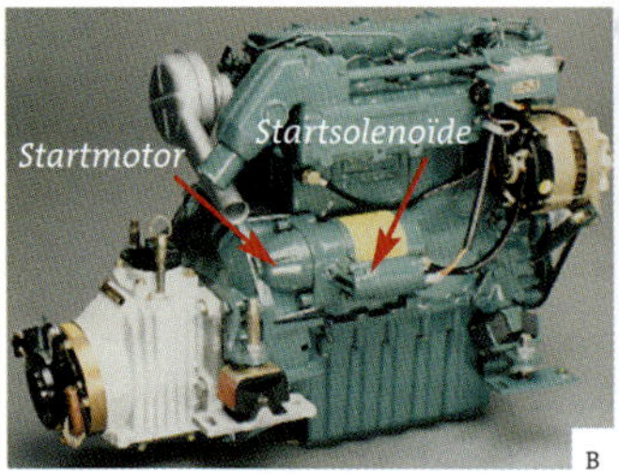

B

Motor draait niet

1 Staat de accuschakelaar op 'aan'? En is de juiste accu ingeschakeld?
2 Werkt het motorpaneel? Branden de waarschuwingslampjes?
3 Controleer de zekering van de motor (meestal geplaatst op de motor), maar het kan zijn dat er geen aanwezig is. Kleinere Yanmar-motoren hebben een zekering, maar daarover wordt in het handboek niet gesproken. Het is een 30A-zekering in een houder, dicht bij de startmotor. De houder is omwikkeld met plakband en meegespoten in de kleur van de motor (foto A).
4 Wanneer de waarschuwingslampjes op het motorpaneel uitgaan wanneer je de motor probeert te starten is de startaccu leeg of zijn de contacten erg slecht.
5 Naast de startmotor is de startsolenoïde geplaatst. Dit is een draadspoel waardoorheen een elektrische stroom kan lopen zodat de deze zich als een magneet gedraagt. In de draadspoel zit een as die verschuift wanneer er een zwakke stroom door de draadspoel loopt en die as zorgt er dan voor dat de zware stroomkring van de startmotor gesloten wordt zodat de startmotor gaat draaien. Wanneer de startsolenoïde geen stroom krijgt, kun je proberen de motor door kortsluiten te starten ('jump-start'). Het kan zijn dat de instrumenten en de waarschuwingslichten dan niet werken (foto B).
6 Wanneer het startsolenoïde stroom krijgt moet je een tik horen in de solenoïde (door het verschuiven van de as). Hoor je geen tik dan is er iets mis met het elektrisch contact of zit de as in de solenoïde vast.
7 Oudere startmotoren zijn voorzien van een as met daarin een spiraalvormige groef waarlangs een tandrad heen en weer kan bewegen. Bij het starten begint de as plots te draaien waardoor het tandrad naar voren beweegt en aangrijpt op de getande startkrans om het vliegwiel van de motor. Zodra de motor start schuift het tandrad van de startmotor weer terug en ontkoppelt op die manier van de motor. Wanneer de startmotor zoemend ronddraait, zit het tandrad van de startmotor vast in de spiraalgroef en verschuift het niet naar voren. Opnieuw starten kan voldoende zijn om het tandrad wel te laten verschuiven, maar de spiraalvormige groef moet zo snel mogelijk een keer grondig worden schoongemaakt zodat het tandrad weer soepel kan verschuiven over de as.

Starten door kortsluiten

1 Zorg ervoor dat je vrij blijft (haren, kleren) van alle bewegende delen van de motor.
2 Verbind met een draad of een schroevendraaier het positieve (accu)contact op de startsolenoïde met de aansluiting van de startcontactdraad op de startsolenoïde om de startmotor te laten draaien (figuur C).
3 Dit werkt niet wanneer de startsolenoïde kapot is.

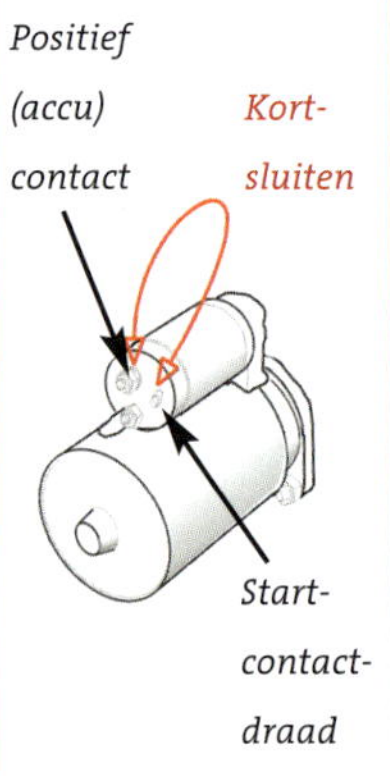

C

Tip

Op mijn boot heb ik permanent een draad met een schakelaar aangesloten tussen het positieve (accu) contact en de aansluiting van de startcontactdraad. De schakelaar heb ik op een veilige plek in de motorruimte gemonteerd zodat ik deze kan bedienen zonder enig risico. Erg handig ook bij het uitvoeren van een motorbeurt; ik kan de motor starten zonder naar buiten te moeten om de sleutel om te draaien.

Motor draait, maar start niet

Zet wanneer je aan boord van een zeiljacht bent de koelwaterafsluiter dicht voordat je verder start – en open hem weer zodra de motor aanslaat. Laat de startmotor wanneer hij een seconde of dertig heeft gedraaid een minuut of vijf afkoelen.

Motor draait langzaam

1 De accu is niet goed geladen – indien mogelijk kun je de accu's parallel schakelen.
2 Controleer de aansluitingen van de accukabels op corrosie en vergeet de aansluiting van de massakabel op het motorblok niet.
3 Wanneer de motor is voorzien van 'decompressoren' (klepjes in de cilinders die je kunt openen zodat zich geen druk kan opbouwen), gebruik die dan terwijl je de motor met de startmotor steeds sneller laat draaien, totdat het niet meer sneller gaat, en sluit vervolgens de decompressoren (of slechts één als dat mogelijk is) om de motor te laten starten (foto D).

D

E

Motor draait normaal

1 Controleer of de stopknop niet in de 'stop'-positie staat (figuur E).
2 Wanneer de motor elektrisch stopt (in plaats van een stophendel uit te trekken), dan kan het zijn dat de stopsolenoïde (een elektromagnetische spoel met een bewegende as) is blijven hangen in de 'stop'-positie.
3 In dat geval kun je, wanneer de stopsolenoïde en de hendel die erdoor wordt bediend bereikbaar zijn, de stophendel handmatig in de juiste stand zetten (foto F).
4 Wanneer de stophendel in de motor zit, kun je de stopsolenoïde demonteren en testen of deze wel goed werkt door op de stopknop te drukken om te zien of de as op en neer schuift.

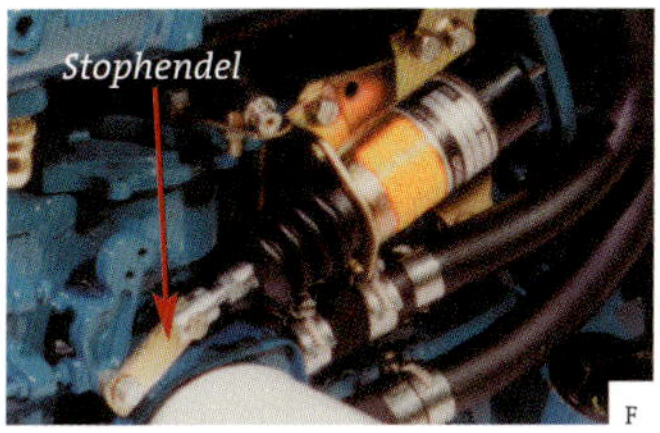

F

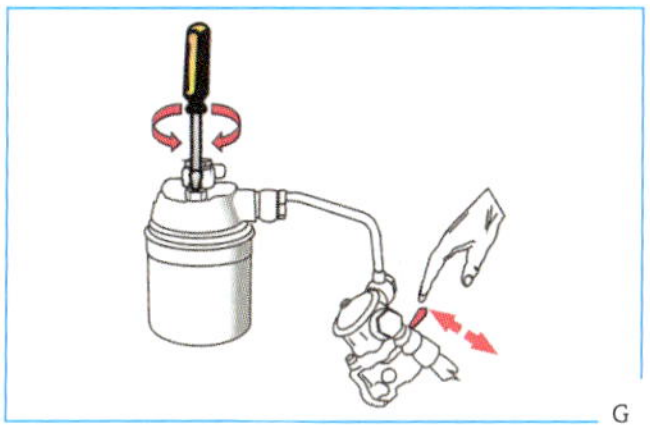

G

H

I

5 Sommige scheepsmotoren (en generatorsets) hebben 12 volt nodig om te kunnen werken. Controleer dus goed of de elektrische aansluitingen niet zijn gecorrodeerd.
6 Controleer of de brandstofafsluiter open staat.
7 Kijk of er voldoende brandstof aanwezig is.
8 Controleer in het geval van een koude motor of je op de juiste manier hebt gestart – zie hiervoor het motorhandboek.
9 Ontlucht het lagedrukdeel van het brandstofsysteem en controleer of er brandstof of water uit stroomt (figuur G).
10 Ontlucht het hogedrukdeel van het brandstofsysteem (foto's H en I).

Gebruik geen snelstartvloeistof bij een dieselmotor – schade ontstaat gemakkelijk!

Geen enkele hedendaagse dieselmotorenfabrikant staat het gebruik van snelstartvloeistof toe. (Indien het echt niet anders kan, spuit dan wat snelstartvloeistof op een oude lap en houd die lap bij het luchtfilter wanneer je de motor probeert te starten. En maak de motor zo snel mogelijk goed in orde!)

Een veel veiliger manier om de motor te helpen bij het starten is het aanvoeren van warme lucht via de luchtinlaat. Neem hiervoor het luchtfilter los en gebruik een föhn om de lucht op te warmen.

Alleen in NOODGEVALLEN, waarbij je zeer goed op moet letten dat je geen brand veroorzaakt of bedrading laat smelten, kun je een gaslamp of brander gebruiken om de lucht te verhitten.

Startproblemen bij kou betekenen dat er iets mis is met de manier waarop je start (bijvoorbeeld te kort voorgloeien), de accu (niet goed opgeladen) of de elektrische aansluitingen (gecorrodeerd), óf dat er een probleem is met de motor – zo kan er bijvoorbeeld een zuigerstang verbogen zijn als gevolg van water in de cilinder (waterslag).

Controlelijst – motor start niet

Draait de motor bij het starten?

Nee

1. Accuschakelaar: Staat hij ‘aan’?
2. Accu: Is deze goed opgeladen? Let op de voltmeter tijdens het starten.
3. Zekering: Is deze doorgebrand? Is er een goed elektrisch contact? Weet je waar de zekering zit?
4. Startschakelaar (contactslot of drukknop): Werkt deze goed? Zijn de contacten niet ingebrand of gecorrodeerd?
5. Solenoïde: Werkt deze goed? Controleer de aansluitingen – hoor je een tik wanneer je start?
6. Startmotor: Werkt deze goed? Controleer de aansluitingen.
7. Vastgelopen motor: Neem contact op met je bank!

Draait de motor bij het starten?

Ja

1. Brandstof: Staat de brandstofafsluiter open? Is er genoeg brandstof?
2. Koudestarthulpmiddelen: Heb je die nodig? Heb je ze op de juiste manier gebruikt?
3. Compressie: Is er genoeg compressie om de lucht door het samenpersen tot de verbrandingstemperatuur te verhitten?
4. Laat de startmotor de motor snel genoeg draaien? Controleer de accuspanning tijdens het starten.
5. Krijgt de motor genoeg lucht? Controleer of de luchtfilters niet verstopt zijn.

15 - Motor stopt niet

Motor stopt niet

Dieselmotoren stoppen door de brandstoftoevoer te onderbreken bij de brandstofpomp. Wees voorbereid op de dag dat dit stopsysteem niet werkt – stel jezelf voor hoe je dan bij de stophendel kunt komen om de motor alsnog uit te zetten. Bekijk de motor in de buurt van de brandstofpomp om uit te vinden wat beweegt of geluid maakt wanneer je de motor laat stoppen.

Mechanisch stopsysteem

Bedien de stophendel op de motor (figuur A en B).

Elektrisch stopsysteem

Het elektrische stopsysteem (de stopsolenoïde) heeft een spanning van 12 volt nodig om de motor te laten stoppen (foto C).

1 Wanneer de elektrische verbinding los is, verbind dan de aansluiting op de solenoïde met een 12-volt-aansluiting.
2 Wanneer de solenoïde stuk is, zou je de stophendel handmatig moeten kunnen bedienen wanneer deze aan de buitenzijde van de motor is gemonteerd.
3 Wanneer de solenoïde direct op de motor is gemonteerd en een stophendel in de motor bedient, zou de motor moeten stoppen wanneer je de solenoïde losneemt (foto's D en E).
4 Sommige scheepsmotoren (en generatorsets) hebben een spanning van 12 volt nodig om te kunnen lopen. Lopen deze motoren, dan is er in ieder geval iets mis met de solenoïde en niet met de spanning. Verwijder de solenoïde in dat geval om de motor te stoppen.

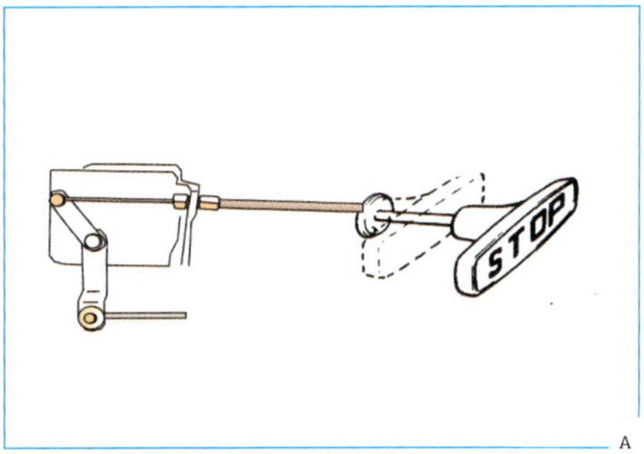

A

B

C

D

E

Tip

De motor stopt er ook mee als er geen lucht aangezogen kan worden. Sommige motoren hebben een luchtfilter dat je met één hand gemakkelijk kunt dichthouden, zodat de motor vanzelf afslaat.

Brandstofsysteem

16 - Vervuilde brandstof

Waarom is het nodig?
Op vervuilde brandstof kunnen motoren niet draaien – vandaar dat er filters in de leidingen zijn geplaatst. Maar door vervuiling in de brandstof raken filters verstopt, waardoor er te weinig brandstof naar de motor kan stromen.
Een dieselmotor zal in het begin niet op volle toeren willen draaien en onregelmatig lopen wanneer je meer gas geeft. De motor zal steeds langzamer gaan lopen, afslaan en uiteindelijk niet meer starten.
Benzinemotoren die te weinig benzine krijgen zullen in eerste instantie juist een hoger toerental laten horen wanneer het brandstof/luchtmengsel armer wordt, maar daarna vallen ze ook stil.
Het ontluchten van het brandstofsysteem zal aan het licht brengen dat er geen brandstof naar de motor stroomt. Wees zeer voorzichtig wanneer je een benzineleiding losneemt om te controleren of er benzine stroomt. Mors je namelijk benzine op een heet onderdeel van de motor, dan zal de gemorste benzine snel verdampen waardoor er een groot explosiegevaar ontstaat.

Wanneer is het nodig?
Een dagelijkse blik op het groffilter zou moeten voorkomen dat er door vervuiling een tekort aan brandstof optreedt. Maar de aanzuigleiding die in de tank steekt kan ook verstopt raken voordat vuil in de waterafscheider van het groffilter verraadt dat de brandstof vervuild is.

Moeilijkheidsgraad
(Maar er is vakmanschap en geduld nodig wanneer de tank moet worden uitgebouwd).

Voorkomen dat vervuilde brandstof de motor bereikt
Om te voorkomen dat vervuilde brandstof de motor bereikt, moet er tussen de tank en de brandstofpomp een groffilter met waterafscheider worden geplaatst in de brandstofleiding (foto A). Watersporters die veel op de motor varen kiezen er vaak voor om twee parallel geschakelde groffilters te monteren. Wanneer er een filter verstopt is, schakel je over naar het schone filter en kun je het verstopte filter vervangen terwijl de motor gewoon doordraait (foto B).

A

B

Groffilter met waterafscheider

Soorten vervuiling

1. Water

- Verzeker jezelf ervan dat de rubber O-ring van de tankdop aan dek in een goede conditie is (foto's C en D).
- Houd een reserve-O-ring voor de tankdop voorradig aan boord.
- Houd de tank goed gevuld, zeker gedurende de wintermaanden, om condensatie in de tank geen kans te geven.

2. Vuil

- In een ideale situatie maak je de tank elke vijf jaar grondig schoon.
- Helaas is dit in veel boten erg moeilijk, zo niet onmogelijk.
- Wanneer vuil en roestdeeltjes zich ongestoord kunnen verzamelen in de tank, zal uiteindelijk de aanzuigleiding die in de tank steekt verstopt raken.

3. Bacteriën

- Wanneer er maar een beetje water in de brandstoftank aanwezig is, zullen bacteriën en sporenelementen zich kunnen vermenigvuldigen op het grensvlak tussen water en brandstof. Vanaf het moment dat ze zich kunnen vermenigvuldigen gaan ze een probleem vormen (foto E).
- De bacteriën en sporenelementen veroorzaken een dikke prut in de tank ('sludge').
- De prut kan zuur zijn, waardoor onderdelen van het brandstofsysteem kunnen worden aangetast.
- De prut kan zeer snel vermeerderen, waardoor het brandstofsysteem verstopt raakt (foto F).

C

D

E

F

Oplossingen

A. Brandstofverbeteraars

Er zijn diverse toevoegingen voor brandstof verkrijgbaar die zorgen voor een betere verbranding, doorstroming en corrosiebescherming; je hoeft het etiket maar te lezen om te weten wat ze volgens de fabrikant allemaal doen. Helaas zul je het moeten doen met de woorden van de fabrikant, want er is weinig bewijs van de werking.

Er zijn ook magnetische brandstofverbeteraars verkrijgbaar met soortgelijke beloften, maar ook hier geldt dat er weinig tot geen bewijs is van de werking.

B. Waterverwijderaars

- Er zijn toevoegingen voor de brandstof verkrijgbaar waarvan wordt beweerd dat ze water in de brandstof opnemen, het als microscopisch kleine deeltjes door het brandstofsysteem heen leiden en het zonder problemen via het uitlaatsysteem overboord zetten. Deze toevoegingen worden naar tevredenheid gebruikt in het wegtransport.
- Er is echter wel een groot verschil tussen het wegtransport en pleziervaren met bootjes. Vrachtwagens gebruiken hun motor een groot deel van de dag en draaien weinig stationair, terwijl de motoren in jachten maar weinig gebruikt worden en zelden op hoog vermogen aan het werk zijn.

Dit leidt mijns inziens tot twee problemen:

- Brandstof waarin water als microscopisch kleine druppeltjes is opgesloten, zit na het stoppen van de motor vaak wekenlang in de brandstofpomp, waardoor de kans bestaat dat de brandstofpomp vanbinnen gaat corroderen.
- Het grensvlak tussen brandstof en water waarop bacteriën en sporenelementen groeien is veel groter wanneer het water als bolletjes door de brandstof zweeft dan wanneer het zich op de bodem bevindt.

Gebruik dit soort waterverwijderaars dan ook bij voorkeur wanneer je de hele tank zo goed als leeg vaart tijdens een dag motoren en vul de lege tank daarna met watervrije diesel. (De diesel bij het pompstation langs de snelweg levert vaak minder problemen op dan de diesel bij een klein brandstofponton in de haven waar bijna nooit iemand tankt.)

Tip

Een dagelijkse blik op het groffilter waarschuwt meestal bijtijds voor problemen met vervuilde brandstof.

Tip

Voeg niet telkens als je tankt biocide toe aan de brandstof.

G

Tip

Pas op met door bacteriën vervuilde brandstof. Bepaalde bacteriën kunnen de huid en nagels ernstig aantasten. Werk dus altijd met handschoenen aan wanneer je een verstopt filter vervangt.

C. Biocides

- Biocides doden bacteriën.
- Het voortdurend gebruiken van biocides (zoals in de instructie wordt voorgeschreven) kan ervoor zorgen dat de bacteriën er resistent tegen worden.
- De scheikundigen die de biocides hebben gemaakt stellen dan ook dat de biocides moeten worden gebruikt als oplossing van een probleem en niet ter voorkoming.
- Het is waarschijnlijk een goed idee om elke keer dat je biocides gebruikt een andere soort te nemen, zodat de kans kleiner is dat de bacteriën er resistent tegen worden.
- Er zijn verschillende soorten biocides verkrijgbaar.

Houd hierbij goed in de gaten dat de bacteriën in de diesel zich alleen maar kunnen vermenigvuldigen waneer er water in de diesel aanwezig is. Geen water? Dan ook geen problemen met bacteriën.

D. Andere toevoegingen

- 'Soltron' is een toevoeging van enzymen die ik een paar jaar geleden tegenkwam en waarvan de werking echt bewezen is (foto G). Voor meer informatie zie www.soltron.co.uk.
- In grote lijnen komt het erop neer dat het de verbranding verbetert. Daarnaast verwijdert het de prut van de bacteriën (maar niet het vuil en roestdeeltjes) in de tank en zet het weer om in brandstof. Het doodt 99% van de bacteriën.
- Aangezien het een enzym is kan het bij elke tankbeurt gebruikt worden, zodat uiteindelijk alle bacteriën weg zijn.

17 - Schoonmaken van de brandstoftank

Het schoonmaken van een brandstoftank kan erg moeilijk zijn wanneer er onder de tank geen 'waterzak' met aftapmogelijkheid of een andere mogelijkheid aanwezig is om de tank af te tappen. Zeker wanneer de tank niet kan worden uitgebouwd! (foto A)

A

B

Mogelijke methoden die je kunt toepassen om de tank schoon te maken

1 Tap de tank af door een slang via de vulleiding tot op de bodem van de tank te steken en de tank dan leeg te pompen met een brandstofbestendige pomp. De kans is klein dat er hierbij veel prut van de bacteriën en ander vuil uit de tank verwijderd wordt. Met een vacuümpomp om motorolie af te zuigen gaat het misschien iets beter (foto B).

2 Haal de vulleiding van de tank los en steek dan de afzuigleiding van de pomp naar binnen. Nu kun je met de afzuigleiding een beetje over de bodem bewegen om wat meer vuil te verwijderen (foto C).

3 Zaag of snij een mangat in de bovenzijde van de tank. Nu kun je in de tank komen om schoon te maken en leeg te pompen. Dicht het mangat af met een van een pakking voorzien passend deksel dat je met bouten vastzet. Houd er rekening mee dat diesel door vrijwel alle openingen heen komt (doorzweten), dus werk zorgvuldig.

4 Zaag een gat in een deel van de boot (schot, kuipvloer) om bij de tank te kunnen komen.

5 Zaag of boor nooit een gat in een benzinetank, zelfs wanneer je er zo goed als zeker van bent dat de tank leeg is. De kans op een explosie is groot.

C

Vulleiding

Bovenzijde van de tank

Drinkwatersysteem

Een eenvoudig drinkwatersysteem bestaat uit een watertank, een hand- of voetpomp en een wateruitloop.

Aan boord van veel jachten is het drinkwatersysteem echter wat complexer.

- Wanneer je de kraan opent, zorgt een elektrische pomp ervoor dat het water van de tank naar de kraan stroomt. Om te voorkomen dat de druk in de leiding voortdurend wisselt, waardoor de pomp steeds aan- en afslaat, kan er een drukvat worden geplaatst. Dit drukvat wordt door de elektrische pomp vol water gepompt en wanneer het vol is slaat de pomp af. Wanneer je nu water gebruikt, zorgt het drukvat ervoor dat het water stroomt. Pas wanneer het drukvat bijna leeg is en de druk in de leiding afneemt, slaat de elektrische pomp aan om het vat opnieuw vol drinkwater en dus op druk te pompen. De combinatie van een elektrische waterpomp met een drukvat wordt hydrofoor genoemd.
- Heet water wordt opgeslagen in de boiler, zodat er vrijwel direct heet water naar de kraan kan stromen. Het water kan worden opgewarmd in de boiler door de hitte van de motor (opgewarmde koelvloeistof) of een elektrisch verwarmingselement, maar de boiler kan ook deel uitmaken van het gas- of dieselverwarmingssysteem aan boord.

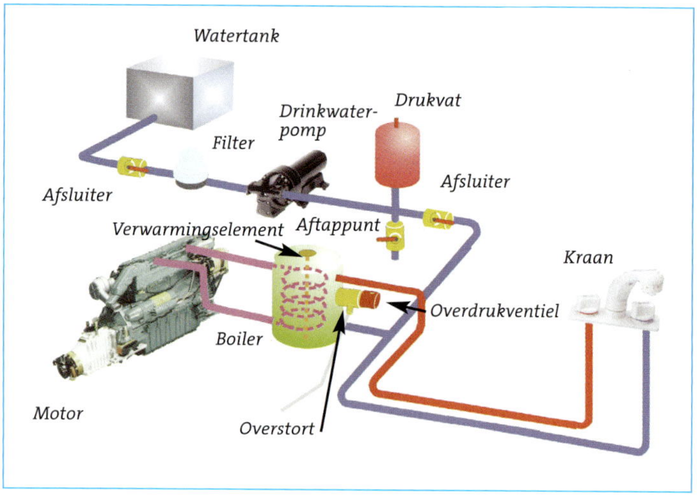

Drinkwatersysteem

Houd rekening met de volgende punten wanneer je de rest van de tekst doorleest.

- Werkzaamheden aan het drinkwatersysteem houden vaak in dat je de waterpomp, het filter en het drukvat moet isoleren van de rest van het drinkwatersysteem zodat je dit deel kunt aftappen. Het kan daarom erg handig zijn om hiervoor afsluiters in het systeem te plaatsen.
- Zoet water in de bilge kan afkomstig zijn van de overstort van de boiler.
- Het filter van de waterpomp moet regelmatig worden schoongemaakt.
- Wanneer er een drukvat zonder balg is gemonteerd (dus met alleen lucht erin), dan zal de lucht langzaam maar zeker worden opgenomen door het water zodat je het drukvat soms van nieuwe lucht moet voorzien.
- Wanneer er een filter is geplaatst om het drinkwater beter te laten smaken of, beter nog, te zuiveren, dan moet dit filter regelmatig worden vervangen.
- Het kan nodig zijn om (bijvoorbeeld door algengroei) vervuilde leidingen te vervangen.
- Kraanrubbertjes ('leertjes') moeten soms vervangen worden.
- De waterpomp moet na verloop van tijd helemaal worden nagekeken en voorzien van nieuwe rubbers.
- Ook knelfittingen moeten soms vervangen worden.

18 - Drukvat bijvullen

Het drukvat is een reservoir voor drinkwater dat onder druk staat, zodat de drinkwaterpomp niet meteen hoeft aan te slaan als je de kraan opent. Hierdoor gaat de pomp langer mee en werkt het systeem geruislozer. Wanneer je een lege watertank vult en dan de pomp aanzet, zal de pomp eerst een tijdje draaien om het drukvat met water te vullen en vervolgens afslaan.

Het probleem

Wanneer de waterpomp telkens meteen aanslaat zodra je de kraan opent, is er waarschijnlijk geen drukvat in het systeem aanwezig. Is er wel een drukvat ingebouwd, dan zit er geen lucht meer in het drukvat.

Er zijn twee soorten drukvaten:

- In de goedkope variant is het drukvat van binnen helemaal leeg. Zolang er nog geen water in het drukvat is gepompt zit er alleen maar lucht in. Water wordt door de waterpomp in het drukvat geperst, zodat de lucht wordt samengedrukt. Op deze manier wordt er een voorraad water opgebouwd die onder druk staat, klaar om via de kraan weg te stromen wanneer deze wordt geopend. Na verloop van tijd wordt de lucht opgenomen door het water waardoor je het drukvat moet bijvullen met lucht (foto A).
- De wat duurdere drukvaten zijn voorzien van een rubberbalg waarin de lucht is opgeslagen, gescheiden van het water. Voordat je een dergelijk drukvat in gebruik neemt, pomp je de balg op met een (fiets)pomp, waarna het water dat in het drukvat wordt gepompt de balg (en dus de lucht) samendrukt. Het rubber van de balg is enigszins poreus, zodat na verloop van tijd de hoeveelheid lucht in de balg zal afnemen en de lucht moet worden bijgevuld (foto B).

Benodigde gereedschappen

Schroevendraaier.

Moeilijkheidsgraad

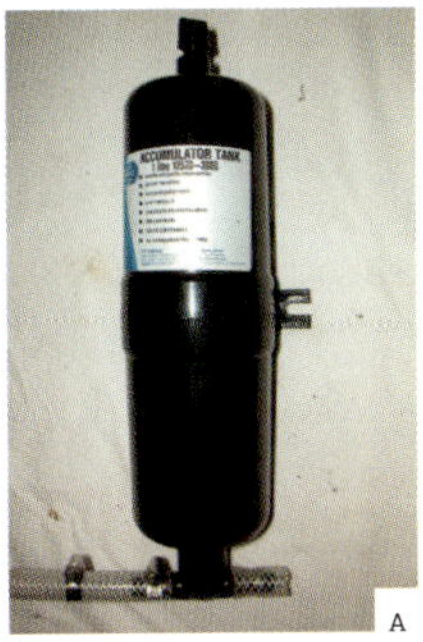
A

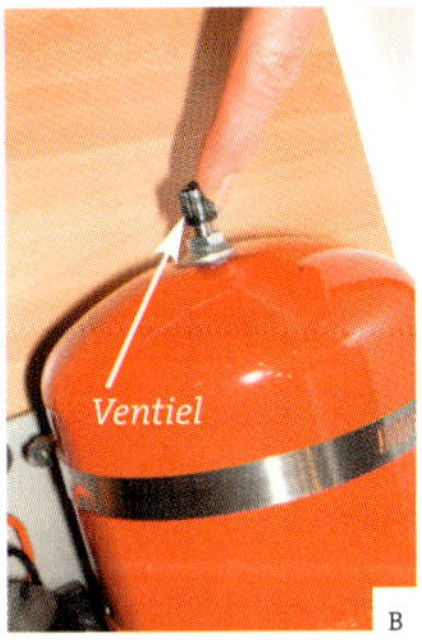

B

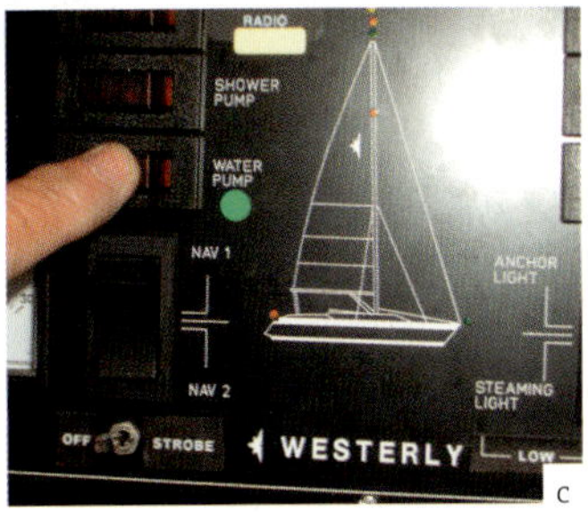

C

1 Zet op het schakelpaneel de elektrische waterpomp uit (foto C).
2 Sluit de waterslangen naar en van de pomp af met behulp van lijmtangen of in de leiding geplaatste afsluiters (foto's D en E).

D

E

3 Open het ventiel aan de bovenzijde van het drukvat (foto's F en G).
4 Open het aftappunt in de waterslang bij het drukvat. Wanneer dit niet aanwezig is, maak dan de slangklem en de slang los om het water uit het drukvat te laten stromen.
5 Wanneer het een drukvat met een balg betreft, pomp je nu de balg op waardoor het water via het aftappunt uit het drukvat wordt geperst.
6 Sluit het aftappunt of zet met de slangklem de slang weer vast.
7 Sluit het ventiel aan de bovenzijde van het drukvat. Wanneer je dit ventiel te hard aandraait, kan de hals van het drukvat scheuren (foto H).
8 Het drukvat of de balg is nu gevuld met lucht.
9 Zet de twee afsluiters in de waterleiding naar en van de pomp weer open, of verwijder de lijmtangen.
10 Open de kraan die het verst van de waterpomp af zit (foto I).
11 Zet op het schakelpaneel de waterpomp weer aan.
12 Zet zodra het water normaal uit de kraan stroomt (dus zonder luchtbellen en gespetter) de kraan dicht.
13 De waterpomp zal nu nog even blijven draaien om het drukvat met water te vullen en vervolgens afslaan.
14 Controleer of het drukvat en eventuele leidingen die je tijdelijk hebt losgenomen niet lekken (foto J).

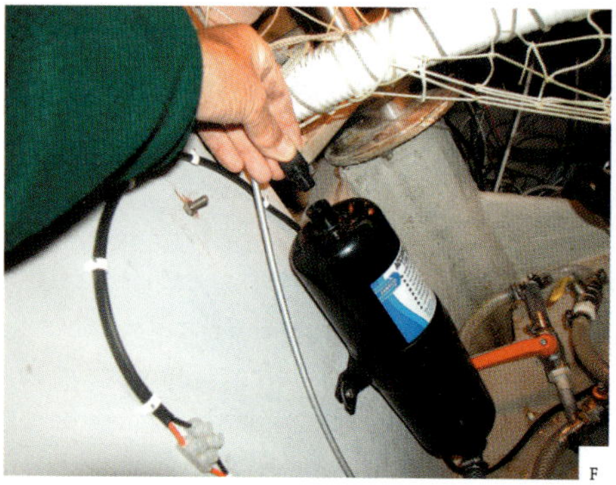
F

G

Tip

Overweeg om afsluiters in de leiding te plaatsen voor het aftappen van het drukvat, zodat je geen slangen hoeft los te maken.

H

J

I

19 – Vervangen van vervuilde leidingen

Benodigde gereedschappen
Schroevendraaier en een scherp mes.

Moeilijkheidsgraad

De vulslang en de ontluchtingsslangen van het drinkwatersysteem kunnen vervuild raken door aangroei met algen en bacteriën omdat ze in open verbinding staan met de lucht. Het toevoegen van bijvoorbeeld chloortabletten aan het drinkwater helpt hier niet tegen, aangezien het de vul- en ontluchtingsslangen niet bereikt. Vaak zijn deze slangen doorzichtig, zodat je goed kunt zien hoe schoon ze zijn.

1 Maak de slangklemmen op de uiteinden van de slangen los.
2 Verwijder de slangen. Mogelijk zijn ze zo verouderd (stug) dat je ze los moet snijden.
3 Snij de nieuwe slangen op de juiste lengte af.
4 Sluit de nieuwe slangen aan.
5 Zet de slangklemmen weer vast.

20 – Overdrukventiel boiler

Benodigde gereedschappen
Schroevendraaier en een scherp mes.

Moeilijkheidsgraad

Vaak tref je een beetje zoet water in de bilge aan zonder weten waar het vandaan komt. Grote kans dat dit afkomstig is van de boiler. Want elke keer dat het water in de boiler wordt opgewarmd zet het uit. De druk in de boiler loopt hierdoor op totdat het overdrukventiel opent en er water via de overstort wegstroomt. Dit water stroomt in de bilge en bewijst dat het overdrukventiel goed werkt. Doordat het water in een boiler aan boord regelmatig opwarmt en afkoelt stroomt er dus ook regelmatig een beetje water door het overdrukventiel naar buiten.
Om de bilge droog te houden kun je het water dat bij het opwarmen via het overdrukventiel naar buiten stroomt opvangen in een plastic fles die je leegt als hij vol is.

A

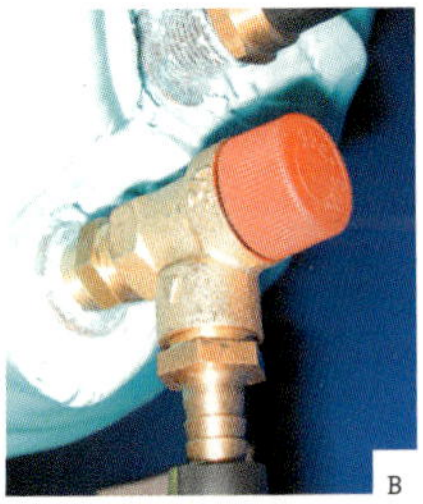
B

Opvangen van water uit het overdrukventiel

1 Sluit een stukje slang aan op de overstort van het overdrukventiel en leid dit naar een plek waar je er goed bij kunt (foto's A en B).
2 Zorg ervoor dat deze slang uitkomt in een plastic fles (foto's C en D).
3 Houd een oogje op de fles en gooi hem leeg wanneer het nodig is.

C

D

21 - Vervangen van het drinkwaterfilter

Het probleem

Het drinkwaterfilter moet regelmatig worden vervangen. Of omdat de doorstroom van het water is verminderd doordat het filter verstopt begint te raken, óf omdat het filter al zo lang in gebruik is dat bacteriegroei in het drinkwaterfilter een gevaar begint op te leveren (meestal na zes maanden).

Benodigde gereedschappen

Schroevendraaier.

Moeilijkheidsgraad

1. Zet op het schakelpaneel de elektrische waterpomp uit.
2. Een eenvoudig wegwerpfilter dat alleen maar dient om de smaak van het drinkwater te verbeteren zit meestal vast met twee kunststofklemmetjes (foto A).
3. Een filter dat ook werkt tegen bacteriën in het drinkwater heeft meestal een vervangbaar filterelement (foto B)
4. Neem de filterhouder los en volg hierbij de instructies van de fabrikant (foto's C, D en E).
5. Verwijder het oude filter (foto F).
6. Plaats het nieuwe filter.
7. Plaats de filterhouder met het nieuwe filter weer terug.
8. Zet de elektrische waterpomp weer aan.
9. Draai de kraan open en laat het water stromen totdat het er helder uitziet (een koolstoffilter maakt het water in het begin vaak zwart van kleur).

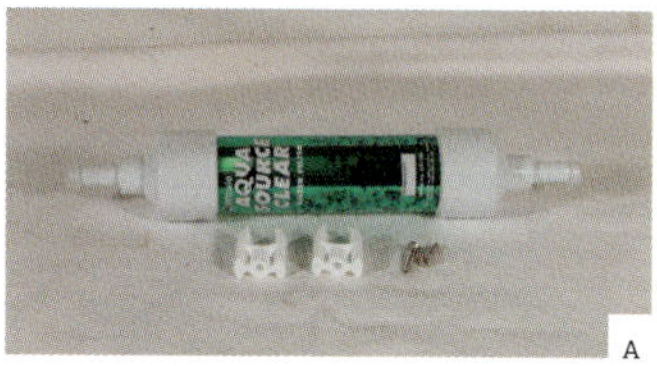
A

B

C

D

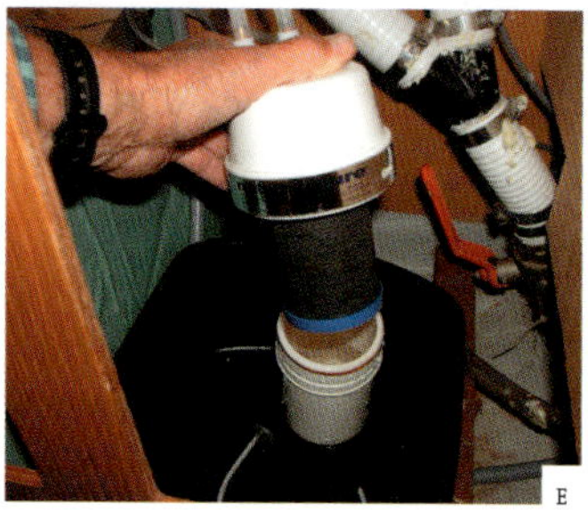
E

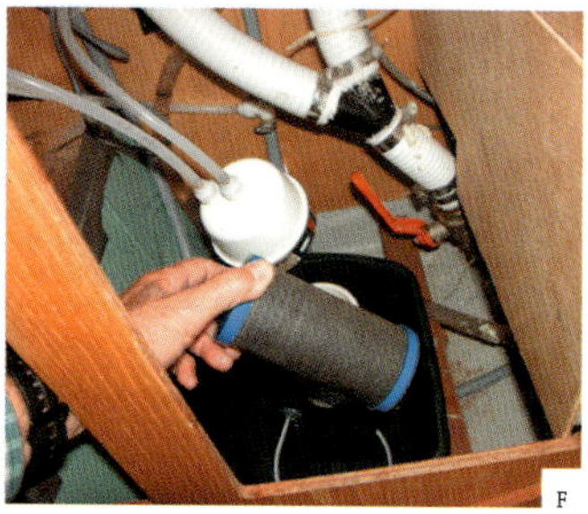
F

Tip

Het is onvermijdelijk dat je bij deze klus met water knoeit. Verwissel het filter daarom zo mogelijk boven een bak(je) om het water op te vangen.

22 - Monteren van afsluiters voor isoleren en aftappen

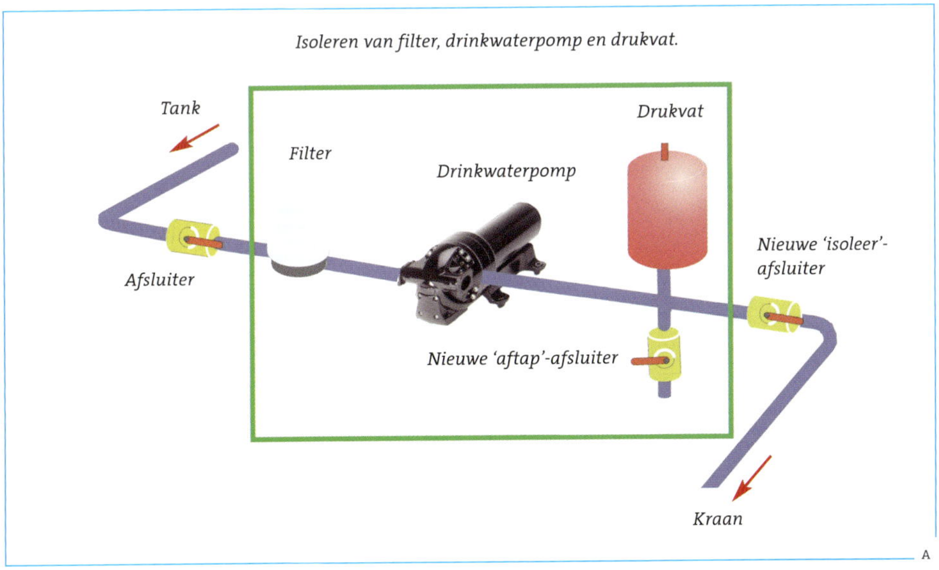

A

Benodigde gereedschap
Schroevendraaier, sleutels, scherp mes.

Moeilijkheidsgraad

B

C

Monteren van afsluiters voor isoleren en aftappen

1 Zet de elektrische drinkwaterpomp uit op het schakelpaneel (foto B).

2 Knijp de waterslang dicht met lijmtangen om het stuk slang dat je door wilt snijden te isoleren van de rest van het drinkwatersysteem (foto C).

3 Wikkel om lekkage te voorkomen teflontape om de schroefdraad van de slangtules (foto D).
4 Schroef de slangtules op de afsluiter (foto E, F en G).
5 Plaats een 'isoleer'-afsluiter en een 'aftap'-afsluiter in de leiding(en) stroomafwaarts van het drukvat (of van de waterpomp wanneer er geen drukvat is geplaatst) (foto H en figuur A).
6 Plaats, als die nog niet aanwezig is, een 'isoleer'-afsluiter net stroomopwaarts van het filter, dus tussen filter en drinkwatertank (foto I en figuur A).
7 Verwijder de lijmtangen.
8 Het filter, de drinkwaterpomp en het drukvat kunnen nu gemakkelijk worden afgetapt met behulp van de afsluiters en een afvoerslang die je aansluit op het aftappunt (foto J).

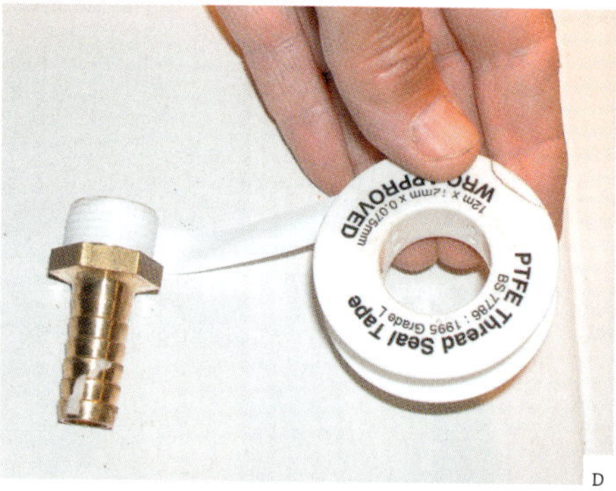

D

E

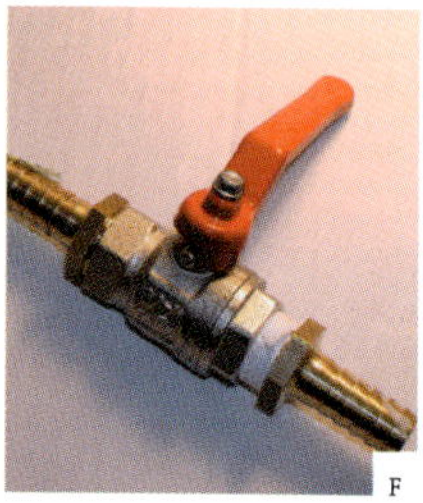
F

I

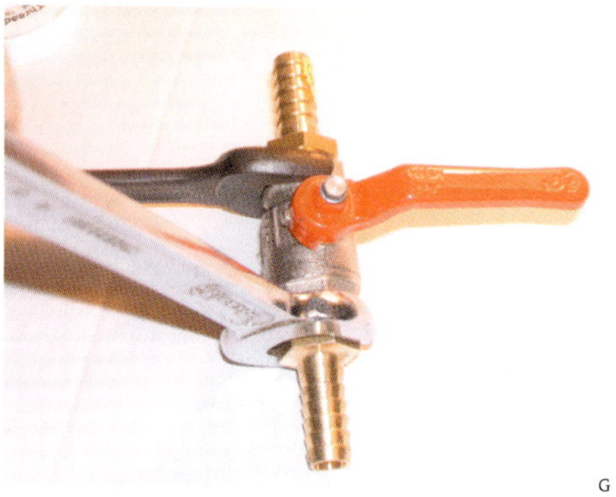
G

J

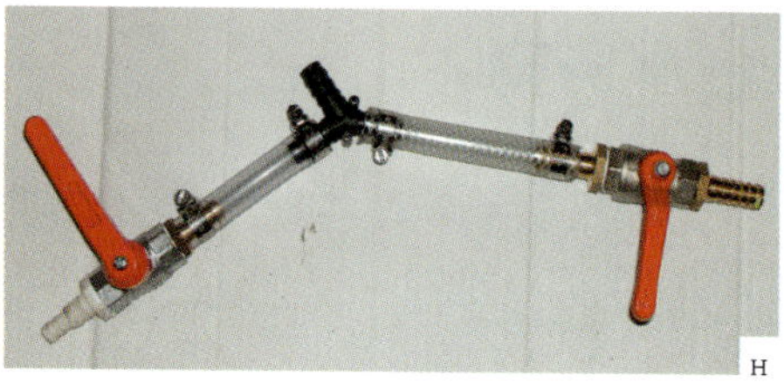
H

23 - Druppende kraan

Het probleem
De kraan blijft druppen als die dichtgedraaid is. Dit komt aan boord veel minder voor dan thuis, aangezien de waterdruk veel lager is en de kraan minder wordt gebruikt.

Benodigde gereedschappen
Steeksleutels, schroevendraaiers.

Moeilijkheidsgraad

1 Zet op het schakelpaneel de elektrische drinkwaterpomp uit .
2 Zet de stop in de afvoer om te voorkomen dat onderdeeltjes die je per ongeluk laat vallen via het afvoerputje verdwijnen (foto A).
3 Verwijder de knoppen van de kraan. Bij de ene kraan kun je deze gewoon lostrekken, bij een andere uitvoering moet je eerst een soort dekseltje verwijderen waarna je het schroefje kunt losdraaien waarmee de knop is bevestigd (foto's B, C, D, E en F).
4 Schroef de afsluiter waar de knop op zat uit de kraan (foto's G, H en I).
5 Neem het oude kraanrubbertje los. Het kan zijn dat dit zit vastgeklemd, maar het kan ook zijn dat het op zijn plaats wordt gehouden door een schroefje of een moer (foto's J en K).
6 Plaats het nieuwe kraanrubbertje.
7 Zet de kraan weer in elkaar.

A

B

C

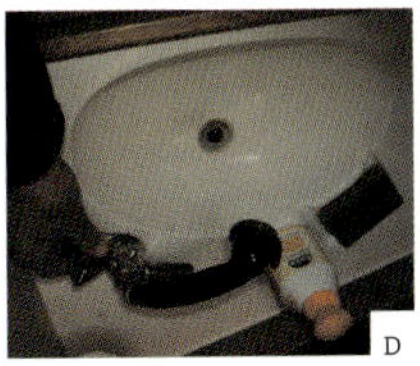
D

E

F

G

H

I

J

K

L

Tip
Wanneer je geen nieuw kraanrubbertje voorhanden hebt, kun je het druppen (tijdelijk) stoppen door het oude rubbertje om te draaien (foto L).

24 - Kunststof knelkoppelingen

Het probleem
Op nieuwere boten wordt vaak gebruik gemaakt van ondoorzichtige pvc-waterleidingen en knelfittingen zoals je die ook in huizen tegenkomt. Wanneer je iets aan deze leidingen wilt doen, zoals het installeren van een nieuw onderdeel, dan moet je weten hoe de knelfittingen werken.

Benodigde gereedschappen
Pijpsnijder, scherp mes.

Moeilijkheidsgraad

1 Snijd de kunststofleiding op lengte met een pijpsnijder, en niet met een zaag (foto A).
2 Omdat de leiding behoorlijk flexibel is, lukt het vaak niet om de leiding volledig door te snijden met de pijpsnijder. Het laatste stukje snijd je dan door met een scherp mes (foto B).
3 De knelfittingen verschillen een beetje van elkaar, afhankelijk van het merk, maar over het algemeen zien ze er uit als op de foto's C en D.
4 Sommige knelfittingen kun je hergebruiken, andere (goedkopere) niet. Voor gebruik aan boord is het de moeite waard te investeren in knelfittingen die hergebruikt kunnen worden nadat je ze een keer hebt losgehaald.
5 Het buisje dat je in de kunststofleiding schuift is zeer belangrijk, omdat de kunststofleiding anders steeds verder wordt samengedrukt zonder dat de knelfitting klemkracht kan opbouwen (foto E).
6 De knelfittingen kunnen ook gebruikt worden met koperen leidingen. In dat geval is het niet nodig om een busje in de leiding te schuiven (foto F).
7 Verschillende leidingdiameters en materialen kunnen via knelfittingen verbonden worden (foto G).

A

B

C

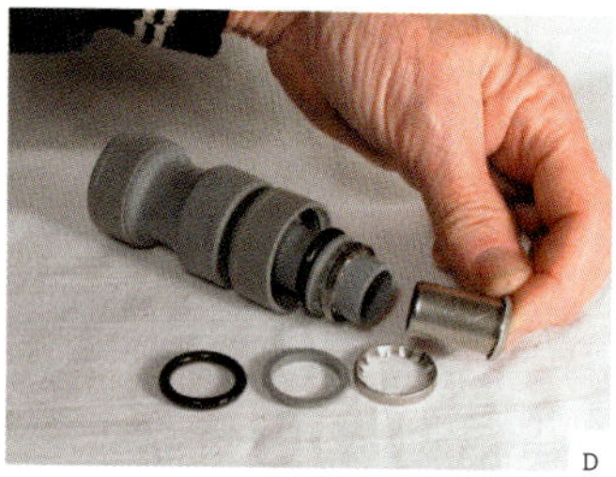
D

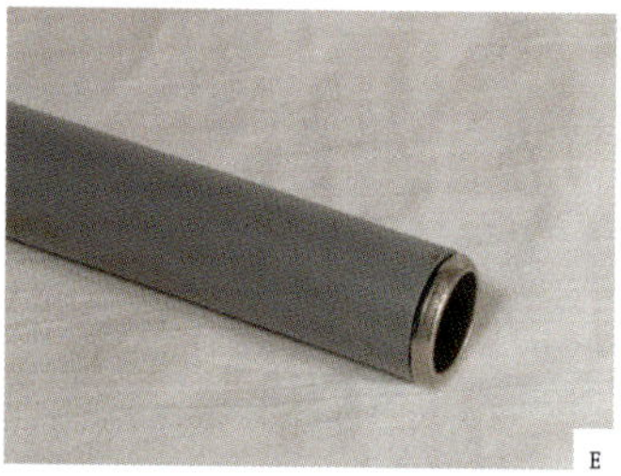
E

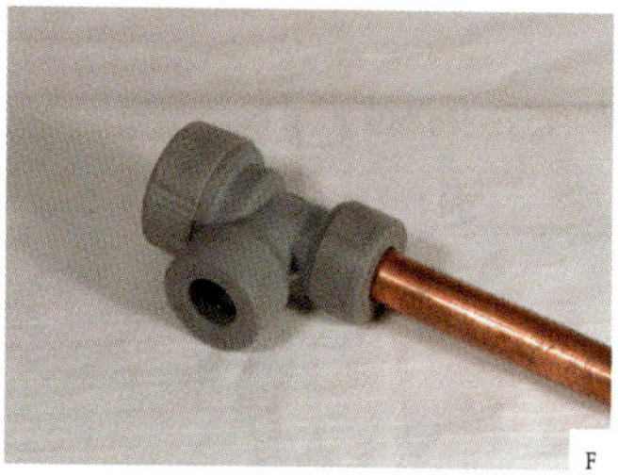
F

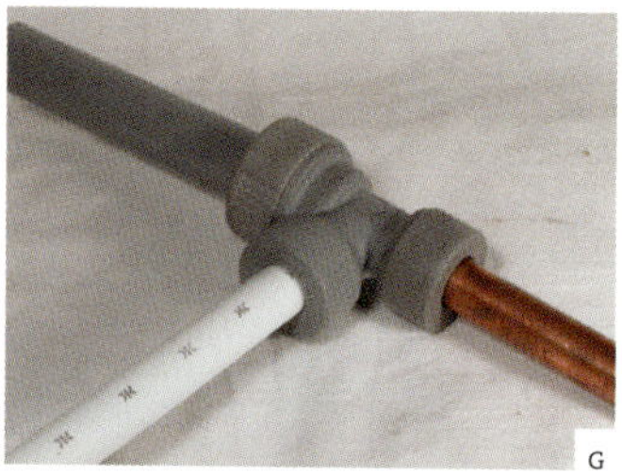
G

25 - Drinkwaterpomp

Het probleem

De drinkwaterpomp draait niet, of hij draait wel maar verpompt geen water. Dit kan duiden op een kapotte zekering, een niet werkende drukschakelaar, kapotte rubbers of kleppen in de pomp, of een kapotte elektromotor. Wanneer blijkt dat de zekering in orde is, wordt het tijd om de oorzaak logisch nadenkend op te sporen.

Benodigde gereedschappen

Afhankelijk van het type waterpomp, maar je hebt minstens een setje schroevendraaiers nodig.

Moeilijkheidsgraad

Als de pomp draait maar er stroomt geen water

Controleer de watervoorraad.

1. Het lijkt erop dat er een probleem zit in het waterpompdeel van de pomp (foto A).
2. Misschien is er een reserveonderdelenset voor de pomp te verkrijgen. In dat geval staat in de instructies duidelijk uitgelegd hoe alles gemonteerd moet worden.
3. Je zult alle schroeven van het pomphuis moeten losdraaien (foto B).
4. Pas op dat je geen onderdelen kwijt raakt!

Als de pomp niet draait

1. Controleer de zekering. Er kan er zowel een zitten bij het schakelpaneel als in de stroomdraad naar de pomp toe (foto C).
2. Wanneer de waterpomp nog steeds niet draait terwijl er minstens één kraan open staat, haal dan de draden van de drukschakelaar los en verbind ze met elkaar (foto D).
3. Als de waterpomp nu wel begint te draaien werkt de drukschakelaar niet goed.

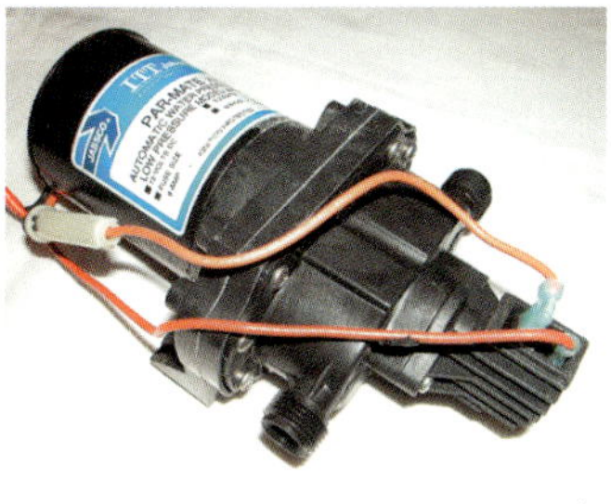

A

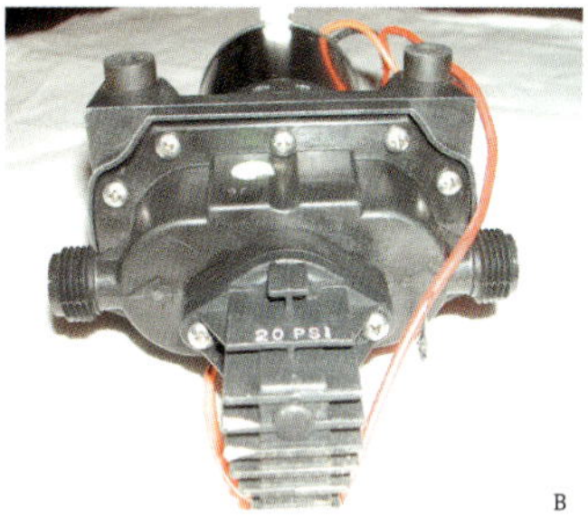

B

C

D

Controleren van de drukschakelaar

1 Het kan mogelijk zijn om de drukschakelaar te testen zonder de pomp te hoeven losschroeven van de fundatie. Als het kan, verwijder dan de behuizing van de drukschakelaar (foto's E, F en G).
2 Druk op de knop van de microschakelaar (foto H).
3 Wanneer de pomp nu draait is de schakelaar in orde.
4 Druk op de zuiger die de knop van de microschakelaar moet bedienen om zeker te weten dat deze soepel in en uit kan schuiven (foto I) – de zuiger beweegt maar 2 of 3 mm, maar het ding moet kunnen bewegen. Zo niet, dan zit de zuiger vast en kan dus de microschakelaar niet bedienen. Je zult de pomp uit elkaar moeten halen om te zien wat er aan de hand is.

Wanneer je de behuizing van de drukschakelaar niet kunt verwijderen zonder de pomp van zijn fundatie los te schroeven, dan zul je dit alsnog moeten doen.

5 Zorg dat er geen elektrische spanning op de pomp staat.
6 Sluit de drinkwatertoevoer naar de pomp af. Wanneer er geen afsluiter aanwezig is gebruik dan een lijmtang.
7 Maak de bedrading en de waterleidingen los van de waterpomp en demonteer de pomp van de fundatie zodat je de pomp los kunt nemen.
8 Sluit de bedrading weer aan en schakel de stroom in.
9 Zie stap 1 tot en met 4.

Wanneer geen van de acties resulteert in een werkende waterpomp, dan moet deze vervangen worden.

E

F

G

H

I

26 - Drinkwaterpompfilter

Het probleem

De drinkwaterpomp wordt beschermd tegen vuil door een filter in de toevoerleiding van het drinkwater. Meestal is dit een filter in een doorzichtige behuizing. Wanneer het filter er smerig uitziet, moet het worden schoongemaakt (foto A).

Benodigde gereedschappen

Waarschijnlijk geen, maar wanneer er geen afsluiter is geplaatst om het filter te isoleren van de rest van het drinkwatersysteem kan een lijmtang uitkomst bieden.

Moeilijkheidsgraad

1. Sluit de afsluiters om het filter te isoleren van de rest van het drinkwatersysteem.
2. Wanneer er geen afsluiters aanwezig zijn, gebruik dan lijmtangen om de slang dicht te knijpen (foto B).
3. Schroef het filterhuis los (foto C).
4. Verwijder het filterelement (foto D en E).
5. Spoel het filter goed schoon met stromend water.
6. Zet het filterelement weer op zijn plaats (foto F).
7. Schroef het filterhuis weer terug en let erop dat de rubber O-ring goed zit.
8. Zet het drinkwatersysteem in werking en controleer het filter op lekkage.

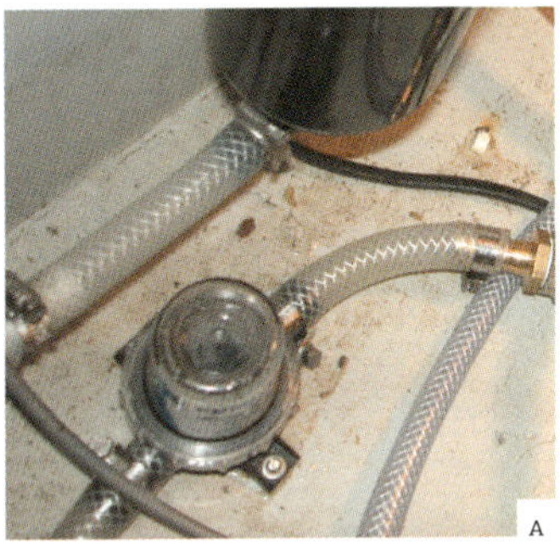
A

B

C

D

E

F

Gasinstallatie

Gas wordt aan boord veel gebruikt als energiebron om mee te koken, te koelen of te verwarmen. Lange tijd waren er geen eisen verbonden aan de gasinstallatie, maar daar is sinds maart 2001 verandering in gekomen: jachten die na die datum zijn opgeleverd moeten voldoen aan bepaalde eisen. Verzekeringsmaatschappijen stellen ook steeds vaker eisen aan de gasinstallatie aan boord, ongeacht het bouwjaar.

Aangezien een slecht aangelegde of niet goed onderhouden gasinstallatie al snel tot explosieve situaties kan leiden, is het aan te raden de gasinstallatie door de vakman te laten aanleggen en keuren, zodat ontploffingen, met ernstige gevolgen voor bemanning, schip en omgeving, tot het verleden zullen behoren.

Meer informatie over de aanleg van een gasinstallatie en gaskeuringen is onder meer te vinden in het boekje Gasveilig aan Boord, een gezamenlijke uitgave van Watersportberaad, Watersportverbond, KNMC, HISWA en ANWB

In Europa wordt vaak butaangas gebruikt. Het nadeel hiervan is dat dit gas bij lagere temperaturen niet meer bruikbaar is. In die gevallen biedt propaangas uitkomst. Propaangas vereist echter een sterkere fles, aangezien het propaangas onder een veel hogere druk wordt opgeslagen. Wanneer je de gasfles zelf laat vullen is het dan ook aan te raden om een fles aan te schaffen die zowel voor butaan als voor propaan geschikt is, om te voorkomen dat er een explosieve situatie ontstaat doordat per ongeluk een butaangasfles wordt gevuld met propaangas.

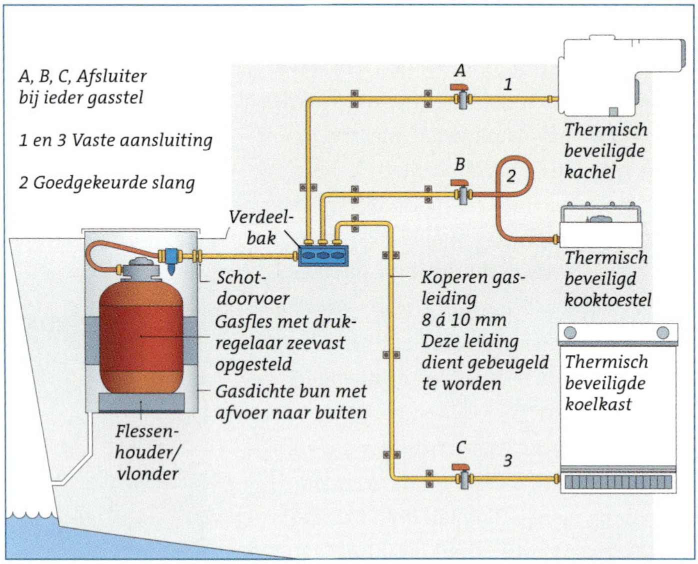

Gas is in vloeibare vorm in de fles opgeslagen. Wanneer je de fles beweegt voel je de vloeistof rondklotsen. De fles is niet volledig gevuld met 'vloeibaar gas', er bevindt zich ook een deel 'gasvormig gas' boven in de fles. De gasdrukregelaar bovenop de fles brengt de druk van het 'gasvormige gas' terug tot een lage druk die veilig kan worden gebruikt, 30 of 50 mbar, een druk die overeenkomt met de werkdruk van de gasverbruikers aan boord (daarop staat of ze geschikt zijn voor 30 of 50 mbar). De gasfles moet dus altijd rechtop staan omdat er anders vloeibaar gas in de drukregelaar terecht kan komen, met grote problemen tot gevolg.

- Het aantal verbindingen in de gasinstallatie moet zo klein mogelijk worden gehouden. Werk indien mogelijk met een koperen leiding uit één stuk in plaats van met losse stukken leiding die met knelkoppelingen aan elkaar zijn gezet.
- Verbindingen mogen nooit worden gesoldeerd, aangezien de soldeerverbindingen kunnen lostrillen door onder andere de motor. Werk dus altijd met knelkoppelingen.
- Controleer de knelkoppelingen regelmatig op lekkage.

27 - Controleren op gaslekken

Waarom is het nodig?
Butaan en propaan, of een mengsel daarvan (Camping Gaz) zijn zwaarder dan lucht. Bij een gaslek zal het gas zich onder in de boot verzamelen en zo een uiterst explosief mengsel vormen met de lucht.

Wanneer is het nodig?
Minimaal eenmaal per jaar, of op het moment dat je een gaslek vermoedt.

Benodigde gereedschappen
Een kwastje en zeepsop (water met afwasmiddel).

Moeilijkheidsgraad

1. Maak wat zeepsop door afwasmiddel met water te mengen.
2. Breng met een kwastje wat zeepsop aan op de verbindingen in de gasinstallatie.
3. Een gaslek is zichtbaar doordat zich steeds groter wordende zeepbelletjes vormen bij het lek.

A

Tip
Monteer een drukregelaar met een manometer (foto A) op de gasfles. Om te controleren of er ergens in het systeem een lek aanwezig is open je alle gasafsluiters in het systeem en draai je vervolgens de kraan op de gasfles open. Nu staan alle leidingen tot aan de verbruikers onder druk en is de druk af te lezen op de manometer. Sluit nu de gaskraan op de fles en houd de manometer in de gaten. De druk die de manometer aangeeft moet minstens een halfuur constant blijven. Loopt de druk terug dan is er ergens een lek aanwezig.

28 – Is het nodig onderdelen van de gasinstallatie te vervangen?

Waarom is het nodig?

Bepaalde onderdelen van de gasinstallatie hebben een beperkte levensduur en moeten dus tijdig vervangen worden.

Wanneer is het nodig?

- Gasdrukregelaars: elke 10 jaar
- Gasslangen: elke 3 jaar, of eerder wanneer er tekenen zichtbaar zijn van mogelijke lekkage, beschadigingen, scheurtjes, knikken, verharding of ernstige verkleuringen door zonlicht.

Controleer de leeftijd van de gasdrukregelaar

1. Kijk bij deze gasdrukregelaar (foto B) op de moer (foto C). Hier is te zien dat deze gasdrukregelaar is gemaakt in december 1973 en dus zeker aan vervanging toe is.
2. Bij deze gasdrukregelaar is op de achterkant het cijfer 98 zichtbaar, met twee puntjes erachter. Dit duidt op fabricage in de tweede maand van 1998 (foto D).
3. Wanneer de gasdrukregelaar er zo uitziet hoef je niet meer te zoeken naar de fabricagedatum. Dit exemplaar moet direct vervangen worden (foto E).

Controleer de leeftijd van de gasslang

1. Een verweerde gasslang moet worden vervangen (foto F).
2. Een gasslang die over de datum is (maximaal drie jaar oud) moet ook worden vervangen. De gasslang op de foto is gemaakt in mei 1996 (foto G).

Controleer de staat van de andere onderdelen

1. Is de gasleiding gecorrodeerd? (foto H).
2. Kapotte beschermingsmantel (foto I).
3. Kapotte uitlaatslang van de gasverwarming (foto J).
4. Een geknikte gasleiding is minder sterk en belemmert de gasdoorstroming (foto K).

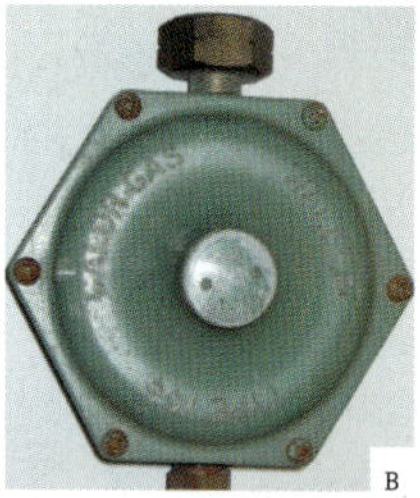
B

C

D

E

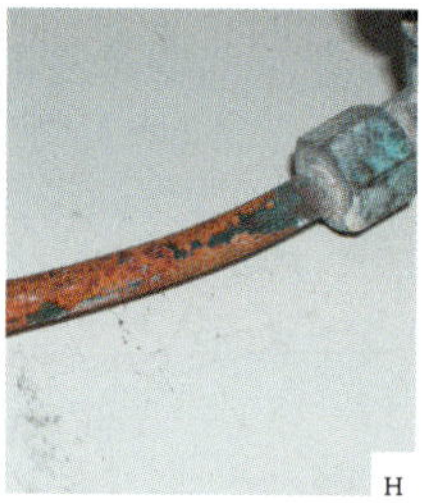
H

I

J

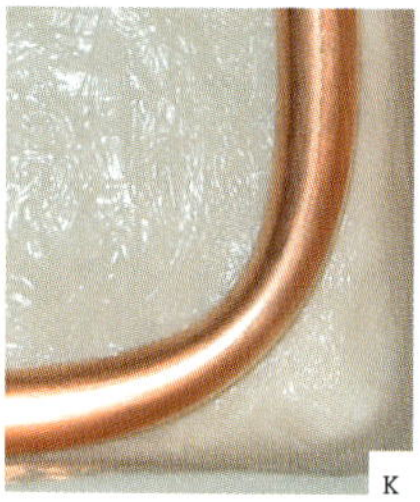
K

F

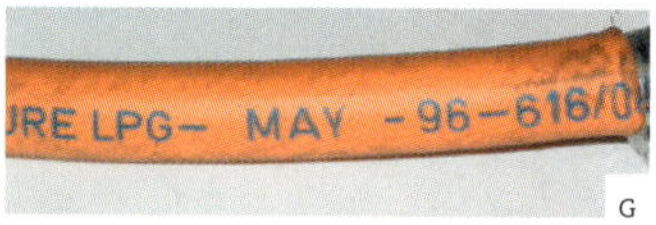

G

29 – De ideale gasinstallatie

- Begint bij een gasfles die in een deugdelijke gasbun is geplaatst. Deze bun heeft op het laagste punt een afvoer (inwendige diameter min. 19 mm) naar buiten die minstens 75 mm boven de waterlijn uitkomt.
- Is voorzien van een gasdrukregelaar met manometer, zodat gemakkelijk kan worden gecontroleerd of de gasinstallatie gasdicht is.
- Maakt gebruik van schotdoorvoeren op plaatsen waar de gasleiding door een schot heen gaat (foto A).
- Bestaat bij voorkeur uit een koperen leiding uit een stuk om het aantal verbindingen te minimaliseren.
- Is zodanig aangelegd dat alle onderdelen gemakkelijk geïnspecteerd kunnen worden.
- Is overal vastgezet met metalen beugels met een rubber inleg, waarbij er voldoende expansieruimte aanwezig is om krimpen en uitzetten van de leiding onder invloed van temperatuurschommelingen op te kunnen vangen (foto B).
- Heeft een gasafsluiter pal voor elke gebruiker (foto C).
- Maakt gebruik van goedgekeurde en maximaal drie jaar oude gasslang bij de aansluiting op een cardanisch opgehangen fornuis (foto D).
- Is uitgevoerd met een gasalarm (foto E) dat een alarmsignaal geeft wanneer er gas wordt gedetecteerd door de gasdetector (foto F). Een elektromagnetische gasafsluiter op de gasfles die bij gasalarm de gastoevoer afsluit maakt het geheel compleet.

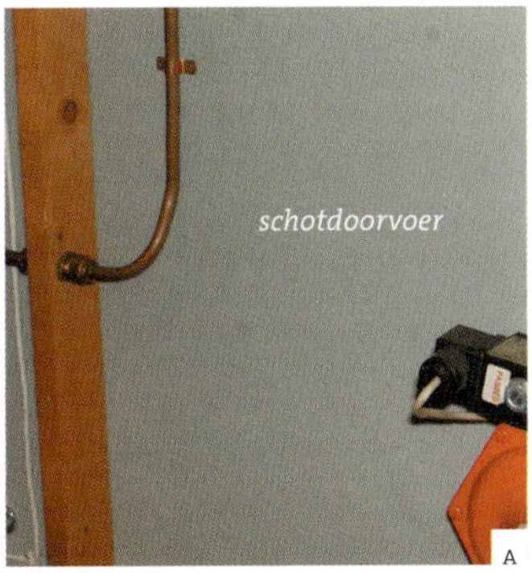

A

B

C

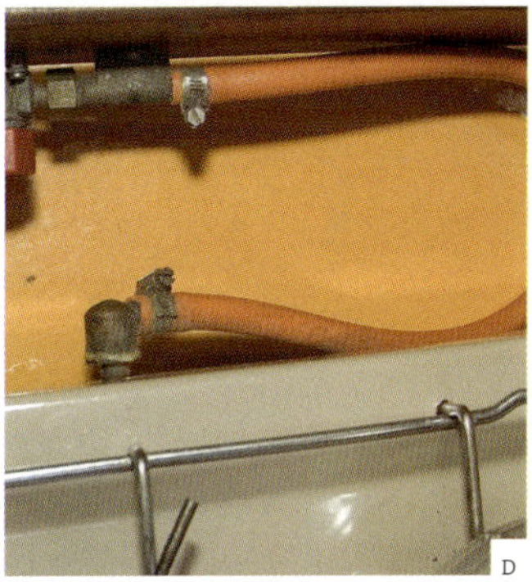
D

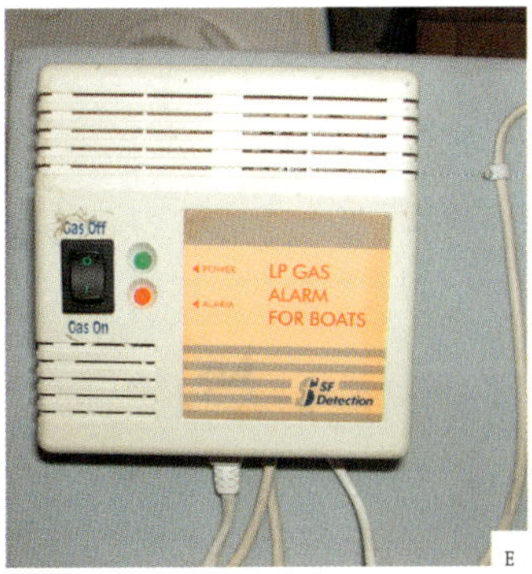

E

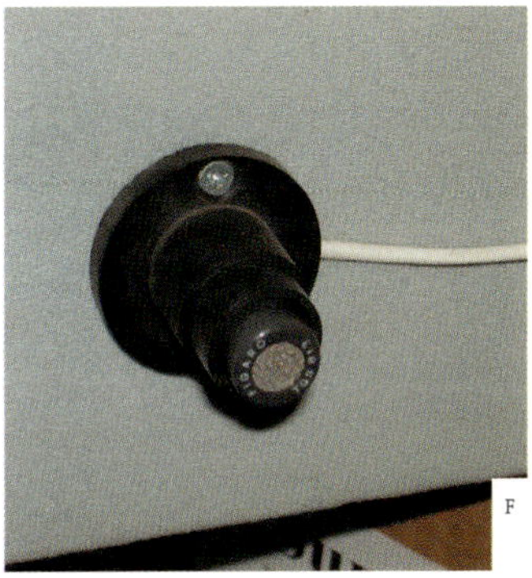
F

Knelkoppelingen in de gasinstallatie

- Gebruik teflon/PTFE tape (foto A) of een voor gas geschikte vloeibare pakking (foto B) om schroefverbindingen gasdicht te maken.
- Bij verbindingen waarbij wordt gewerkt met 'tonnetjes' is er geen afdichting met teflon tape of vloeibare pakking nodig. Op foto C is zichtbaar hoe een verbinding met 'tonnetjes' er in de knelkoppeling uit moet zien.
- De verbinding met een 'tonnetje' hoeft niet te worden dichtgesmeerd met vloeibare pakking (foto D).
- Draai de moeren van de knelfitting niet te strak aan, anders verniel je de verbinding (foto E).
- Het 'tonnetje' op de leiding moet er na te zijn samengeperst in de knelkoppeling zo uitzien (foto F).
- Controleer na het maken van een verbinding altijd met zeepsop op lekkage!

A

B

C

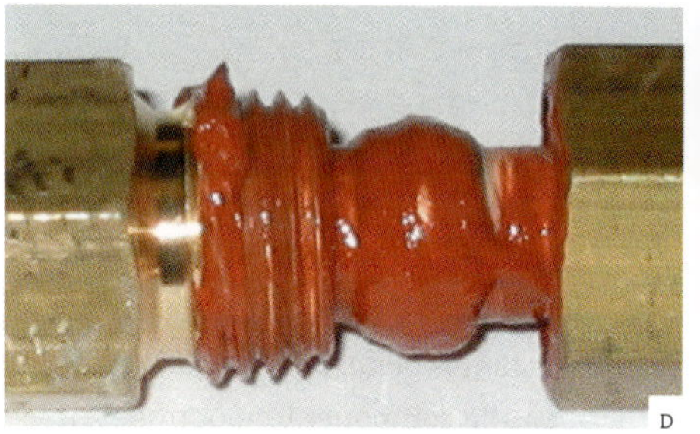
D

E

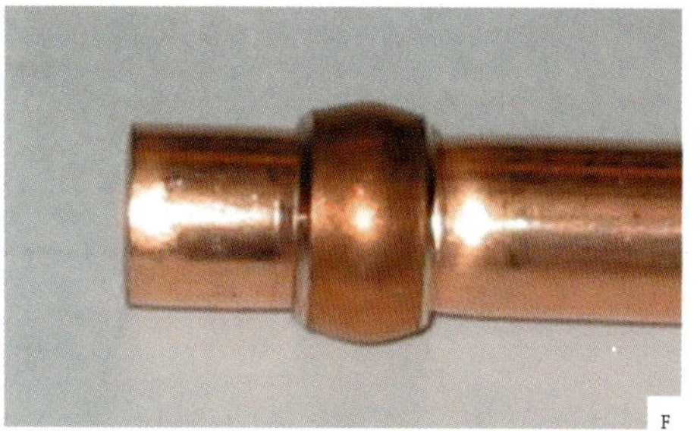
F

Elektrische installatie

30 - Formules

Basiskennis van elektriciteit

1 De elektrische weerstand (R) van een draad of een component in de stroomkring wordt gemeten in ohm (Ω).

2 De elektrische spanning (V) in volt, ook potentiaalverschil genoemd, zorgt ervoor dat er stroom loopt.

3 Elektrische stroom (I) is het stromen van elektronen door een draad. De stroomsterkte wordt gemeten in ampères (A).

4 Vermogen (P, power), uitgedrukt in watt (W), is de elektrische spanning (V) vermenigvuldigd met de elektrische stroom (I). Dus: P = V x I, oftewel: watt = volt x ampère

5 De wet van Ohm stelt dat de stroom (I) door een draad berekend kan worden door de spanning (V) te delen door de weerstand (R, resistance). Dus: I = V/R, en dus ook: V = I x R en R = V/I. Heb je bijvoorbeeld een spanning van 12V en een weerstand van 2 ohm, dan kan er een stroom lopen van 6A.Verlaag je de spanning naar 10V, dan neemt de stroomsterkte af tot 5A. Zou je vervolgens de weerstand verhogen, dan neemt de stroomsterkte nog verder af.

6 Het spanningsverlies in een draad zou niet meer moeten zijn dan 3%. Dus wanneer je aan de ene kant van de draad een spanning van 12V meet, zou daar aan het andere eind van de draad nog minimaal 11,64V van over moeten zijn. Aan boord van veel jachten is het spanningsverlies echter vaak 10% of meer! Hierdoor branden de lampen minder helder en gaat vermogen verloren.

7 De weerstand van verschillende componenten die in serie zijn geplaatst is gelijk aan de som van de individuele weerstanden. Door alle componenten loopt dezelfde stroom. Het spanningsverschil van het hele systeem werkt over de totale rij componenten. (R = R1 + R2 + R3 etc.)

8 De weerstand van componenten die parallel zijn geschakeld is wat complexer en kan worden berekend met de volgende formule:

$$R = \frac{1}{1/(1/R1 + 1/R2 + 1/R3 \text{ etc.})}$$

Wanneer er slechts twee weerstanden aanwezig zijn wordt de formule wat eenvoudiger: $R = \frac{(R1 \times R2)}{(R1 + R2)}$

Stoomverbruik

- De energie die een stroomverbruiker aan een accu onttrekt wordt gemeten in ampère-uur (Ah). Dit is de tijdsduur dat de stroomverbruiker is ingeschakeld vermenigvuldigd met de stroom die er doorheen loopt.
- Door een toplicht van 25W loopt een stroom van 2,08A bij een spanning van 12V (stroom = vermogen /volt). Wanneer het lampje acht uur lang brandt tijdens een nacht varen trekt het 16,64 Ah uit de accu (ampères x tijdsduur)

Let op: Vaak wordt dit verbruik ten onrechte aangeduid als 16,64A, zonder te refereren aan de tijdsduur.

Elektronica

Elektronische apparaten werken over het algemeen goed bij een spanning van 9V tot 16V, soms zelfs van 9V tot 32V.

Stroomvreters

Koelkasten, verwarming en andere grote stroomverbruikers schakelen meestal vanzelf uit wanneer de spanning lager wordt dan een bepaalde kritieke waarde (10,5V).

Opmerking: De spanningsval over een normale zekering kan de reden zijn dat een grote stroomverbruiker eerder uitschakelt. Je kunt dit soort verbruikers daarom beter zekeren met automatische zekeringen waarover vrijwel geen spanningsval optreedt.

31 - De multimeter

Het opsporen van problemen in de elektrische installatie aan boord wordt een stuk gemakkelijker door het gebruik van een multimeter (figuur A). Dit soort meters zijn voor weinig geld te koop bij een elektronica zaak. Je kunt kiezen uit meters die je met de hand instelt (goedkoop) en automatische meters (duurder). Bij een handmatig in te stellen meter zul je van tevoren de te meten waarde moeten inschatten. Zo kun je instellen of de waarde zal liggen tussen 20V en 200V, of tussen 200V en 600V. Twijfel je, kies dan in eerste instantie voor de hoogste waarde om te voorkomen dat de multimeter stuk gaat.

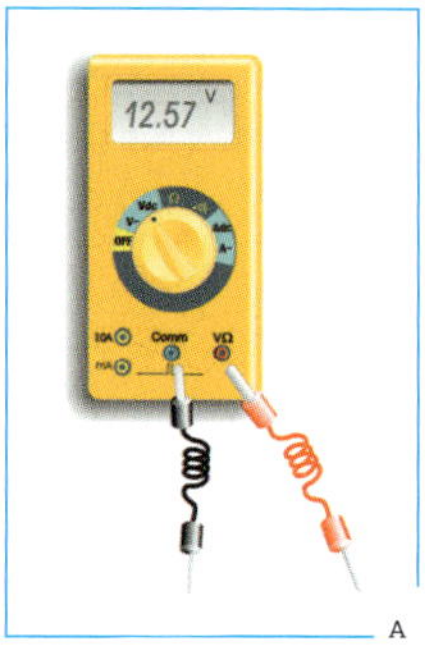

A

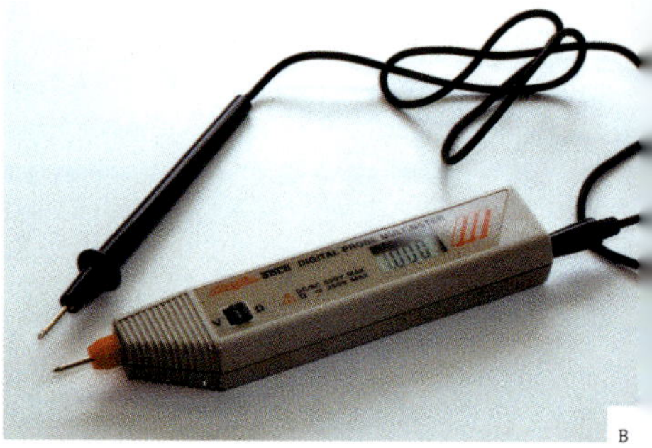

B

Een multimetermeter die is ingebouwd in een van de twee meetpennen (foto B) heeft als voordeel dat je alles in twee handen kunt vasthouden en tijdens het werk ook meteen de meter kunt aflezen.

Multimeters werken met een eigen batterij en moeten dus worden uitgezet wanneer je ze niet gebruikt.

Tip
Schilder het puntje of streepje op de draaiknop van een (goedkope) multimeter met een opvallende kleur om vergissingen bij het instellen of het uitzetten te voorkomen (foto C).

C

Serie en parallel (figuur D)

- Bij twee accu's die in lijn (SERIE) met elkaar verbonden zijn worden de voltages bij elkaar opgeteld. Dus twee 12V-110 Ah accu's vormen in serie geschakeld een 24V-110 Ah accu.
- Bij twee accu's die met elkaar verbonden worden door de positieve polen en de negatieve polen aan elkaar te koppelen (PARALLEL) worden de capaciteiten bij elkaar opgeteld maar blijft het voltage gelijk aan dat van één accu. Dus twee 12V-110 Ah accu's vormen parallel geschakeld een 12V-220 Ah accu.
- Lampen of andere soortgelijke verbruikers die gekoppeld worden aan dezelfde accu moeten PARALLEL geschakeld zijn.

(De accucapaciteit is de energie die is opgeslagen uitgedrukt in ampère-uur als de accu volledig geladen is).

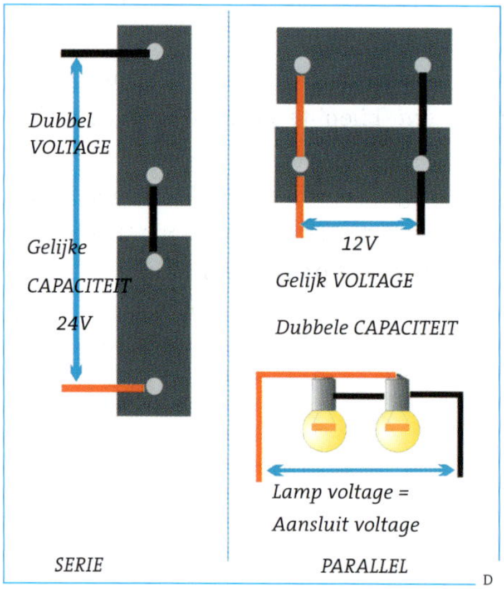

D

Continuïteit van een stroomkring meten (figuur E)

Controleer de continuïteit van een stroomkring, bijvoorbeeld van een draad, door de weerstand te meten. Een kleine weerstand betekent dat alles in orde is, een grote weerstand betekent dat de stroomkring ergens is onderbroken.

1 Stel de multimeter in op weerstand (Ω) (en een lage waarde wanneer deze handmatig ingesteld moet worden).

2 Houd de twee meetpennen tegen elkaar aan en controleer of de meter een weerstand '0' aangeeft. Zo weet je zeker dat er geen weerstand wordt gemeten in de draden of meetpennen van de multimeter. Analoge meters moet je nu instellen op '0'. Kan dit niet, dan is de batterij van de multimeter leeg (foto F).

3 Zorg dat de draad die je wilt doormeten niet onder stroom staat.

4 Plaats de meetpennen tegen de uiteindes van de door te meten draad. De weerstand zou in de ideale situatie 0 ohm moeten bedragen, maar heeft waarschijnlijk een waarde van een paar ohm door de interne weerstand van de draad. Hoe langer of dunner de draad, hoe groter de weerstand.

5 Bij een wat luxere multimeter zal er een 'bliep' te horen zijn wanneer de waarde van de weerstand zeer klein is. Beginnen de cijfers te knipperen of geeft de meter een waarde '1' aan dan duidt dat op een zeer hoge weerstand en dus een onderbroken stroomkring (een gebroken draad in dit geval).

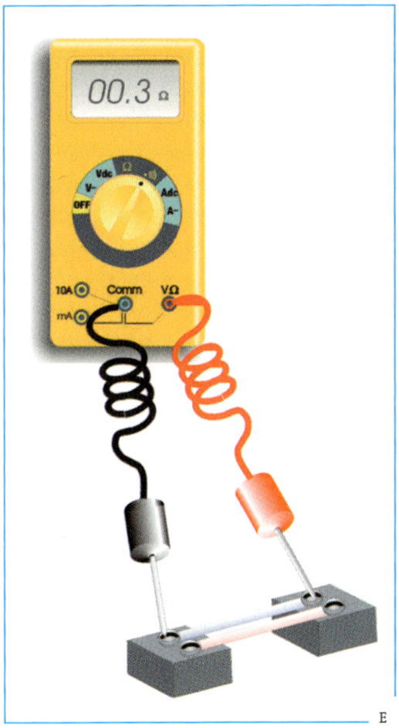

E

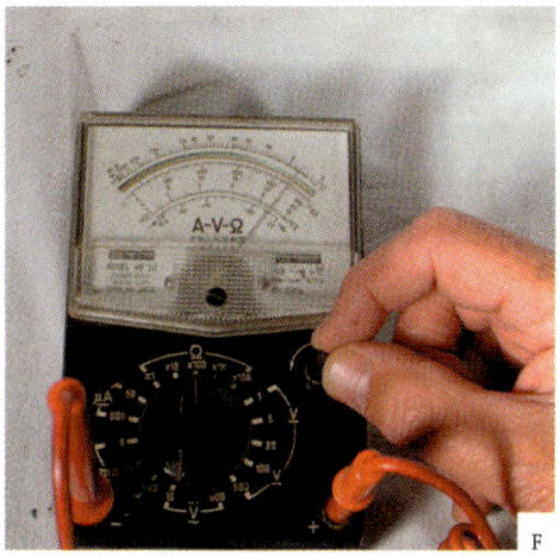

F

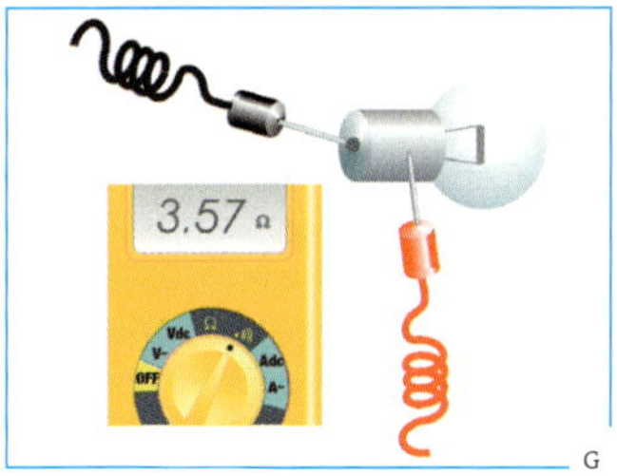

G

6 Wanneer de lengte van de door te meten draad groter is dan de afstand die de twee meetpennen onderling kunnen overbruggen, gebruik dan een verlengdraad met een oppervlak van de draaddoorsnede van 1,5 mm^2.

7 Het doormeten van een onderdeel van het elektrische systeem kan alleen wanneer dit onderdeel volledig is geïsoleerd van de rest van het systeem, anders kan de waarde worden beïnvloed.

Een lamp doormeten (figuur G)

1 Plaats de meetpennen op de contacten van de lamp en meet de weerstand.

- Bij lampen met maar één (centraal) contact is het metalen huls van de lamp het andere contact.

2 De weerstand van de hier doorgemeten lamp bedraagt 3,57 Ω. Elke lage weerstandswaarde betekent dat de lamp nog in orde is. Wanneer de gloeidraad is gebroken zal de multimeter het cijfer '1' tonen of gaan knipperen, wat betekent dat de weerstand oneindig groot is. De stroomkring is onderbroken dus de gloeidraad is stuk.

Meten van gelijkstroomspanning (DC, Direct Current)
(figuur H)

1 Schakel de stroom in.
2 Stel de multimeter in op volt DC (V⎓)
3 Wanneer je een multimeter hebt waarbij je moet kiezen tussen bepaalde waardes (200m, 2000m, 20, 200, 600) en je hebt geen idee van de uiteindelijke waarde die je gaat meten, kies dan de hoogste waarde (in dit geval 600V) en schakel terug wanneer bij meting blijkt dat dit te hoog is om een nauwkeurige waarde af te lezen.
4 Plaats de meetpennen op de twee punten waartussen je de spanning (het voltage) wilt meten (rode meetpen op de positieve draad, zwarte meetpen op de negatieve draad).
5 Een min-teken voor de waarde van de spanning geeft aan dat de rode meetpen is geplaatst op de negatieve draad.
6 Lees de spanning af op de multimeter.

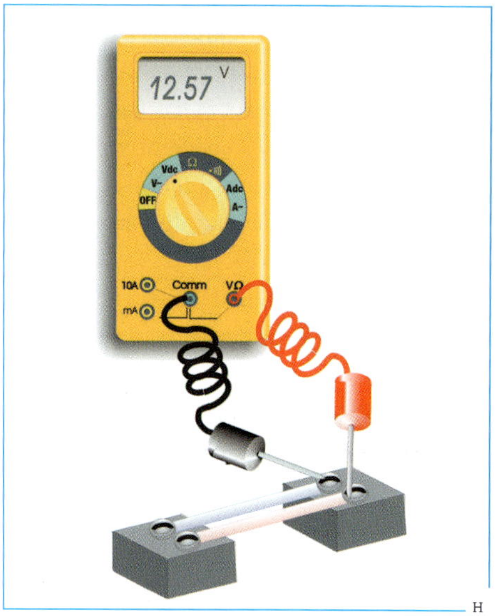

H

Meten van gelijkstroomspanning

- **Let op**
  Wanneer je de meetpennen verkeerd om aansluit is er op zich niets aan de hand, maar het wordt niet zichtbaar op de multimeter door het tonen van een min-teken zoals het geval is bij gelijkstroomspanning. Je kunt met de multimeter bij het meten van wisselstroomspanning dus niet bepalen welke draad de fasedraad en welke de nuldraad is. Hiervoor kun je een speciale schroevendraaier met een ingebouwd lampje gebruiken. Houd de punt van de schroevendraaier tegen de draad en je vinger tegen de achterzijde van de schroevendraaier. Gaat het lampje zwak branden, dan heb je de (gevaarlijke) fasedraad te pakken.

Meten van wisselstroomspanning (AC, Active Current)

- Werk niet met wisselstroomspanning tenzij je precies weet wat je doet. Een fout kan fataal zijn!

1 Schakel de stroom in.
2 Stel de multimeter in op volt AC (V~).
3 Wanneer je een multimeter hebt waarbij je moet kiezen tussen bepaalde waardes (600, 200) en je hebt geen idee van de uiteindelijke waarde die je gaat meten, kies dan de hoogste waarde (in dit geval 600V) en schakel terug wanneer bij meting blijkt dat dit te hoog is om een nauwkeurige waarde af te lezen. Metend aan het Nederlandse elektriciteitsnet zal de meter op 600V moeten staan aangezien de wisselstroomspanning hier 230V bedraagt.
4 Plaats de rode meetpen tegen de fasedraad (de draad waarop de spanning continu wisselt tussen de –230V en +230V) en de zwarte meetpen tegen de nuldraad.
5 Op de multimeter kun je nu de spanning aflezen.

Meten van stroomsterkte
(figuur I)

- Booteigenaren zullen normaliter niet vaak de stroomsterkte meten, maar het kan handig zijn om bijvoorbeeld een metertje te plaatsen tussen de dynamo en de accu zodat je kunt aflezen of en hoeveel stroom de dynamo laadt.
- Wanneer je een multimeter gebruikt om de stroom te meten zul je de stroomkring moeten onderbreken zodat alle stroom door de multimeter loopt. Let op: je kunt met een multimeter alleen maar gelijkstroom (DC) meten.
- Een multimeter is alleen geschikt voor het meten van kleine stroomsterktes, aangezien de stroom via de meetpennen en de dunne draadjes door de meter heen moet lopen. Twijfel je, begin er dan niet aan, voor je het weet brandt de meter door.

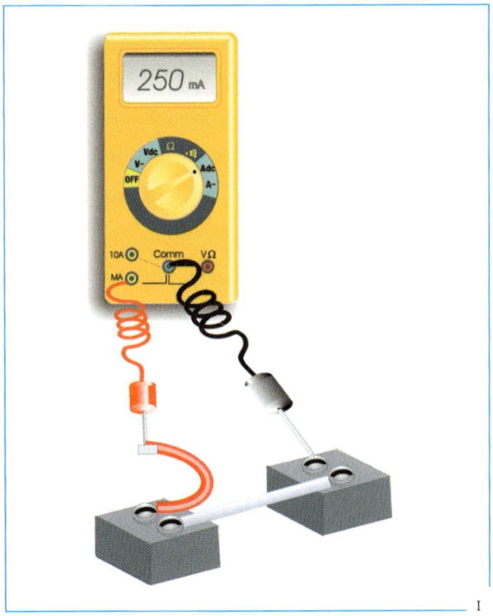

I

Meten van stroomsterkte

1 Wanneer je een lage stroomsterkte verwacht, stel je de multimeter in op Amps DC, waarbij je vaak nog kunt kiezen uit verschillende waardes, zoals 200µ, 2000µ, 20m en 200m. Twijfel je, kies dan de hoogste waarde (200 milliampères). Zorg ervoor dat de rode draad van de rode meetpen is aangesloten op de VΩmA-aansluiting.
2 Verwacht je een hogere stroomsterkte (tot max. 10A), dan stel je de multimeter in op 10A. Plaats de rode draad van de rode meetpen nu in de 10A-aansluiting.
3 Schakel de stroom in.
4 Sluit de onderbroken stroomkring via de twee meetpennen en de multimeter (figuur I). Let op, er kunnen wat vonkjes overspringen bij het maken van het contact. Wanneer het mogelijk is kun je ook eerst de verbinding via de multimeter tot stand brengen en dan pas de stroom inschakelen.
5 Doordat je de stroomsterkte meet, verandert de stroomsterkte ook. Het is dus slechts een benadering. (De weerstand van de stroomkring zal door de toevoeging van de multimeter toenemen en de spanning blijft gelijk. Kijkend naar de wet van Ohm: I = V/R zal je een lagere stroomsterkte meten dan wanneer de multimeter geen onderdeel van de stroomkring uitmaakt.)
6 Iemand die weinig elektronica gebruikt zal er niet veel aan hebben om de stroomsterkte te meten.
7 Voor het meten van de stroom die wordt geleverd door de dynamo heb je een speciaal daarvoor ontwikkelde ampèremeter nodig. Maar een eenvoudige ampèremeter die je even op de draad klikt kan erg gemakkelijk zijn om problemen op te sporen (foto J).

J

32 - Stroomverbruik

Vermogen

- Het vermogen dat een apparaat gebruikt wordt aangegeven in watt (W).
- 1000 watt is 1 kilowatt (kW).
- De stroom die door een apparaat loopt vermenigvuldigd met de spanning geeft het vermogen in watt.

Dus:

Vermogen (watt) = stroom (ampère) x spanning (volt)

Walstroom (AC, wisselstroom)

- De maximale stroomsterkte van de walstroom in Nederland is in veel havens 16A, maar sta niet vreemd te kijken wanneer je een aansluiting tegenkomt die maximaal 6A of zelfs maar 4A kan leveren.
- Bij een wisselstroomspanning van 230V en een stroomsterkte van 16A betekent dit dat het maximale vermogen dat geleverd kan worden 3680 W oftewel 3,68 kW bedraagt.
- Wanneer je meerdere apparaten tegelijk gebruikt, zoals een ventilatorkachel, een waterkoker en een acculader, kan het gevraagde vermogen te groot worden waardoor de zekering van de aansluiting op de steiger afslaat, of zelfs de zekering van de hele steiger sneuvelt waardoor ook de andere jachten geen stroom meer hebben.
- Lees op de apparaten welk vermogen ze nodig hebben en kijk welke apparaten je tegelijkertijd nog kunt gebruiken.
- Is de walstroom beperkt tot maximaal 6A dan is zelfs het gebruik van een kleine ventilatorkachel al snel teveel voor de zekering (max. 1380 watt).

Boordnet (DC, gelijkstroom)

- Op elektronische apparaten is meestal in milliampères of ampères aangegeven wat ze aan stroom nodig hebben, in tegenstelling tot de waardes in watt die je bij apparaten op wisselstroom gebruikelijk zijn.
- Lampen worden meestal in watt aangeduid, dus om te weten hoeveel stroom er doorheen loopt zul je het aantal watt moeten delen door de spanning van het boordnet (12V of 24V).
- Wanneer het vermogen wordt geleverd door de accu's is het vooral interessant om te weten hoeveel ampères er voor hoeveel uur onttrokken worden.
- Vermenigvuldig de stroomsterkte met de tijd dat het apparaat is ingeschakeld en je kent het stroomverbruik in ampère-uur (Ah).
- Tel alle ampère-uur waardes van de verschillende apparaten per dag bij elkaar op en je weet hoeveel stroom er in totaal per dag verbruikt wordt.

Accucapaciteit

- De accucapaciteit wordt uitgedrukt in ampère-uur (Ah) en is vermeld op de accu. Dit geeft aan hoeveel energie er in de accu is opgeslagen wanneer deze volledig is opgeladen.
- Wanneer je weet hoeveel ampère-uur (Ah) er in totaal per dag wordt ontrokken aan de accu, dan kun je uitrekenen hoeveel dagen je met een accu vooruit kunt voordat deze moet worden opgeladen.

Schatting van het dagelijkse stroomverbruik

- Alles wat je inschakelt verbruikt stroom, dus ook de achtergrondverlichting van de instrumenten en de voltmeter.
- Tel van alle stroomverbruikers de ampère-uur (Ah) waarde per dag op zodat je kunt zien welke accucapaciteit voldoet en hoe vaak de accu's dan moeten worden opgeladen.
- Hoewel een koelkast de hele dag aan staat, gebruikt deze niet de hele dag door volop stroom. Dat gebeurt alleen wanneer de compressor aanslaat omdat de temperatuur teveel oploopt.
- Alle verbruikscijfers zijn geschat op basis van hoe lang iets per dag waarschijnlijk aan staat.

Accucapaciteit en laadvermogen

- Nu je het totale stroomverbruik per dag kunt schatten, kun je ook bepalen welke accucapaciteit wenselijk is en hoe je de accu's gaat laden. Uit de voorbeeldtabel (p. 82) komt een maximaal geschat verbruik van 220 Ah per 24 uur naar voren.

Gelijkstroom 12V	watt	ampère	uur	Ah per dag
Kajuitverlichting	10	0,8	3	2,4
Navigatieverlichting (3 x 10 W)	30	2,4	8	19,2
Driekleurenlicht (25 W)	25	2	8	16
Instrumenten (dag)	3,6	0,3	8	2,4
Instrumenten (nacht)	10	0,8	8	6,4
Radar	25-50	2,5-4,0	3	7,5-12
Kaartplotter (z/w)	3,6	0,3	8	2,4
Kaartplotter (kleur)	10	0,8	8	6,4
Koeling	50	4	5-12	20-50
Radio	12	1	5	5
CD-speler	12	1	5	5
TV (12" kleur)	50	4	3	12
Marifoon (ontvangen)	3,6	0,3	8	2,4
Marifoon (zenden)	60	5	0,1	Verwaarloosbaar
Stuurautomaat	25-72	2-6	5	10-30
Verwarming	60	5	4	20
Wisselstroom via de omvormer				
Laptop	50	4	3	12
Magnetron	600	50	0,4	20
Totaal per dag				169,1-223,6

Wanneer je per dag 220 Ah zou gebruiken zou je minstens 12 uur per dag de motor moeten laten draaien (met een normale dynamo) of aan de walstroom moeten liggen om de accu's op peil te houden.

Walstroom 230V	watt	ampère
Magnetron	600	2,6
Waterkoker	1500	6,5
Acculader	360	1,5
Ventilatorkachel	2000	8,7

Let op!

Walstroom levert meestal maar zo'n 16A. Bij 230V staat er dus 3,68 kW vermogen ter beschikking. Zoals hier te zien zijn een ventilatorkachel, een waterkoker en een magnetron samen al goed voor 4,1 kW (17,8A) en dus voldoende om de 16A zekering te laten springen.

33 - Accu's

- De hoeveelheid energie die in een accu kan worden opgeslagen wordt de accucapaciteit genoemd, uitgedrukt in ampère-uur (Ah). Eenvoudig gezegd kan een 100 Ah accu bijvoorbeeld 1 uur lang een stroomsterkte van 100A leveren, of 50 uur lang een stroomsterkte van 2A.
- De 'Ah waarde' van een accu wordt door de fabrikant bepaald in een speciale meetopstelling waarbij een vastgestelde stroomsterkte wordt gehanteerd. In de realiteit zal de capaciteit afhankelijk zijn van de werkelijke stroomsterkte, hoe vaak de accu al ontladen is geweest, hoe oud de accu is en nog veel meer factoren. De capaciteit neemt in ieder geval af naarmate de accu ouder wordt.

Accu onderhoud

Moeilijkheidsgraad

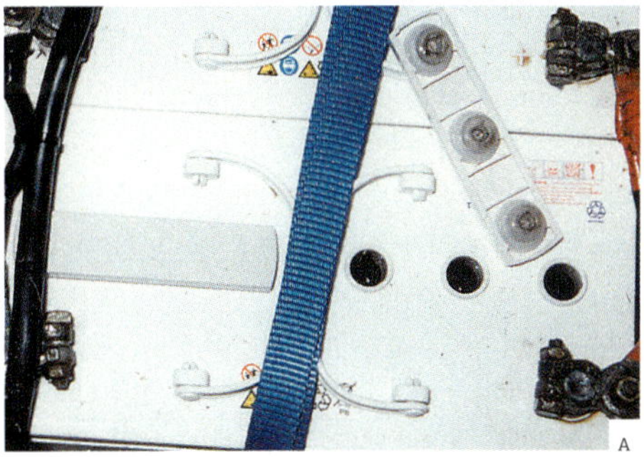

A

- De ladingstoestand van een accu is de hoeveelheid energie die op een bepaald moment in de accu is opgeslagen, uitgedrukt als een percentage van de capaciteit. De ladingstoestand is bijzonder moeilijk te meten.
- Accu's kunnen van het natte, gel- of droge type zijn. Bij de natte accu is het elektrolyt als vloeistof aanwezig, bij de gelaccu als gel en bij de droge accu is het elektrolyt geabsorbeerd in glasvezelmatten die tussen de platen van de accu zijn aangebracht.
- 'Natte' accu's zijn verkrijgbaar als 'open' of 'onderhoudsvrije' variant. Een open accu moet soms met gedistilleerd of gedemineraliseerd water worden bijgevuld, de onderhoudsvrije accu behoeft geen verdere aandacht.
- Accu's mogen nooit verder worden ontladen dan ca. 50% van de accucapaciteit, aangezien er anders ernstige schade ontstaat die de levensduur aanzienlijk bekort.

Waarschuwing

- Bij het laden van accu's komt het zeer explosieve waterstofgas vrij (knalgas).
- De plaats waar de accu's staan moet afdoende geventileerd zijn zodat het opstijgende waterstofgas kan vervliegen.
- Voorkom vonkvorming in de ruimte waar de accu's staan. Dus geen bedrading op de accupolen aansluiten terwijl de hoofdschakelaar 'aan' staat en accuzekeringen afschermen van de accu.

1 Elke accu die is voor zien van doppen of afdekkapjes op de accucellen moet soms worden bijgevuld met gedistilleerd of gedemineraliseerd water (foto A).

2 Controleer zeker in de zomer het peil van het elektrolyt (accuzuur) maandelijks en vul het bij indien nodig. Het elektrolyt moet ongeveer 1 cm boven de accuplaten staan. Ook in periodes van intensief ontladen en opladen van de accu is regelmatige controle van het elektrolytpeil nodig aangezien er hierbij water wordt verbruikt. (foto B).

3 Maak de accu aan de buitenzijde goed schoon om eventueel accuzuur te verwijderen.

4 Neem jaarlijks de accupoolklemmen een keer los en maak de accupolen goed schoon. Vet ze dun in met vaseline en zorg voor een goed contact tussen de accupolen en de klemmen.

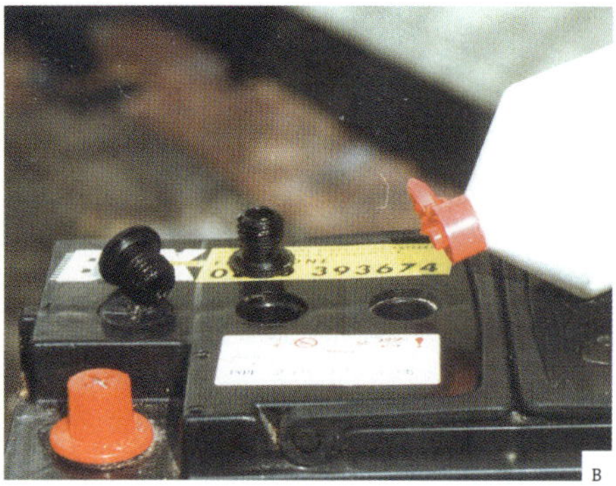

B

5 Wanneer je de klemmen op de accupolen los wilt maken, buig ze dan eerst een klein stukje open voordat je ze lostrekt. Wanneer je probeert een vastzittende klem van een accupool los te trekken heb je kans dat de accupool uit de accu breekt.
6 Zet de accu's stevig vast.
7 Laad de accu's regelmatig op wanneer ze een tijd niet gebruikt worden. Accu's lopen namelijk langzaam leeg (zelfontlading) wanneer ze niet gebruikt worden. Ontladen accu's zijn al snel onbruikbaar en accu's die niet goed zijn opgeladen kunnen kapotvriezen.

Let op

Neem om vonkvorming te voorkomen bij het losnemen van de accupoolklemmen altijd eerst de MIN los en daarna pas de PLUS.

Bij het aansluiten van de accupoolklemmen altijd eerst de PLUS aansluiten en daarna pas de MIN.

Verschillende soorten accu's

Startaccu's

Startaccu's zijn accu's met veel dunne accuplaten. Dit resulteert in een groot accuplaatoppervlak waardoor voor een korte periode een hele hoge stroom kan worden geleverd. Ze kunnen er echter slecht tegen om voor langere tijd stroom te leveren, zelfs als het gaat om geringe stroomsterkten (verlichting). Ontlaad ze niet verder dan tot 80% van de accucapactiteit. Een startaccu van zo'n 70 Ah is over het algemeen ruim voldoende zolang de 'koud start stroom' (CCA) waarde groot genoeg is, minstens 450A. Dit soort accu's tref je ook in auto's aan.

Semi-tractie accu's (licht-/serviceaccu's)

Semi-tractie accu's kunnen gedurende een veel langere periode stroom leveren, maar dan wel met een veel lagere stroomsterkte dan startaccu's. Ze bevatten dikkere accuplaten. Door de dikte van de platen trekken ze minder snel krom tijdens het telkens opnieuw ontladen en opladen en zijn ze hier dus beter tegen bestand. Semi-tractie accu's kunnen tot 50% van de accucapaciteit worden ontladen. Het oppervlak van de accuplaten is echter veel kleiner dan bij een startaccu, waardoor ze de korte piekstroom die nodig is voor het starten van een motor niet goed kunnen opbrengen. De accucapaciteit is bijzonder belangrijk bij licht-/serviceaccu's, in tegenstelling tot de startaccu's waar de 'koud start stroom' waarde veel belangrijker is.

Deep cycle semi-tractie accu's

Deep cycle semi-tractie accu's zijn extra degelijk geconstrueerd en kunnen vele malen tot 50% van de accucapaciteit ontladen worden zonder schade te ondervinden. 'Deep cycle' betekent niet dat deze accu's dieper kunnen worden ontladen dan gewone semi-tractie accu's, maar wel vaker. Deep cycle semi-tractie accu's kunnen honderden ladingcycli aan in plaats van de tientallen cycli die gewone semi-tractie accu's aankunnen voordat de accucapaciteit merkbaar kleiner wordt en de accu zijn lading niet langer kan 'vasthouden'. Net als de gewone semi-tractie accu's zijn deze accu's geschikt als licht-/serviceaccu, maar zijn ze niet bedoeld om een motor mee te starten.

Universele accu's (heavy duty)

Sommige accu's zijn door een vernuftige constructie zowel geschikt voor het starten van de motor als het leveren van stroom voor langdurige periodes, waardoor ze een goede keuze kunnen zijn aan boord van een jacht, zeker wanneer er maar één accu aan boord is. Maar houd er wel rekening mee dat het hier wel gaat om een compromis en dat deze accu's in geen van beide functies echt uitblinken.

Ladingstoestand van een accu

De ladingstoestand is de hoeveelheid energie die op een bepaald moment in de accu is opgeslagen. De ladingstoestand wordt uitgedrukt als een percentage van de volledig opgeladen toestand (accucapaciteit) en is bijzonder moeilijke nauwkeurig te bepalen.

Een voltmeter zal de ladingstoestand niet kunnen aangeven tenzij de accu voor een aantal uur 'in rust' is geweest. 'In rust' betekent dat de accu niet geladen of ontladen is, kortom, de accu is geïsoleerd van het boordnet.

Een speciale ladingstoestandmeter (een voltmeter met een ander soort aflezing) werkt alleen wanneer de accu minstens drie uur lang in rust is geweest. Een voltmeter die wordt gebruikt in combinatie met een ampèremeter, zodat de ladingstoestand kan worden bepaald op basis van de spanning en de stroom die er loopt, geeft een veel beter beeld van de ladingstoestand.

Een tabel zoals te zien in figuur D kan een goede indicatie geven van de ladingstoestand en wordt gebruikt in combinatie met een voltmeter en een ampèremeter.

Ladingstoestand 100%

Ladings-toestand	*Accuspanning*			
	In rust	*0 amp*	*5 amp*	*10 amp*
100%	**12.8**	**12.5**	**12.4**	**12.2**
90%	**12.7**	**12.4**	**12.3**	**12.1**
80%	**12.6**	**12.3**	**12.2**	**12.0**
70%	**12.5**	**12.2**	**12.1**	**11.9**
60%	**12.4**	**12.1**	**12.0**	**11.8**
50%	**12.3**	**12.0**	**11.9**	**11.7**
40%	12.2	11.9	11.8	11.6
30%	12.1	11.8	11.7	11.5
20%	12.0	11.7	11.6	
10%	11.9	11.6		
Leeg	11.8	11.5		

D

Tractiebatterijen

Echte tractiebatterijen zijn als enige bestand tegen zeer diep ontladen en weer opladen. Ze worden gebruikt op golfkarretjes en heftrucks, zijn erg duur en niet geschikt voor het starten van de motor.

C

Noteer de datum waarop de accu voor het laatst is bijgevuld.

Een speciale accuwachter meet de hoeveelheid stroom die de accu binnenkomt en verlaat, en kan op die manier een behoorlijk goed beeld geven van de ladingstoestand. Zo'n accuwachter herkent de karakteristieken van de accu maar is behoorlijk prijzig (foto E).

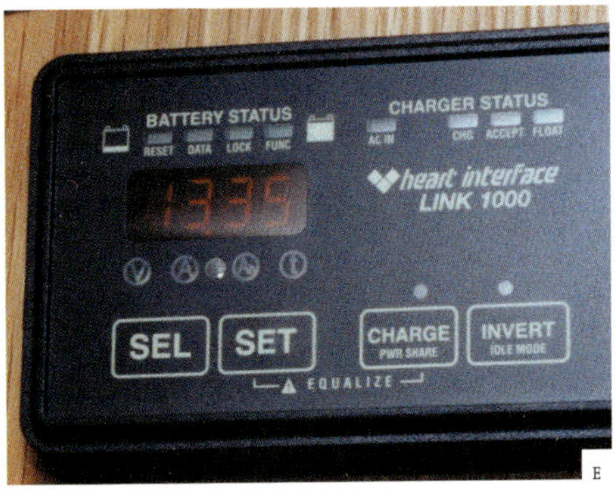

E

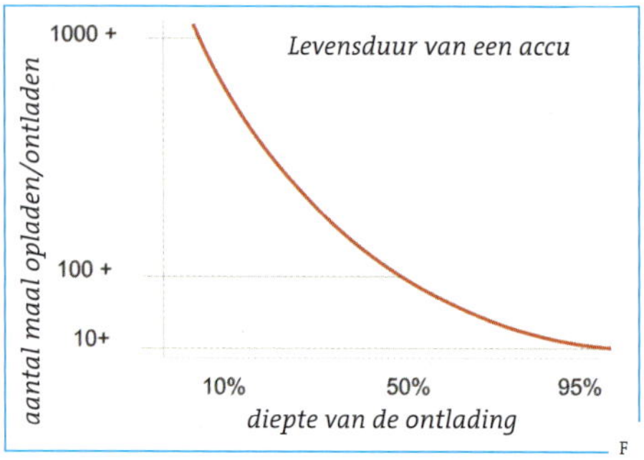

F

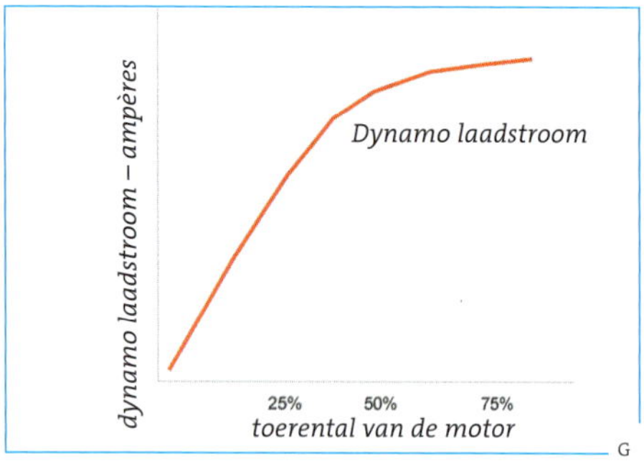

G

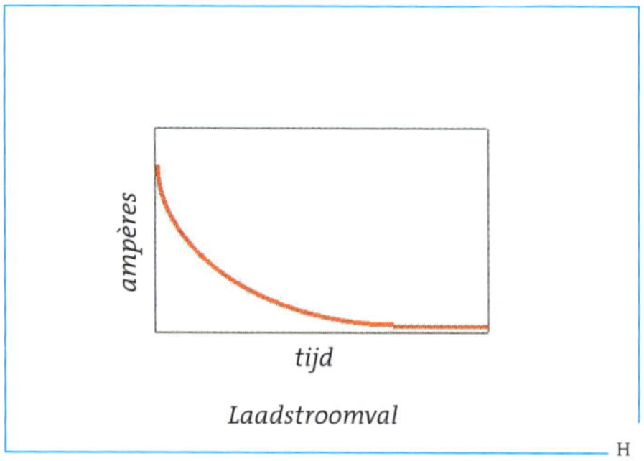

H

Voor alle accu's, behalve tractiebatterijen, geldt dat ze niet verder mogen worden ontladen dan 50% omdat de levensduur anders sterk wordt bekort (bij startaccu's is zelfs aan te raden niet verder te ontladen dan tot 80% van de accucapaciteit). Dit geldt ook voor deep cycle semi-tractie accu's, hoewel de term 'deep cycle' anders kan doen vermoeden. Deze accu's kunnen ook maar tot 50% ontladen worden, maar dan wel veel vaker dan gewone semi-tractie accu's (figuur F).

Acculaden

- In de ideale situatie zijn alle accu's die door dezelfde lader worden geladen van hetzelfde type.
- Een standaard dynamo zal een 50% ontladen accu binnen een redelijke tijd nooit verder kunnen opladen dan tot 75%, omdat de laadstroom snel afneemt om overladen van de accu's te voorkomen. Een normale 55A dynamo zal beginnen met laden op ongeveer 40A maar zal binnen een uur nog maar met 10A laden. Aan een half ontladen accu zal deze 55A dynamo gedurende het eerste uur laden maar 20Ah toevoegen. Dus na een paar uur draaien zal een 50% ontladen accu in het beste geval slechts zijn opgeladen tot 75%.
- Een standaard dynamo levert maar weinig laadstroom wanneer de motor stationair loopt. Om een echte bijdrage te leveren aan het opladen zal de motor op ongeveer 50% van het maximale toerental moeten draaien – zie de grafiek van de dynamo laadstroom (figuur G).
- Het eerste uur van laden is het meest effectief. Elk volgend uur levert een stuk minder lading omdat de laadstroom afneemt en de spanning van de accu stijgt- zie ook de grafiek van de laadstroomval (figuur H).
- Boten die de meeste nachten in de haven doorbrengen met een op de walstroom aangesloten acculader redden het buiten de haven prima met een standaard dynamo.
- Boten die meer stroom vragen of minder vaak aan de walstroom liggen, kunnen veel profijt hebben van een dynamo met een meer geavanceerde laadregelaar.

Accu's afzonderen

- De startaccu moet volledig kunnen worden geïsoleerd van de rest van de accu's zodat deze niet ontladen wordt door bijvoorbeeld de verlichting. Op die manier is de startaccu altijd in topconditie om de motor te starten.
- Een accuschakelaar is een zeer eenvoudige handmatig bediende schakelaar waarmee je twee accu's of accugroepen die moeten worden opgeladen met elkaar kunt koppelen. Hiervoor kun je de schakelaar, vaak een draaiknop, instellen op 'OFF', '1', '2' en 'BOTH'.
- Zet de schakelaar niet op de 'OFF' stand terwijl de motor draait en de dynamo laadstroom levert, aangezien er dan schade aan de dynamo kan ontstaan.
- Door stand '1' of '2' te kiezen stuur je de laadstroom naar de accu of accugroep die je hebt geselecteerd. Tevens levert deze accu of accugroep nu ook de stroom aan het boordnet en de startmotor.
- In stand 'BOTH' worden beide accu's of accugroepen van laadstroom voorzien.
- Gebruik altijd dezelfde accu om de motor mee te starten. Omdat deze vrijwel altijd volledig geladen is en niet diep wordt ontladen zal deze accu lang meegaan. Dit leidt er natuurlijk wel toe dat de andere accu die je als licht-/serviceaccu gebruikt sneller slijt omdat deze nu veel vaker wordt geladen en ontladen – maar je bent wel in staat om je motor te starten!
- Sommigen pleiten er juist voor om de accu's regelmatig van taak te laten wisselen. Ik geloof er echter in dat het beter is een speciale startaccu te gebruiken. Een geschikte accu die alleen maar wordt gebruikt om te starten kan meer dan 10 jaar meegaan en is altijd helemaal opgeladen.

Gelijkstroomdynamo en wisselstroomdynamo/alternator

In de dagen van weleer werd gebruik gemaakt van gelijkstroomdynamo's waarin gelijkstroom werd opgewekt om de accu te laden. Deze gelijkstroomdynamo's leverden een beperkte laadstroom. Tegenwoordig wordt er daarom gewerkt met wisselstroomdynamo's, ook wel alternators (alterneren = wisselen) genoemd, die veel meer laadstroom kunnen leveren. Met behulp van gelijkrichters in de wisselstroomdynamo wordt wisselstroom omgevormd tot gelijkstroom zodat de accu kan worden opgeladen. Naast het feit dat deze dynamo's meer laadstroom leveren, doen ze dat ook al bij een lager toerental.

I

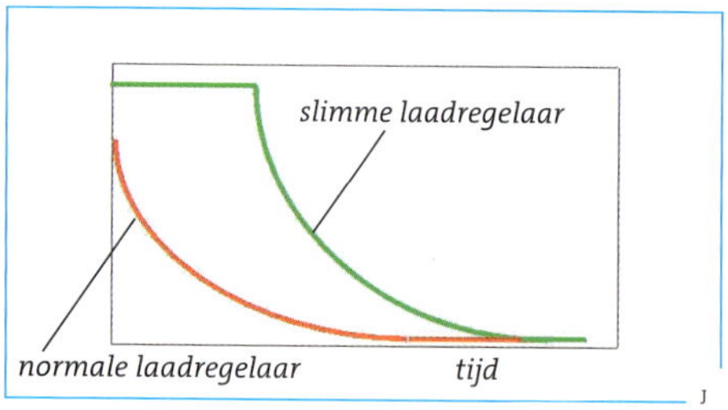

J

Slim laden

Het plaatsen van meer accu's is geen antwoord op een te kleine accucapaciteit, tenzij ze goed geladen kunnen worden.
Als vuistregel geldt dat de licht-/serviceaccu niet meer dan drie maal zoveel capaciteit mag hebben als de dynamo. Zo kan bijvoorbeeld een 55A dynamo een accu met een capaciteit van 165 Ah laden (je hoeft de startaccu niet mee te tellen aangezien deze bijna altijd volledig opgeladen blijft). Maar in de praktijk gaat het opladen van een 200 Ah accu met een 55A dynamo ook nog prima.

Een 'slimme' laadregelaar (smart regulator) op de dynamo zorgt ervoor dat een standaard dynamo een accu sneller en voller kan laden. Een standaard 55A dynamo kan met een 'slimme' laadregelaar een 50% geladen 100 Ah accu opladen tot 80% in minder dan een uur, mits het toerental van de motor hoog genoeg is.

In dat geval wordt de laadstroom maximaal gehouden totdat de accu voor 75% is opgeladen. Dan zakt de laadstroom wat terug totdat de accu voor 90% vol is. Vanaf daar is de laadstroom weer gelijk aan een druppellader (figuur J).

Hoewel het plaatsen van een slimme laadregelaar op de dynamo niet moeilijk is, moeten er bij sommige dynamo's ook inwendig aansluitingen worden veranderd. Hierbij kunnen kostbare fouten worden gemaakt. Overweeg dus of je dit niet beter aan de vakman over kunt laten.
Je kunt de standaard dynamo met laadregelaar ook vervangen door een speciale hoge opbrengst dynamo. Dit soort dynamo's zijn volledig voorbereid op het laden van boordaccu's: de laadregelaars werken volgens een uitgekiende drietrapslaadkarakteristiek, de spanningsval bij het gebruik van een diodebrug kan eenvoudig worden gecompenseerd en de laadstroom wordt mede gebaseerd op de temperatuur van de accu en niet op die van de dynamo.

Handmatig kiezen: de accukeuzeschakelaar

- SCHAKEL DE DRAAIKNOP NIET OP 'OFF' TERWIJL DE MOTOR LOOPT – de dynamo zal waarschijnlijk beschadigen.
- Een keuzeschakelaar met een draaiknop wordt vaak gebruikt (foto K).
- Aparte hoofdschakelaars komen ook veel voor (foto L).
- Zet bij het starten van de motor alleen de startaccu (bijvoorbeeld '1') aan het werk, aangezien het doorkoppelen aan sterk ontladen licht-/serviceaccu's de spanning van de startaccu negatief kan beïnvloeden, waardoor de motor moeilijk of niet kan starten.
- Zet de draaiknop pas op 'BOTH' wanneer de startaccu weer helemaal is opgeladen. Dit duurt maar een minuut of tien wanneer de startaccu voor het starten al goed opgeladen was.
- Kies 'BOTH' om verder te gaan met het laden van zowel de startaccu als de licht-/serviceaccu. Wanneer je meer dan een uur op de motor vaart, zet de draaiknop dan op de licht-/serviceaccu (bijvoorbeeld '2'), om te voorkomen dat de startaccu te overladen wordt terwijl je beter alle beschikbare laadstroom in de licht-/serviceaccu kunt 'pompen'.
- Zodra je de motor uitzet, zorg er dan voor dat daarna alleen de licht-/serviceaccu is ingeschakeld.

K

L

Automatisch kiezen: diodebrug of scheidingsrelais

- Het automatisch kiezen voor de juiste accu tijdens het laden door middel van een diodebrug (foto M) of een scheidingsrelais zorgt ervoor dat menselijke fouten worden uitgesloten. Zo zal het niet meer voorkomen dat de startaccu per ongeluk wordt gebruikt als lichtaccu waardoor deze wordt ontladen.
- Er treedt wel een kleine spanningsval op door de diodebrug: ca. 0,7V. Dit moet worden gecompenseerd bij de dynamo zodat de spanning op de accupolen tijdens het laden nog steeds optimaal is. Bij een scheidingsrelais treedt geen spanningsval op, waardoor dit de voorkeur verdient boven de diodebrug.
- Wanneer je een diodebrug plaatst moet de draad van de dynamo die het voltage meet worden verbonden met de licht-/serviceaccu. Dit kan een wijziging van de interne bedrading van de dynamo nodig maken.
- De mogelijkheid om automatisch te kiezen kost meer geld dan het werken met een accukeuzeschakelaar.

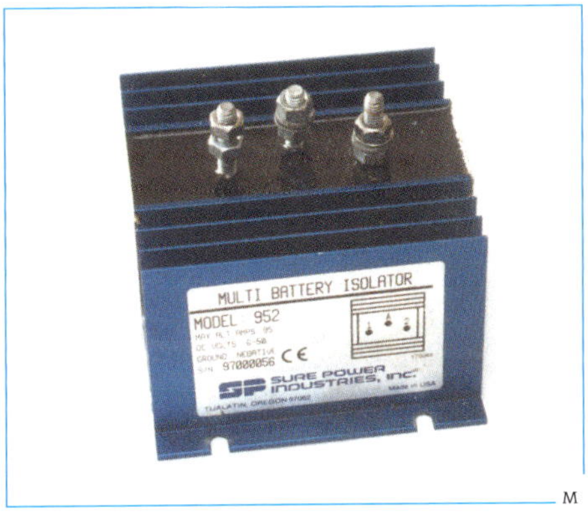

M

Laden met walstroom

- Een goede acculader laadt in drie fases (bulk, absorption en float) zodat de accu's tijdens een nachtje in de haven goed kunnen worden geladen.
- Een acculader moet in staat zijn om tegelijkertijd zowel in de stroombehoefte aan boord te voorzien als de accu's te laden.
- Het vermogen van de acculader moet zijn afgestemd op de accucapaciteit en de hoeveelheid stroom die tijdens het laden voor andere doeleinden geleverd moet worden.
- Een acculader moet worden ingebouwd op een droge, goed geventileerde plaats. Een vochtige bakskist is niet bepaald een goede plaats voor apparatuur die op walstroom is aangesloten.

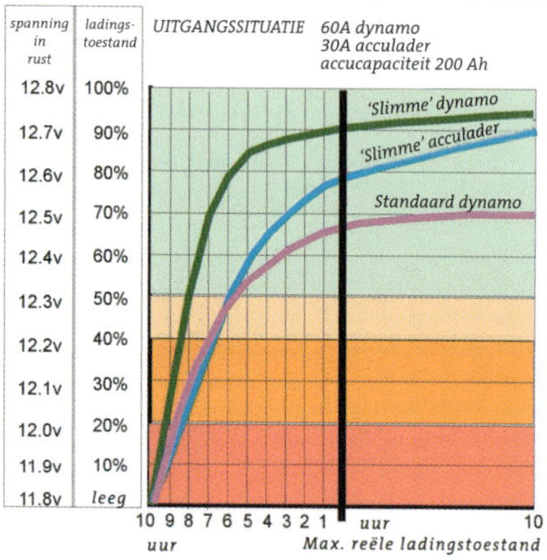

BENODIGDE TIJD OM EEN ACCU TE LADEN
Een 'slimme' dynamo laadt de accu in twee uur van 50% tot 80% op.

Hoe lang moet een accu opladen?

- Dit is afhankelijk van de totale accucapaciteit, de laadstroom die wordt geleverd door de dynamo en van het type laadregelaar waarmee de dynamo is uitgerust.
- In het diagram is af te lezen dat wanneer je werkt met een 'slimme' laadregelaar op de dynamo het laden van een 200 Ah accu van 50% tot 90% ongeveer acht uur kost terwijl de motor op minimaal 50% van het maximale toerental draait. Het laden van de accu van 50% tot 80% kost slechts twee uur.
- Het eerste uur van het laadproces is het meest effectief.
- Je kunt in een uur tijd meer stroom 'pompen' in een accu die 50% geladen is dan in een accu die 80% geladen is.
- Wanneer je onderweg bent en voor langere tijd geen walstroom tot je beschikking hebt kun je de accu's tussen de 50% en 80% geladen houden (in plaats van ze helemaal vol te willen hebben). Dit voorkomt dat je de motor veel moet laten draaien, zeker wanneer de dynamo is voorzien van een slimme laadregelaar. Een nadeel is wel dat de levensduur van de accu's bekort wordt.
- Een standaard dynamo heeft ongeveer zes uur nodig om een accu van 50% tot 70% te laden. Het langer laten draaien van de motor heeft weinig zin.
- Een goede acculader op walstroom laadt een accu binnen een nacht op van 50% tot 80%.

34 - Bescherming van het boordnet

Kortsluiting

- Bij kortsluiting loopt er een enorm hoge stroom (bij 12V gelijkspanning kan er wel 800A lopen) waardoor er brand kan ontstaan.
- Kortsluiting ontstaat meestal doordat de isolatiemantel van de bedrading stuk gaat door schavielen, inwerking van zonlicht of verontreiniging (bijvoorbeeld olie).

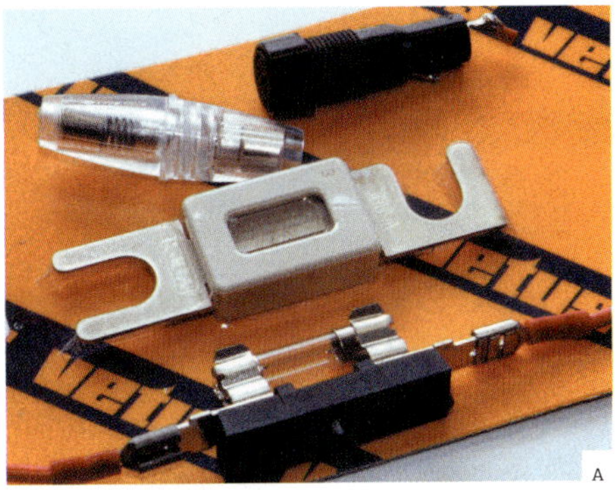

A

Zekeringen

- Veel apparatuur heeft een eigen, snel doorbrandende (glas)zekering als bescherming.
- Een draad die een apparaat van stroom voorziet moet worden gezekerd met een zekering of zekeringautomaat voor het geval dat er kortsluiting ontstaat.
- Het aantal ampères waarbij een zekering doorslaat mag nooit hoger zijn dan het aantal ampères dat bedrading aan kan (afhankelijk van het oppervlak van de draaddoorsnede).
- Alle bedrading die apparatuur van stroom voorziet en de accu's moeten worden gezekerd wanneer er een kans bestaat dat een positieve en een negatieve draad met elkaar in contact komen.

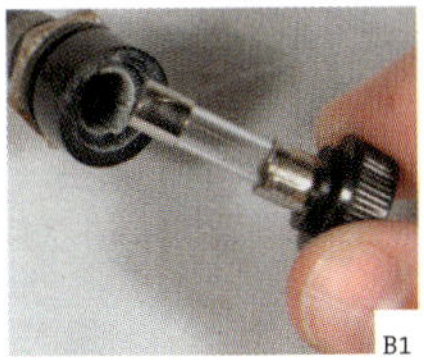

B1

B2

Zekeringhouder met glaszekering

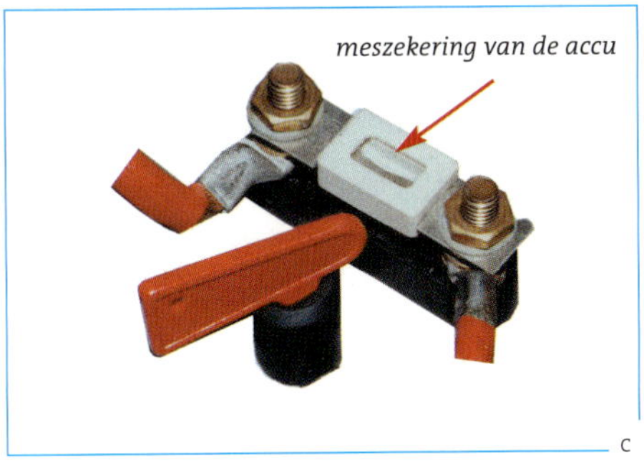

C

Waar plaats je zekeringen

- In het ideale geval zijn meszekeringen van de accu zo dicht mogelijk bij de accupool geplaatst, maar wel buiten de accukist, zodat er wanneer een meszekering doorbrandt geen vonken vrijkomen die het waterstofgas van de accu kunnen laten exploderen (foto C).
- Elke zekering moet gemakkelijk bereikbaar en inspecteerbaar zijn. Ik ben dan ook geen voorstander van zekeringen die in de bedrading zijn opgenomen (foto D) omdat die nogal eens met de bedrading achter de betimmering verdwijnen.
- Bedrading moet zo dicht mogelijk bij de stroombron gezekerd worden.

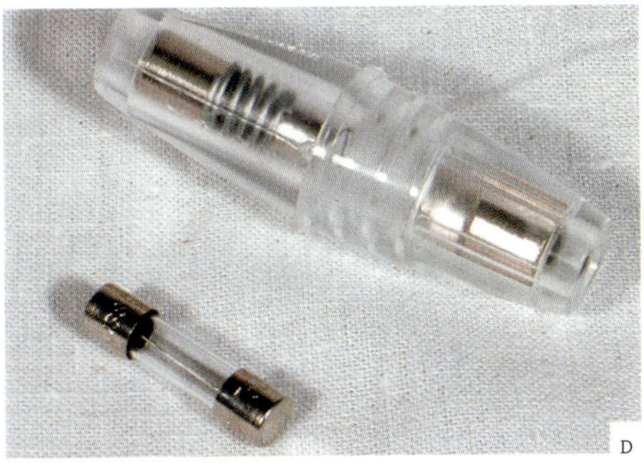

D

E

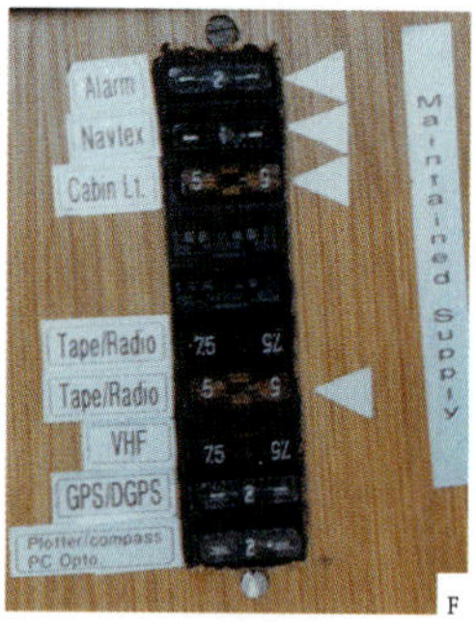

F

G

H

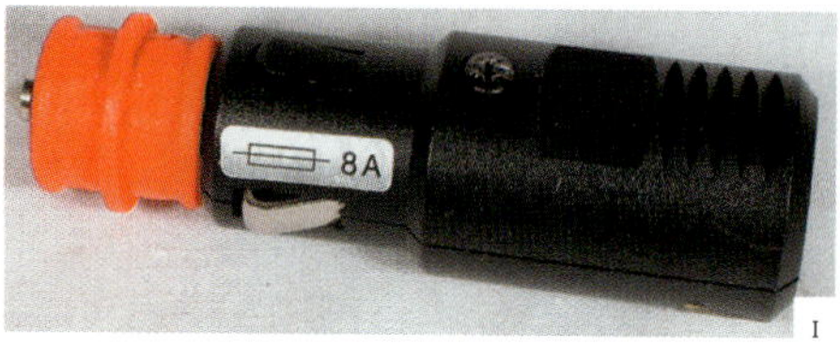

I

- In plaats van zoveel mogelijk draadjes aan een hoofdstroomdraad te knopen kun je beter een verbindingsstrip plaatsen om de stroom te verdelen (foto E).
- Koppel (inbouw)zekeringhouders of zekeringautomaten direct aan de verbindingsstrip (foto F).
- je kunt ook zekeringenhouders gebruiken (foto G) waarin vlaksteekzekeringen passen (foto H).
- Een stekker die in een sigarettenaansteker van de auto past is meestal voorzien van een behoorlijke zware zekering, in dit geval 8A (foto I). Wanneer de bedrading tussen de stekker en het apparaat niet zo dik is en bijvoorbeeld maximaal 5A aankan, zul je de zekering in de stekker hierop moeten aanpassen.

Aansluiten van nieuwe apparatuur

1 Bepaal de dikte van de bedrading die je gaat gebruiken met behulp van de op p. 95 afgebeelde tabel voor het benodigd oppervlak van de draaddoorsnede, op basis van lengte en stroomsterkte.

2 Beslis of je de stroom rechtstreeks van de accu pakt (zoals bij een marifoon) of van het schakelpaneel (bijvoorbeeld bij de GPS).

3 Trek een nieuwe positieve draad van de hoofdschakelaar of de accu naar een nieuwe verbindingsstrip.

4 Trek een nieuwe positieve draad van de verbindingstrip naar een zekeringhouder (of zekeringautomaat).

5 Trek een nieuwe positieve draad van de zekeringhouder naar het nieuwe apparaat.

6 Plaats een door de fabrikant van het nieuwe apparaat voorgeschreven zekering in de zekeringhouder.

7 Trek een nieuwe negatieve draad naar de bestaande negatieve verbindingsstrip, of leg indien nodig een nieuwe negatieve verbindingsstrip aan.

- Wanneer je een ampèremeter hebt, moet de shunt worden geplaatst in de negatieve accuaansluiting.
- Van apparatuur die de stroom rechtstreeks aan de accu onttrekt MOET de negatieve draad zijn aangesloten via de shunt en NIET rechtstreeks op de negatieve accupool.

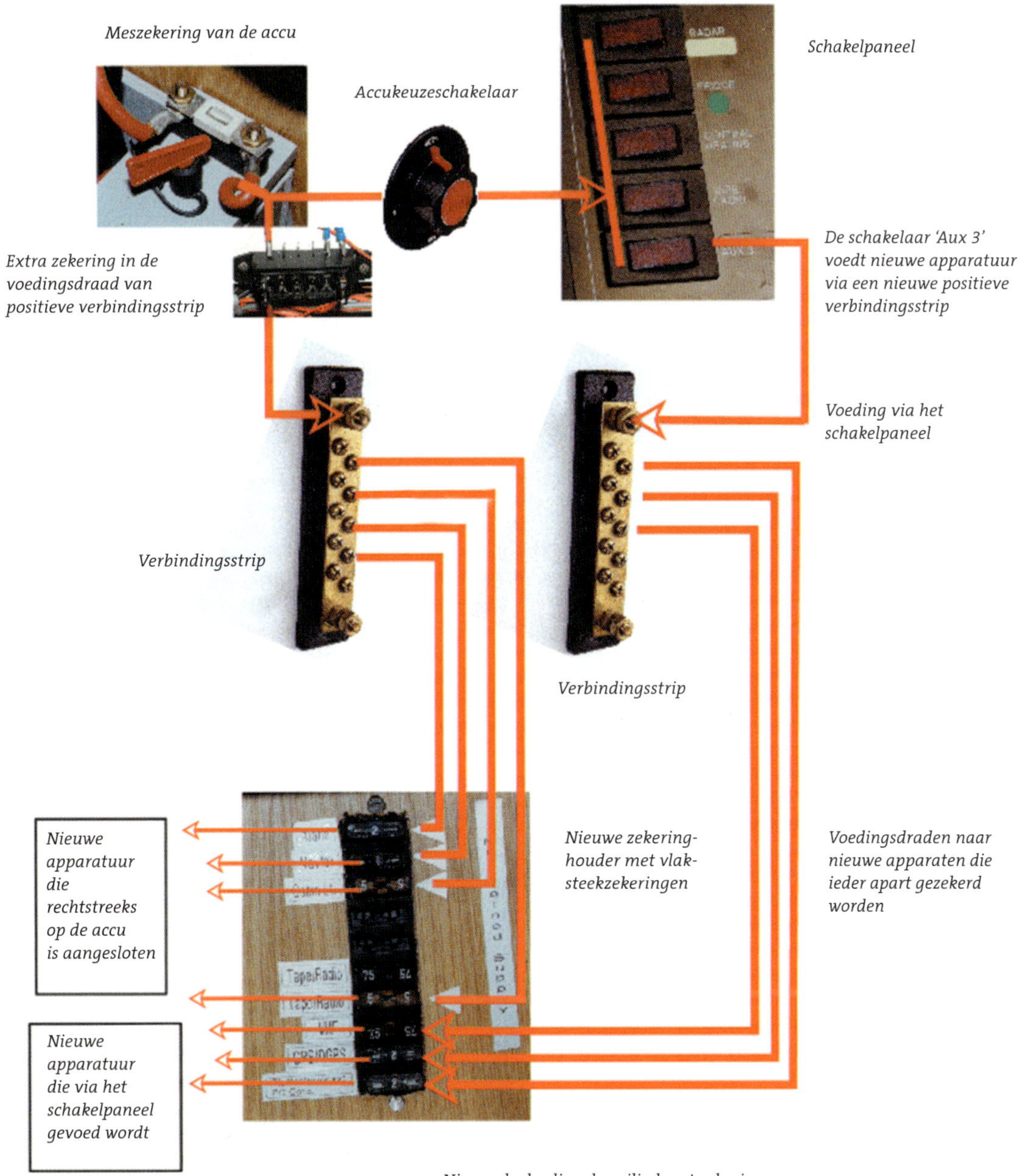
Meszekering van de accu
Accukeuzeschakelaar
Schakelpaneel
Extra zekering in de voedingsdraad van positieve verbindingsstrip
De schakelaar 'Aux 3' voedt nieuwe apparatuur via een nieuwe positieve verbindingsstrip
Voeding via het schakelpaneel
Verbindingsstrip
Verbindingsstrip
Nieuwe apparatuur die rechtstreeks op de accu is aangesloten
Nieuwe zekeringhouder met vlaksteekzekeringen
Voedingsdraden naar nieuwe apparaten die ieder apart gezekerd worden
Nieuwe apparatuur die via het schakelpaneel gevoed wordt

Nieuwe bedrading, beveiligd met zekeringen

Benodigde stroomdraaddikte (oppervlak draaddoorsnede)

- Een stroomdraad moet in staat zijn om de maximale stroom die door een stroomkring kan lopen te transporteren, zonder heet te worden, door te smelten of zelfs in brand te vliegen. Van alle soorten draden kun je bepalen hoeveel stroom er doorheen kan. Dit is afhankelijk van het oppervlak van de draaddoorsnede (mm^2). Een draad die geschikt is voor een stroomsterkte van 5A mag niet voor grotere stroomsterktes worden gebruikt en moet worden gezekerd door een zekering die bij maximaal 5A doorslaat.
- De gekozen draad mag niet meer dan 3% spanningsverlies opleveren wanneer deze gebruikt wordt om belangrijke toepassingen van stroom te voorzien en niet meer dan 10% bij minder belangrijke toepassingen.
- Meestal is dit spanningsverlies eerder een reden om voor een dikkere draad te kiezen dan de maximaal toegestane stroomsterkte, omdat het spanningverlies samenhangt met de lengte van de draad (lengte positieve draad plus lengte negatieve draad!)
- Draden die bij elkaar worden gebonden kunnen minder stroom aan omdat ze warm worden en elkaar verwarmen waardoor de temperatuur snel kan oplopen.

Voorbeeld

Stel nu dat je een elektrische bilgepomp wilt aansluiten. De afstand tussen de voeding en de pomp is 5 meter en de stroomsterkte bedraagt maximaal 15A. Een bilgepomp behoort tot de apparaten die het altijd moeten doen en dus met maximaal 3% spanningsverlies te maken mogen krijgen.

In de tabel 'draaddikte met 3% spanningsverlies' kijk je bij een lengte van 10 m (positieve en negatieve draadlengte bij elkaar optellen!) en een stroomsterkte van 15A. Daar staat het getal '8'.

Dit getal '8' is de ALD-waarde en hoort volgens de Amerikaanse Leidraad voor Draaddikte 'Boordbedrading' bij een oppervlak van de draaddoorsnede van 8 mm^2 die geschikt is voor een maximale stroomsterkte van 80A.

Duidelijk te zien is dat de stroomsterkte van 15A voor de te gebruiken stroomdraad geen enkel probleem is. Het is de lengte van 10 meter die de dikte van de draad bepaalt om het spanningsverlies onder de 3% te houden.

Was een spanningsverlies van 10% toegestaan dan was er een ALD-waarde '14' uitgekomen, met een oppervlak van de draaddoorsnede van slechts 2 mm^2 die geschikt is voor een maximale stroomsterkte van 35A.

Benodigd oppervlak draaddoorsnede bij een bepaalde draadlengte

(lengte is de som van de positieve en de negatieve draad)

Draaddikte met 3% spanningsverlies

Voor belangrijke toepassingen – lenspomp, navigatie verlichting, navigatie apparatuur, etc.

Stroomsterkte (A)	5A	10 A	15 A	20A	25 A	30 A	40A	50 A	100 A
Lengte (m)									
5 m	16	12	10	10	8	8	6	6	2
10 m	12	10	8	6	6	4	4	2	1/0
20 m	10	6	6	4	2	1	1/0	2/0	3/0
30 m	8	4	4	2	1	1/0	2/0	3/0	
40 m	6	4	2	1	1/0	2/0	3/0	4/0	
50 m	6	2	1	1/0	2/0	3/0	4/0		

Draaddikte met 10% spanningsverlies

Voor minder belangrijke toepassingen – ankerlier, interieurverlichting, etc.

Stroomsterkte (A)	5A	10 A	15 A	20A	25 A	30 A	40A	50 A	100 A
Lengte (m)									
5 m	18	18	16	16	14	14	12	12	6
10 m	18	16	14	12	10	10	8	8	4
20 m	16	12	10	8	8	8	6	4	2
30 m	14	10	8	8	6	6	4	4	1
40 m	12	8	8	6	4	4	2	2	2/0
50 m	10	8	6	4	4	2	2	1	3/0

Amerikaanse Leidraad voor Draaddikte Boordbedrading

ALD	18	16	14	12	10	8	6	4	2	1	1/0	2/0	3/0	4/0
mm^2	0,8	1	2	3	5	8	13	19	32	40	50	62	81	103
Max. A	20	25	35	45	60	80	120	160	210	245	285	330	385	445

Verminder de toelaatbare stroomsterkte met 15% wanneer de bedrading door de (warme) motorruimte loopt.

35 - Verbindingen maken

Waarom is het nodig?
Slechte verbindingen moeten opnieuw worden gemaakt en soms wil je nieuwe bedrading trekken waarbij nieuwe verbindingen nodig zijn.

Wanneer is het nodig?
Wanneer het zich voordoet.

Benodigde gereedschappen
Draadkniptang, striptang om de isolatiemantel van de draad te knippen, kabelschoentang om de verbindingen vast te knijpen, hete lucht.

Moeilijkheidsgraad

Verbindingen

- Corrosie is de grootste vijand van alle elektrische verbindingen aan boord van een jacht (foto A).
- Het assortiment elektrische verbindingen dat je bij de auto-accessoireshop kunt krijgen is wel goedkoop, maar vaak niet bestand tegen de omstandigheden aan boord.
- Voor aan boord geschikte elektrische verbindingen kun je bij de goede watersportwinkels of andere speciaalzaken terecht.
- Zorg dat je altijd diverse kabelschoentjes (ring-, tong-, vork-, vlakstekkers) en doorverbinders aan boord hebt liggen en werk daarbij met een goede kabelschoentang (foto B).

Verbindingsstrip

- Kroonsteentjes zijn niet gemaakt voor gebruik aan boord en zeer corrosiegevoelig.
- Mocht je ze toch gebruiken, smeer de aansluitingen dan goed dicht met siliconenvet om corrosie van de bedrading en het kroonsteentje zelf tegen te gaan (foto C).
- Aan boord kun je beter werken met verbindingsstrips in combinatie met geschikte kabelschoentjes (foto D).

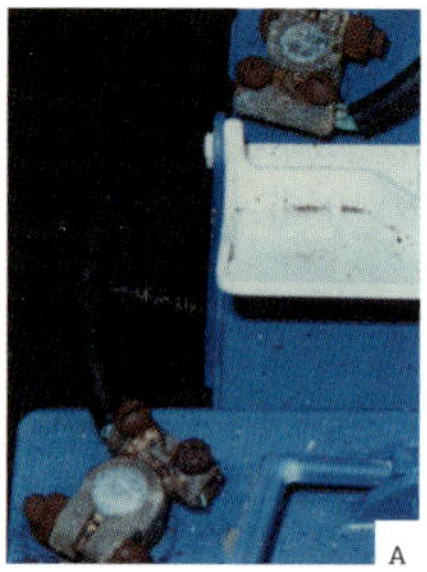
A

B

D

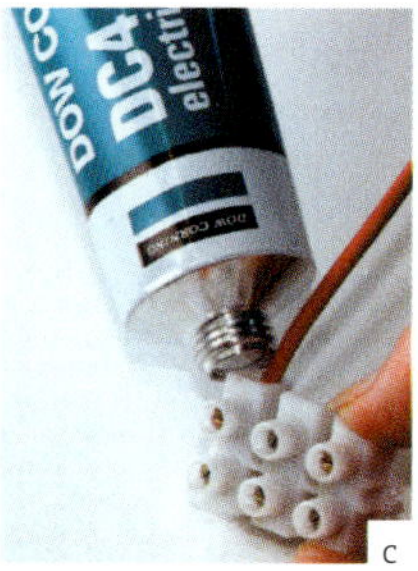
C

- Een goede elektrische verbinding kan tot stand worden gebracht met een goede doorverbinder (foto E) – OF...
- ... een soldeerverbinding die is afgewerkt met een krimpkous (kunststof slangetje dat om de verbinding heen krimpt wanneer je het met hete lucht verhit) (foto F).

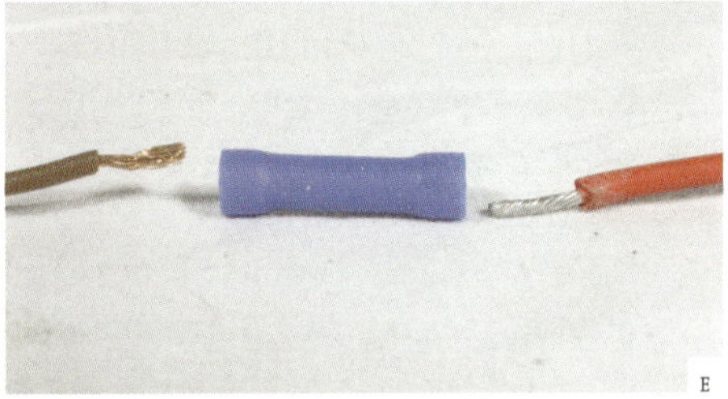
E

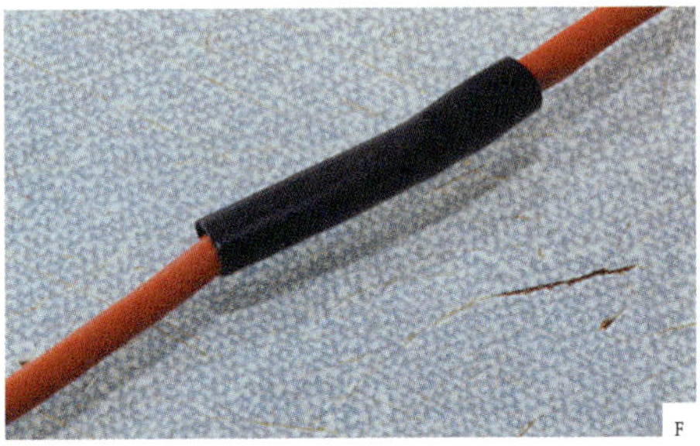
F

G

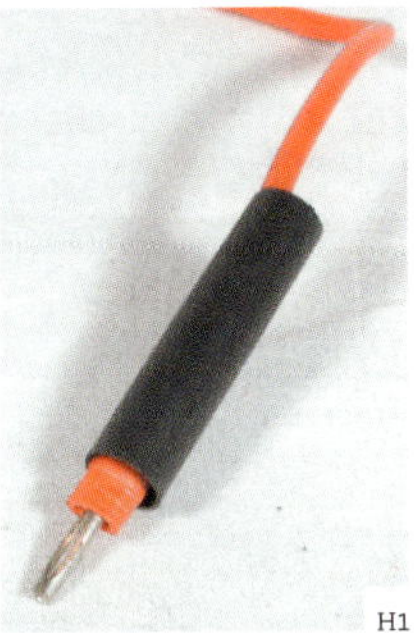
H1

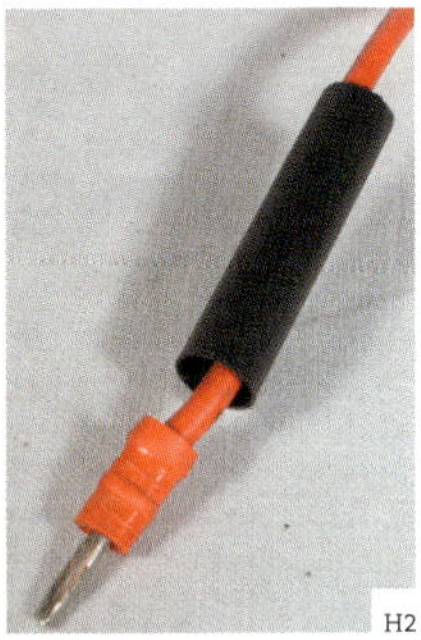
H2

Kabelschoentjes en doorverbinders

- De goedkope kabelschoentangen die met sommige kabelschoentjes en doorverbinders worden meegeleverd knijpen de verbindingen vaak niet goed vast. Het gaat beter met een wat duurdere kabelschoentang die beter past en ook gedoseerder kan vastknijpen.
- Het beste kun je werken met zelfafdichtende kabelschoentjes en doorverbinders die je na het vastknijpen door verhitting verder kunt dichtkrimpen (foto G).
- Je kunt ook goedkopere kabelschoentjes gebruiken die je later voorziet van krimpkous om ze goed af te dichten (foto's H1 en H2) – OF
- ...smeer de open kant van het kabelschoentje dicht met siliconenvet (foto I).

Verbinders voor dunne draden

- Er zijn speciale verbinders op de markt waar je de te verbinden draden insteekt. Vervolgens druk je de verbinder, die gevuld is met een beschermend vet, dicht waardoor de verbinding tot stand komt (foto J).
- Deze verbinders kunnen bij speciaalzaken worden gekocht.

I

J

Knijpverbindingen

1 Kies de juiste maat verbinding. Elke kleur (rood, geel, blauw) hoort bij een bepaalde draaddikte.
2 Werk niet met een verbinding die te groot is voor de draaddikte – dan kun je deze niet goed vastknijpen.
3 Verwijder met de striptang een stukje isolatie van de draad, maar niet te veel. Wanneer je het kale deel van de draad helemaal in de verbinding hebt gestoken moet de isolatie van de draad net tegen de verbinding aankomen en iets overlapt worden door het kunststof omhulsel (foto's K1 en K2).
4 Steek het kale deel van de draad in de verbinding (foto L).
5 Knijp de verbinding met de kabelschoentang vast om de verbinding met de draad tot stand te brengen. Naast de verschillende gaten in de kabelschoentang is met kleuren aangegeven voor welke verbinding het gat bedoeld is (foto M).

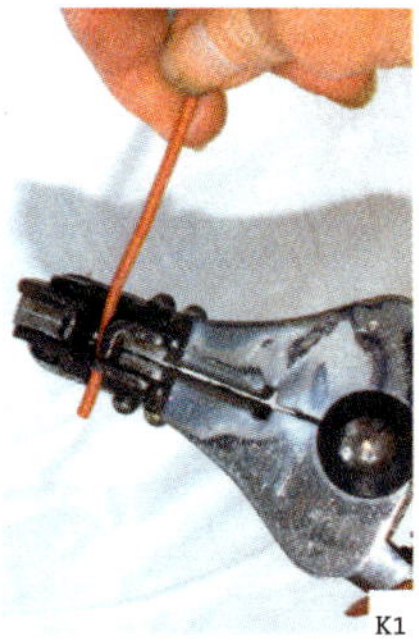
K1

K2

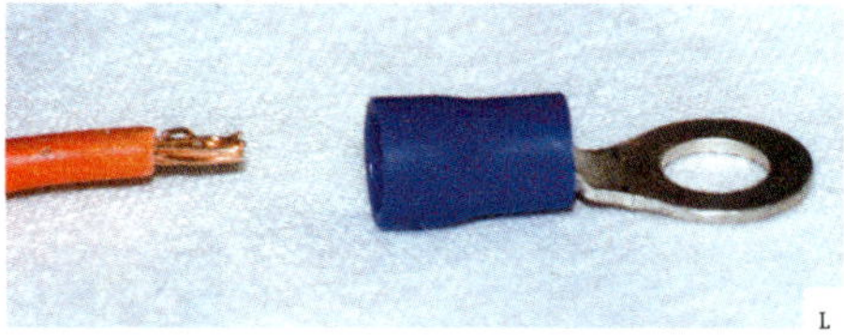
L

Dunne draad verbindingen

1 Je hoeft de isolatie van de draad niet te verwijderen.
2 Steek de te verbinden draden in de verbinder.
3 Knijp met een tang de boven- en onderzijde van de verbinder tegen elkaar. De verbinder zal de isolatie van de draden wegdrukken om een goede verbinding tot stand te brengen en de verbinding wordt automatisch met vet afgedicht (foto,s N1, N2 en N3).

M

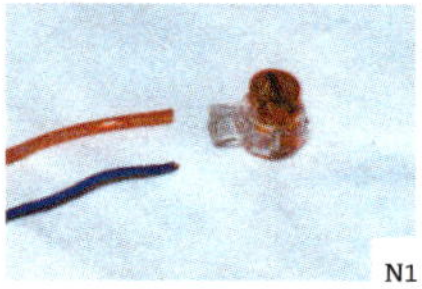
N1

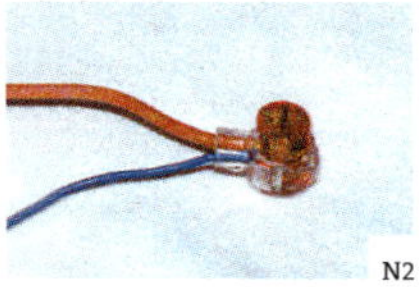
N2

N3

Krimpkousen

1 Schuif een stukje krimpkous over de soldeerverbinding.
2 Door de krimpkous te verhitten met hete lucht krimpt de krimpkous en sluit zo de soldeerverbinding goed af (foto's O1 en O2).
3 De lucht uit een haarföhn is niet heet genoeg, maar de hete lucht van een verfbrander werkt prima zolang je deze maar niet te dichtbij houdt (anders smelt de isolatiemantel van de draad).
4 Sommige krimpkousen zijn aan de binnenzijde voorzien van een laagje dat vastsmelt aan de draad zodra deze wordt verhit. Op deze manier kan een zeer corrosiebestendige elektrische verbinding worden gemaakt.

O1

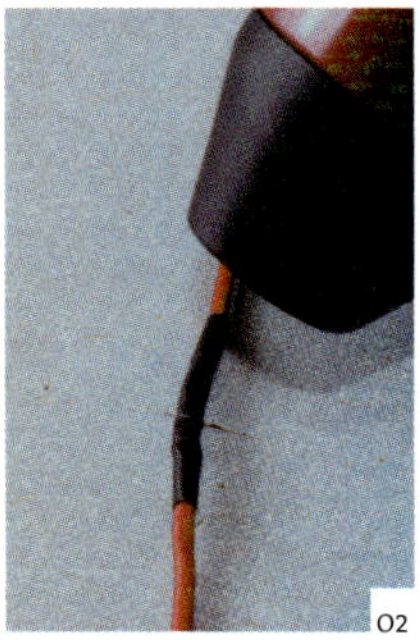
O2

36 - Solderen

Waarom is het nodig?
Oude soldeerverbindingen moeten soms worden vernieuwd, of nieuwe soldeerverbindingen gemaakt.

Soldeerverbindingen hebben een grote mechanische sterkte, maar zijn niet altijd bruikbaar:

- Bij oververhitting van een verbinding door vuur of kortsluiting kan het soldeer smelten waardoor een voedingsdraad los kan komen en gevaar kan opleveren.
- Bij het solderen vloeit er soldeer in de draad. Op de plaats waar dit net niet meer het geval is ontstaat zwakke plek in de draad waar de spanningen toenemen, waardoor de draad op deze plaats door trillingen kan breken. Met dit probleem in gedachten is het begrijpelijk dat er tegenstanders zijn van het 'vertinnen' (hete soldeer aanbrengen) van een kale draad voordat je deze in een schroefverbinding steekt.

Wanneer is het nodig?
Wanneer je het tegenkomt.

Benodigde gereedschappen

- Soldeerdraad met een zuurvrije harskern (gebruik geen zuurhoudende hars tijdens het solderen, omdat de verbinding hierdoor zal corroderen en breken) (foto A). Het hars is nodig om de soldeer beter te laten vloeien en kan eventueel ook los worden toegevoegd.
- Een soldeerbout die niet te sterk is voor de klus, maar goed in staat is om de te verbinden componenten op de juiste temperatuur te brengen.
- Diverse soldeerbouten kunnen aan boord handig zijn: een kleine gas-soldeerbout, een 25W-12V soldeerbout en een 50/100W-230V soldeerbout voor het zwaardere werk (foto's B en C).
- Goedkope gas-soldeerbouten hebben een korte levensduur omdat het hitte element snel kapot gaat. Wanneer je denkt het vaak te gaan gebruiken kun je beter investeren in een professionele gas-soldeerbout (foto D).
- Je kunt ook een touwsnijder aansluiten om touw te snijden en de uiteinden dicht te schroeien (foto E).

A

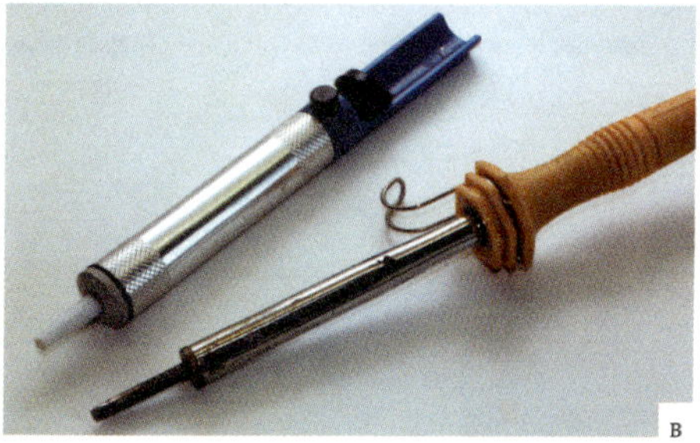
B

Soldeerbout om verbindingen los te maken en een standaard soldeerbout.

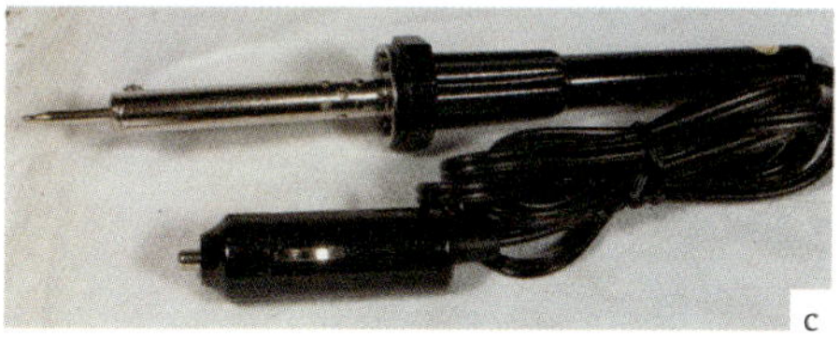
C

12V soldeerbout

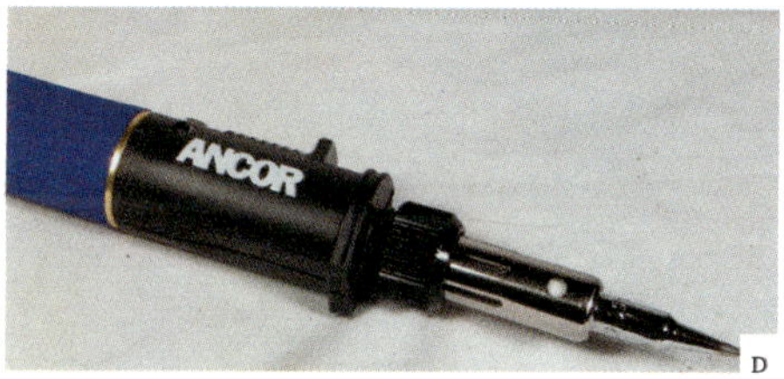

D

Gas-soldeerbout

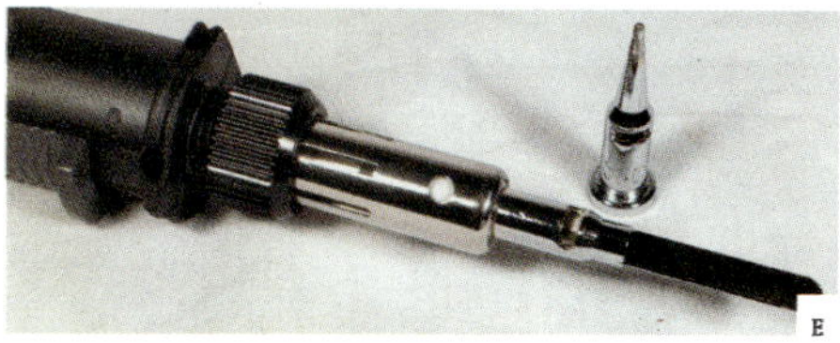
E

12V soldeerbout

Moeilijkheidsgraad

(oefen eerst met wat oude draden)

- Laat de soldeerbout eerst goed warm worden.

1 Maak de punt van een elektrische soldeerbout schoon op een vochtige doek of spons (foto F).
2 Maak een erg smerige punt schoon met een vijl.
3 Breng een beetje soldeer aan op de schone punt van de hete soldeerbout (foto G). Wanneer je met een gas-soldeerbout werkt kun je deze stap overslaan.
4 Verhit de stroomdraad op de punt van de soldeerbout en breng een beetje soldeer aan op de draad (niet de punt van de bout). Wanneer de draad heet genoeg is smelt de soldeer in de draad. Dit heet 'vertinnen' (foto H).
5 Vertin ook hetgeen waaraan je de draad wilt vast solderen.
6 Houd de te verbinden onderdelen nu tegen elkaar en verhit ze met de soldeerbout. Ze zouden nu aan elkaar moeten vastsolderen. Laat ze niet los voordat ze zijn afgekoeld.
7 Indien mogelijk kun je de draden in elkaar draaien om ook een mechanische verbinding tot stand te brengen. Je kunt echter de draden dan niet vooraf vertinnen.
8 Wanneer je meer soldeer nodig hebt, breng dit dan aan op de verbinding en niet op de punt van de soldeerbout (foto I).
9 Wanneer je onderdelen wilt solderen die door de hitte beschadigd kunnen worden, gebruik dan een hitteafvoer zoals een metalen klem die de hitte afvoert voordat deze het kwetsbare deel bereikt (foto J).

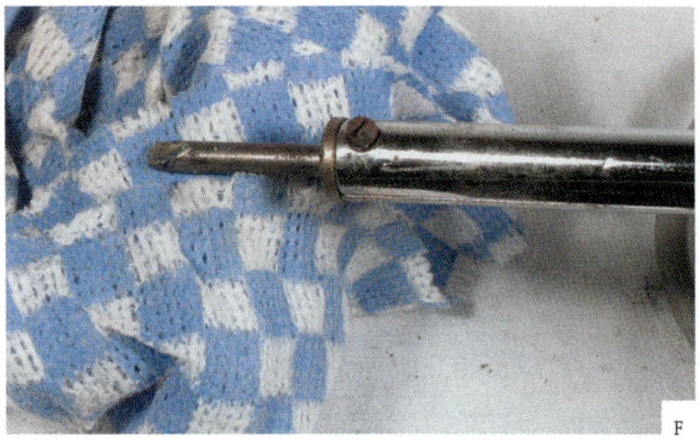
F

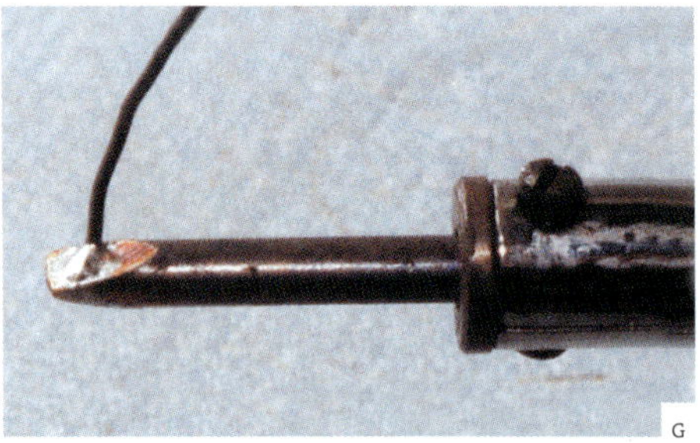
G

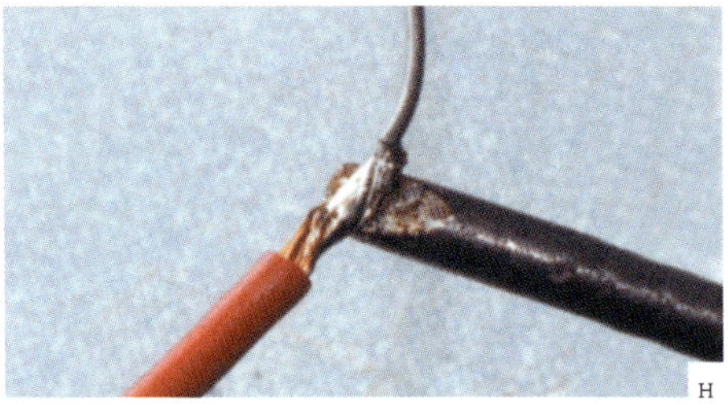
H

I

Tip

Leg een hete soldeerbout niet zomaar weg, maar hang hem op aan het daarvoor bestemde oog of plaats het apparaat in een speciale houder. Dit voorkomt brandvlekken op het meubilair of de werkbank (foto K).

K

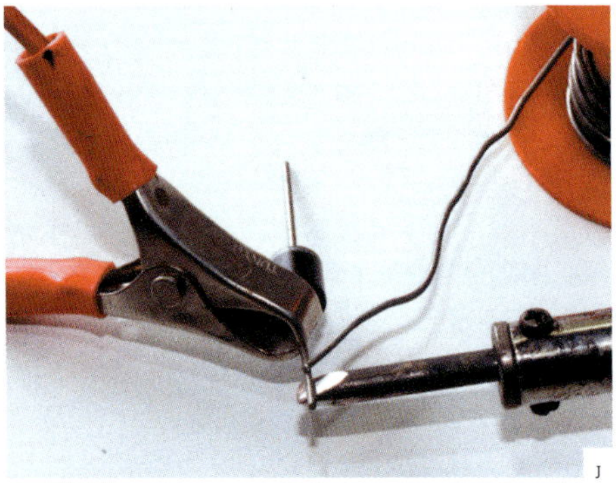
J

37 – Bedrading aanleggen

Waarom is het nodig?
Oude bedrading moet op een gegeven moment vervangen worden. Daarnaast komt er wel eens nieuwe apparatuur aan boord die ook voorzien moet worden van stroom, of de apparatuur moet via draden communiceren met andere apparaten.

Wanneer is het nodig?
Zodra je nieuwe bedrading wilt trekken.

Benodigde gereedschappen
Zie de onderwerpen 'verbindingen maken' en 'solderen'

Elektriciteitsdraad die aan boord wordt gebruikt moet als bescherming tegen corrosie eigenlijk over de hele lengte 'vertind' zijn. Omdat dit soort draad duurder is wordt op de meeste seriejachten gewerkt met niet-vertind elektriciteitsdraad, vaak afkomstig uit de automobielindustrie. Corrosie kan zich bij deze bedrading echter gemakkelijk over de koperen kerndraden verspreiden, ook onder de isolatiemantel. Is dit gebeurd dan is het zo goed als onmogelijk om er nog een goede (soldeer)verbinding mee tot stand te brengen.

Moeilijkheidsgraad

(maar werk secuur en leg alles netjes aan)

1 Leg de bedrading niet door de bilge omdat de draden dan te lijden hebben van het bilgewater, olie, zout, etc. (foto A).
2 Gebruik een kabeltrekker om de bedrading door lastige plaatsen heen te trekken (foto B).
3 Wanneer je toch bezig bent met het trekken van een draad, trek dan tegelijkertijd een 3 mm dik touwtje mee dat je kunt gebruiken wanneer je er ooit een extra draad bij wilt trekken.
4 Gebruik rubber ringen om de draad tegen schavielen te beschermen op plekken waar de draad door een dun schot heen loopt (foto C).

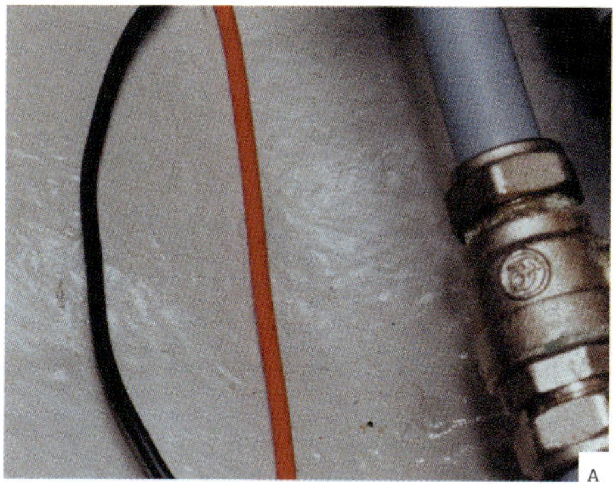
A

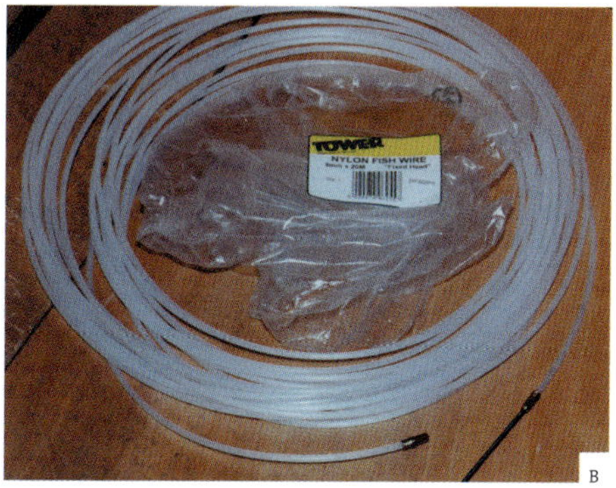

B

C

5 Maak geen spaghetti van je bedrading (foto D).

6 Leg de bedrading overzichtelijk aan. Op die manier kun je problemen ook gemakkelijker opsporen (foto E).

7 Teken een aansluitschema van alle bedrading die je nieuw aanlegt (figuur F).

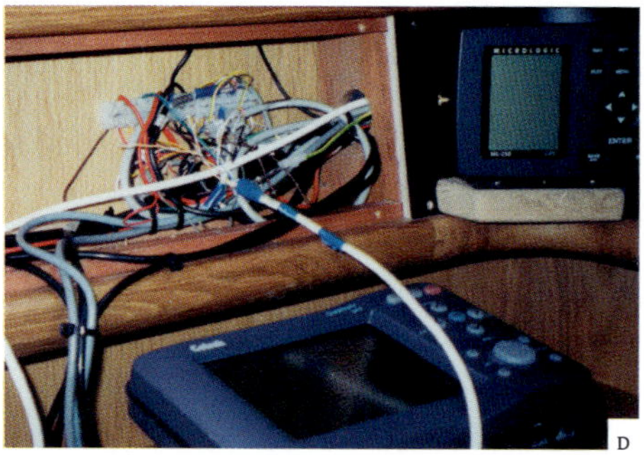

D

E

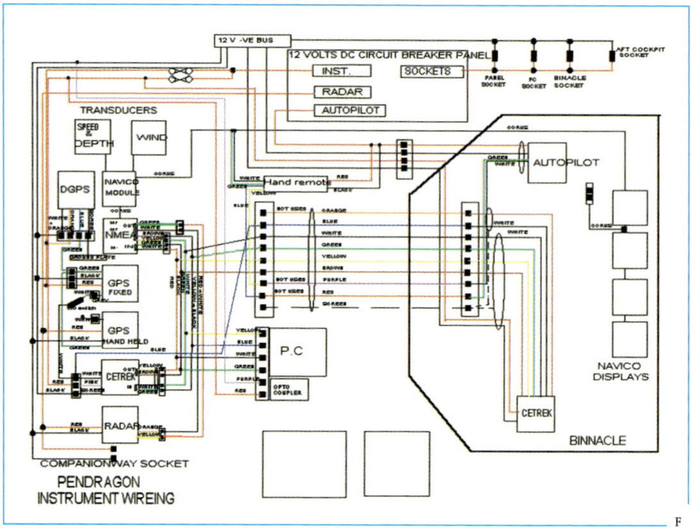

F

Bedrading navigatie instrumenten

38 - Storingen opsporen en verhelpen

- Het opsporen van storingen in een elektrische installatie vraagt om een methodische aanpak.

Dynamo laadt niet bij - waarschuwingslampje brandt

1. Zet de motor uit en controleer de aandrijfriem van de dynamo.
2. Controleer de accuspanning.
3. Start de motor.
4. Voer het motortoerental op tot ongeveer 50% van het maximale toerental.
5. Als het goed is stijgt de spanning op de accupolen. Het precieze voltage zal afhankelijk zijn van de ladingstoestand van de accu.
6. Tenzij de accu echt helemaal leeg is moet het voltage op de accupolen nu (met draaiende motor) minstens 13,2V zijn.
7. Wanneer je een ampèremeter hebt die de laadstroom van de dynamo aangeeft, is elke positieve uitslag een teken dat de dynamo laadt. Hoeveel de meter uitslaat is afhankelijk van de ladingstoestand van de accu. Een ampèremeter die je kunt aanklikken op de uitgangsdraad van de dynamo zal laten zien of er stroom wordt geleverd.

- Wanneer de accu gewoon wordt opgeladen zit de fout in het waarschuwingslampje.
- Wanneer de accu niet wordt bijgeladen, stop dan de motor en controleer de aansluitingen op de dynamo.

Het repareren van een kapotte dynamo wordt in dit boek niet beschreven. Er kan ook iets mis zijn met de 'slimme' laadregelaar, wanneer die tenminste aanwezig is, maar moderne versies van zo'n laadregelaar schakelen uit wanneer er iets mis is, zodat de dynamo als 'standaard' dynamo kan blijven laden.

Accu blijft niet goed geladen

Een accu ontlaadt na verloop van tijd (zelfontlading) en natte accu's moeten elke twee maanden in ieder geval een keer bijgeladen worden (in de winterkou gaat het ontladen langzamer).

Een 12V accu bestaat uit zes cellen die ieder ongeveer 2V geven. Wanneer een cel niet meer goed functioneert zullen de andere vijf cellen ontladen in een poging de kapotte cel op een spanning van 2V te houden. De accu zal hierdoor snel ontladen en nooit meer goed geladen kunnen worden. Deze situatie is na verloop van tijd onvermijdelijk en hoe vaker een accu (te) diep wordt ontladen, hoe sneller dit probleem zal optreden.

Wanneer je meerdere accu's hebt, kan het lastig zijn te bepalen welke van de accu's niet meer goed werkt.

1. Laad alle accu's volledig op.
2. Koppel alle accu's los op één na. Met deze accu ga je straks proberen te starten.
3. Zorg ervoor dat de aansluitingen op de accu en de startmotor schoon zijn en goed elektrisch contact maken.
4. Zet aan boord van een zeiljacht de afsluiter van de koelwatertoevoer dicht om te voorkomen dat de uitlaat vol water wordt gepompt terwijl de motor niet aanslaat. (Op een motorjacht zal het water via de uitlaat gewoon naar buiten kunnen lopen. Zo niet, zet dan ook daar de afsluiter van het koelwater dicht.)
5. Zorg dat de motor niet kan aanslaan door de stopknop uit te trekken of de elektronische stopknop onder 12V spanning te zetten. Zie hiervoor 'Motor stopt niet' in het hoofdstuk 'Motoren: overige onderwerpen'.
6. Laat de startmotor nu 15 seconden draaien en houd de voltmeter in de gaten.
7. Het voltage van de accu moet tijdens het starten boven de 9V blijven.

8 Een lager voltage en een startmotor die langzamer gaat draaien betekent dat de accu niet meer goed is.
9 Controleer zo de accu's een voor een.

Mocht je accu's aan boord hebben die bijgevuld kunnen worden, dan kun je met een zuurweger de zes cellen per accu met elkaar vergelijken. Wanneer de waarde voor een cel duidelijk afwijkt van die van de andere vijf cellen, dan heb je de kapotte accu te pakken.

Storingen in de elektrische installatie

Het opsporen van een fout in de elektrische installatie vereist een methodische aanpak, maar een beetje geluk wil wel eens helpen.

- Wanneer een navigatielicht niet werkt, is de kans groot dat het lampje zelf is doorgebrand of dat de contacten zijn gecorrodeerd. Controleer dus eerst het lampje (foto A).
- Wanneer het gaat om een licht boven in de mast, is het handig om voor je de mast inklimt eerst te testen of de stroomkring intact is.
- Wanneer een draad uit de mast bij de mastvoet met een stekker op het dek is verbonden, moet deze stekkerverbinding goed zijn beschermd en de contacten ingevet met siliconenvet
- Bescherm indien mogelijk stekkers aan dek tegen regen en buiswater door er iets overheen te timmeren (foto B). Beter is nog om de kabels via een zwanenhals onderdeks te voeren en daar pas verbindingen te maken (foto C).

Er zijn twee manieren om de stroomkring te testen

Test met de multimeter de weerstand van een draad tussen twee punten.

- Een zeer grote weerstand wijst op een kabelbreuk of een zeer slecht contact.
- Een zeer kleine of zelfs geen weerstand toont aan dat er een goede verbinding is, dus dat het lampje of de verbinding in orde zijn.

óf

Test met de multimeter de spanning tussen de positieve en negatieve draad op verschillende verbindingen in de stroomkring.

- De spanning aan het uiteinde van de draden mag niet minder zijn dan 90% van de spanning aan het begin van de draden (bij de accu).
- Geen spanning betekent dat er een breuk in draad zit.
- Een grote spanningsafname duidt op een slechte verbinding en/of een draad die te dun is voor de stroomsterkte die er doorheen loopt.

Een draad die in de mast omhoog loopt heeft meestal een stekkerverbinding bij de mastvoet op het dek of net onderdeks. De stekkerverbindingen op het dek hebben vaak te kampen met corrosieproblemen, maar ook de verbindingen binnen worden nog al eens aangetast. Deze stekkerverbindingen controleer je altijd als eerste wanneer er iets elektrisch in de mast niet werkt.

- Wanneer er geen spanning staat op het stopcontact op het dek bij de mastvoet, dan is het probleem te vinden tussen het stopcontact en het schakelpaneel of de accu.
- Staat er wel spanning op het stopcontact, dan bevindt het probleem zich in de stekker of ergens in de mast.

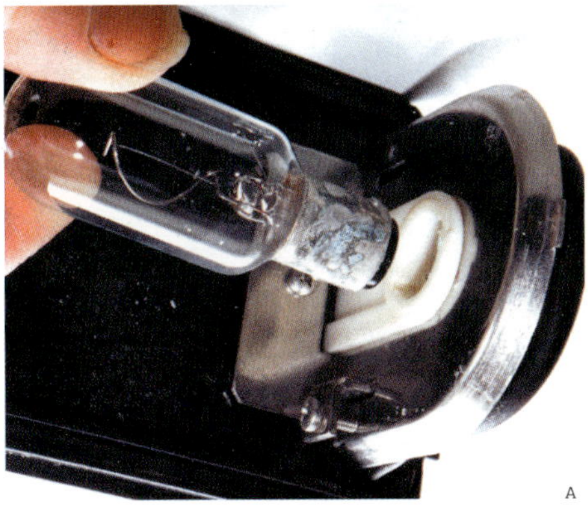

A

B

C

Elektrische apparaten werken niet

Zie hoofdstuk 31 - De multimeter (p. 76) voor een beschrijving van het controleren op spanning en de verbindingen (weerstand).

Logisch blijven denken

Wanneer meerdere apparaten worden gezekerd door één zekering of zekeringautomaat:

- Controleer of andere apparaten die door dezelfde zekering worden beschermd werken.
- Controleer of de zekering niet is doorgebrand of dat de zekeringautomaat is uitgesprongen.
- Controleer de voedingsdraad tussen de accu en de zekering. Wanneer er een indicatielampje is aangebracht dat brandt, is er met de voeding niets mis.
- Zekeringcontacten kunnen ook corroderen; controleer of deze in orde zijn.

Wanneer er meerdere apparaten op een draad zijn aangesloten, kijk dan of de rest van de apparaten werkt. Wanneer slechts één apparaat niet werkt en het betreft een lichtpunt:

- Meet het lampje door met de multimeter.
- Meet de spanning bij de lampfitting.
- Controleer de contacten van de lamp op corrosie.

Wanneer het elektronica betreft die het niet doet:

- Controleer of de stekker goed is ingeplugd.
- Meet de spanning op de stekker.
- Controleer de zekering van het apparaat.

Wanneer er verbindingen aanwezig zijn in de bedrading, zeker in vochtige ruimtes of aan dek:

- Controleer deze verbindingen zorgvuldig.
- Controleer of de verbindingen niet zijn gecorrodeerd.
- Controleer de spanning.

Wanneer apparatuur moeilijk te bereiken is, zoals het toplicht boven in de mast:

- Controleer eerst op een gemakkelijke plaats (bijvoorbeeld stekker mastvoet) of de stroomkring intact is door de weerstand te meten.
- Controleer of er spanning staat op het stopcontact aan dek of net onderdeks.

39 - Walstroom

Walstroom kan dodelijk zijn! Wanneer je niet vertrouwd bent met werken aan een 230V systeem, laat het dan over aan de vakman.

- De meest eenvoudige vorm van walstroom is het uitrollen van een verlengkabel naar een stroompunt op de wal of steiger.
- Een 'echte' walstroomaansluiting is wat uitgebreider. Het bestaat uit een speciaal stopcontact aan boord waarop de walstroomkabel kan worden aangesloten, een aardlekschakelaar en een zorgvuldig aangelegd 230V elektriciteitsnet (dat ook kan bestaan uit slechts één stekkerdoos).
- Let erop dat je bij het aansluiten van de walstroom altijd eerst de verbinding met de boot tot stand brengt en pas daarna de verbinding met de wal, voor het geval je het uiteinde van de walstroomkabel in het water laat vallen.
- Gebruik als walstroomkabel alleen daarvoor bestemde kabel (bijvoorbeeld neopreenkabel) om de kans op kortsluiting door vochtinwerking minimaal te houden.
- De walstroomkabel is voorzien van een blauw grijze CEE stekker (foto A) die op de wal kan worden aangesloten en een stekker die past op de aansluiting aan boord (foto B).
- Leg een walstroomkabel altijd helemaal uit. Een opgerolde of gebundelde kabel kan erg warm worden en zelfs smelten, met kortsluiting tot gevolg.

Tip

Bij het aansluiten van de walstroom komt er ook een aansluiting met de aarde tot stand. Wanneer de buurboot ook aan de walstroom is aangesloten kunnen de boten middels de aardkabel elektrisch met elkaar zijn verbonden. Is er op een van deze twee boten een lekstroom(pje) naar het water aanwezig, dan kan de ene boot als anode gaan werken voor de andere boot, met ernstige elektrolytische corrosie tot gevolg. Zeker aan boord van een aluminium jacht is het daarom aan te bevelen een scheidingstransformator te plaatsen die het jacht elektrisch isoleert van de walstroom.

A

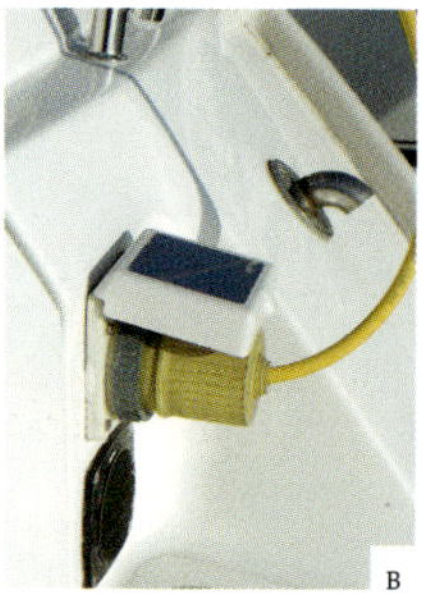

B

Onderhoud

1 Controleer maandelijks of de aardlekschakelaar aan boord nog goed functioneert.

Doe dit door op de testknop te drukken – de schakelaar moet nu 'uit' springen, waardoor de stroomtoevoer wordt afgesneden.

2 Wanneer de aardlekschakelaar uit blijft springen, raadpleeg dan een vakman om uit te zoeken wat er aan de hand is.

3 Spuit regelmatig wat contactspray of vochtverdrijvende spray over de stekkerdoos en de stekkers van de walstroomkabel.

4 Wanneer de 230V aansluiting en aardlekschakelaar zijn ingebouwd in een vochtige ruimte, zoals het geval is op de foto waarbij alles is gemonteerd in een ruimte bij het zwemplatform, verplaats dit alles dan. De installatie zoals zichtbaar op de foto heeft de eigenaar jarenlang problemen bezorgd (foto C).

C

Toilet

40 - Verstoppingen

Waarom is het nodig?
Verstoppingen kunnen ontstaan wanneer iets dat niet eerst is gegeten door het toilet wordt gespoeld of door overmatig gebruik van wc-papier. Volgens goed zeemanschap wordt de verstopping opgelost door de persoon die er verantwoordelijk voor is.

Wanneer is het nodig?
Wanneer het toilet verstopt is.

Benodigde gereedschappen
Vaak niet meer dan een schroevendraaier en een paar rubber handschoenen.

Waar zit het?
In de toiletpomp.

Moeilijkheidsgraad

Tip
Werp eens een blik op de binnenzijde van de afvoerslang. Bij regelmatig gebruik kan de diameter van de slang door kalkaanslag een stuk kleiner worden waardoor ook in de afvoerslang verstoppingen kunnen ontstaan.

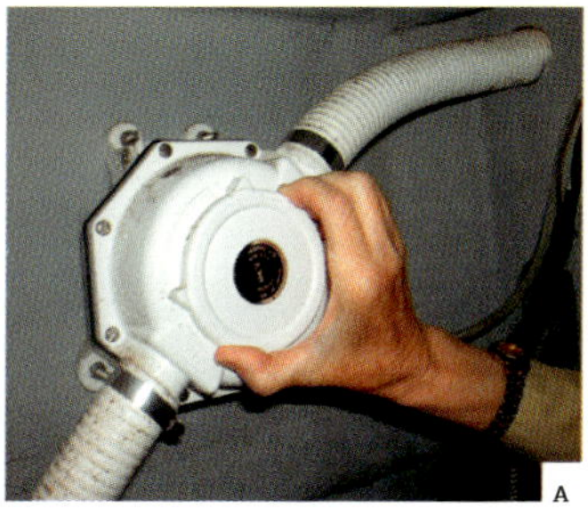
A

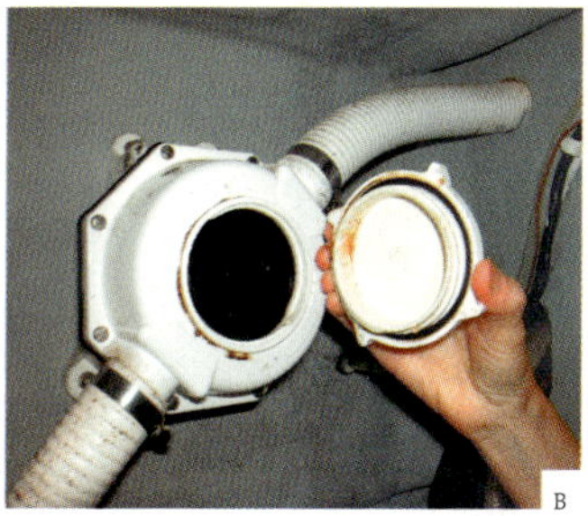
B

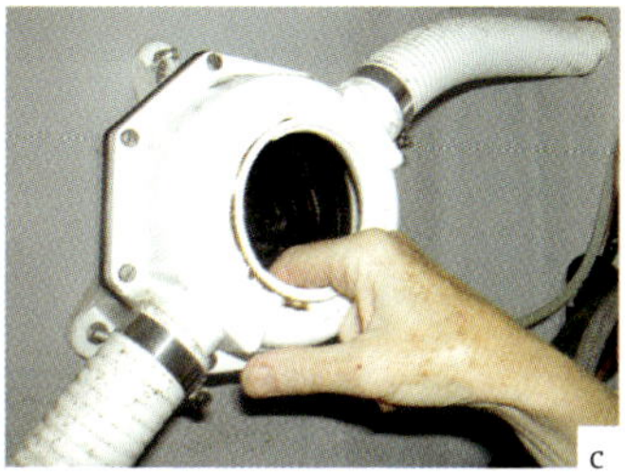
C

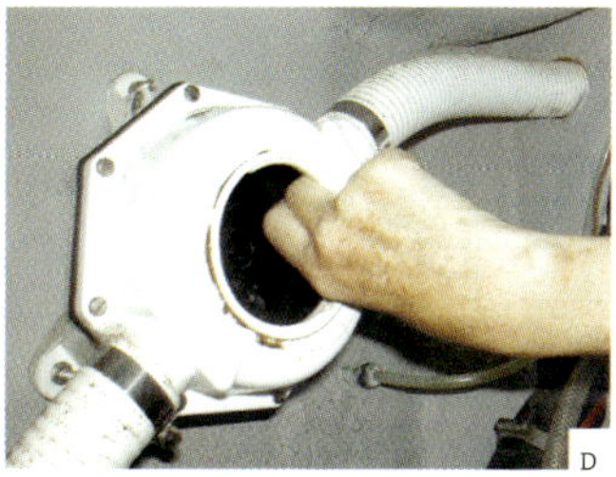
D

Controleer eerst of de toiletafsluiters open staan en of je dus niet te maken hebt met een gesloten afsluiter waardoor het systeem niet werkt.

Henderson Mk VI membraanpomp

1 Pomp even door en sluit dan de toiletafsluiters.
2 De oorzaak van de verstopping kan worden weggenomen via de voorkant van de pomp.
3 Schroef het pompdeksel los (foto A), maar let op: de niet weggepompte toiletinhoud zal naar buiten stromen!
4 Verwijder het pompdeksel dus met beleid (foto B).
5 Controleer de inlaatklep en -opening op verstopping (foto C).
6 Controleer de uitlaatklep en –opening op verstopping (foto D).
7 Wanneer het probleem hiermee nog niet is gevonden en opgelost, zie dan ‘Henderson MK IV membraanpomp’ in het hoofdstuk ‘Bilge- en waterpompen’.

ITT Jabsco-toiletpomp

1 Controleer eerst of de toiletafsluiters open staan én of het hendeltje op de pomp waarmee je kunt kiezen voor het vol- of leegpompen van het toilet helemaal naar één kant staat. Zo niet, dan lijkt het alsof het toilet verstopt is.
2 Sluit de toiletafsluiters.
3 Schroef de twee schroeven los waarmee de flens van de afvoerslang aan de pomp vastzit (foto's E en F). Houd er rekening mee dat er toiletwater uit de afvoerslang of de pomp kan stromen.
4 Schroef de vier schroeven los waarmee de pomp vastzit aan de voet van het toilet (foto G). Houd er opnieuw rekening mee dat er toiletwater uit de pomp of de voet van het toilet kan stromen.
5 Neem de pomp los van de voet en draai deze ondersteboven (foto H).
6 Neem de rubber pakking met klep los van de onderzijde van de pomp (foto I).
7 Neem het anti-terugstroomrubber uit de flens van de afvoerslang (foto J).
8 Los de verstopping op en zet alles weer in elkaar.

E

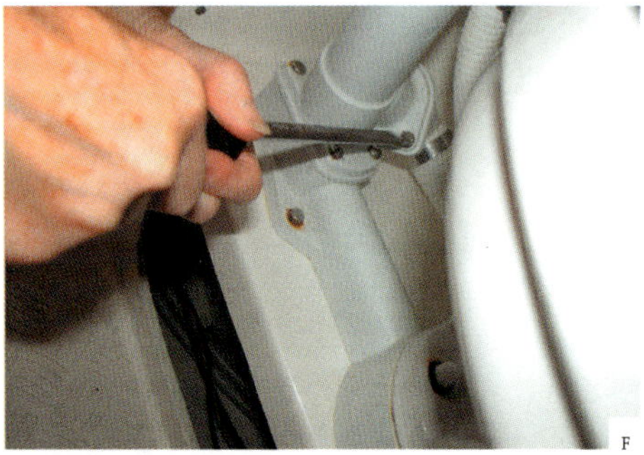
F

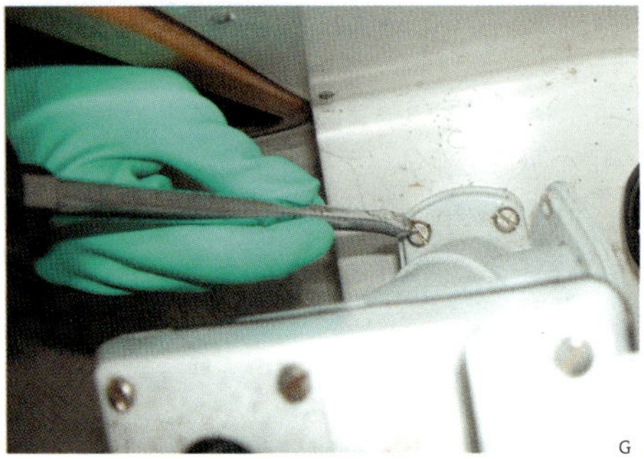
G

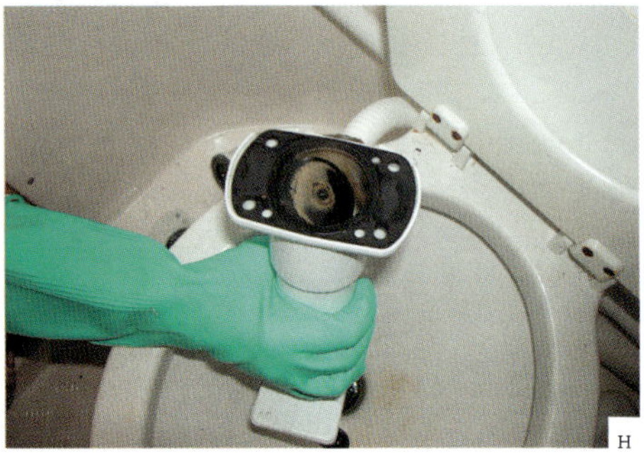
H

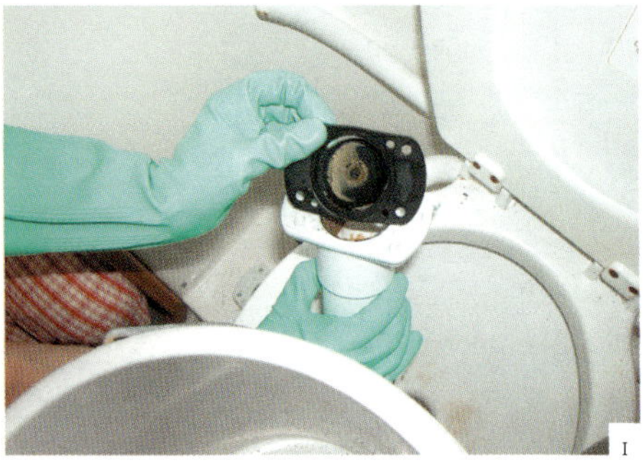
I

J

Anti-terugstroomrubber

41 - Onderhoud van de ITT Jabsco-toiletpomp

Waarom is het nodig?
De afdichting boven op de toiletpomp zal slijten en uiteindelijk gaan lekken. De pomp zelf gaat na verloop van tijd stroever bewegen en de terugslagkleppen komen vol kalkaanslag te zitten, waardoor een volledige revisie wenselijk wordt.

Wanneer is het nodig?
Wanneer lekkage optreedt of de pomp steeds stroever beweegt.

Benodigde gereedschappen
Schroevendraaiers en sleutels.

Waar zit het?
Bij het toilet.

Moeilijkheidsgraad

Jabsco-toiletten komen aan boord veel voor (foto A). Lekkage van de afdichting boven op de pomp (foto B) kan worden opgelost door de afdichting te vervangen – deze is los verkrijgbaar.

Voor een volledige revisie van de pomp heb je een complete 'service kit' nodig (foto C). Hier is de ITT Jabsco-revisieset afgebeeld, voor andere toiletpompen zijn ook service kits verkrijgbaar.

LET OP!
Het ontwerp van de bovenkant van de Jabsco-toiletpomp is in oktober 1997 aangepast, zodat je de zuiger van de toiletpomp kunt verwijderen zonder de hele pomp uit elkaar te hoeven halen. Let erop dat je de juiste service kit aanschaft. De uitvoering van vóór oktober 1997 is te zien op foto D, na oktober 1997 op foto E.

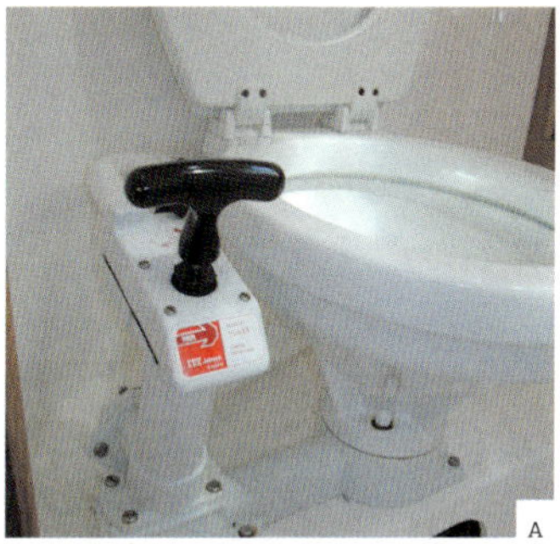
A

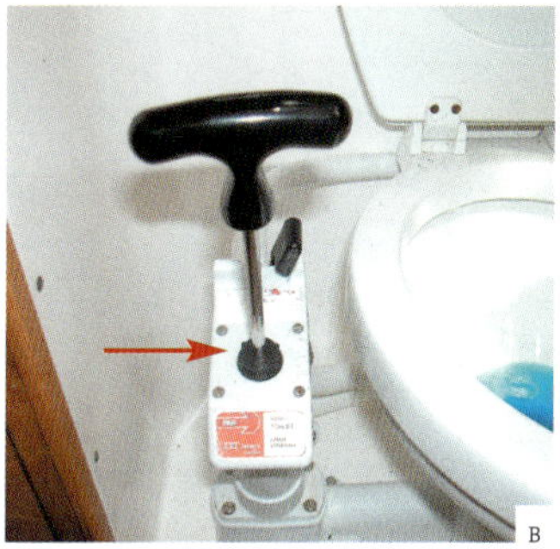
B

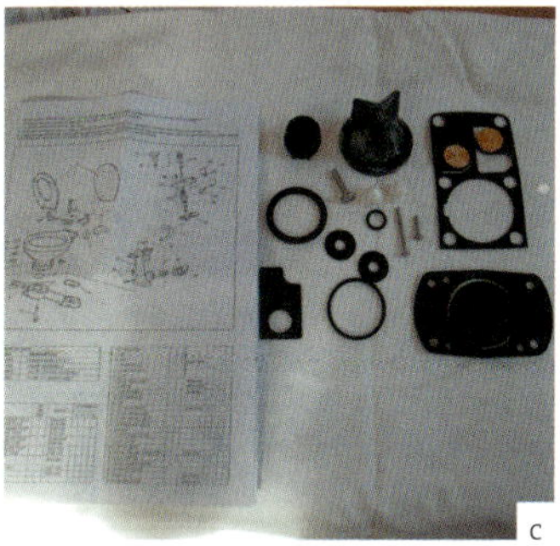
C

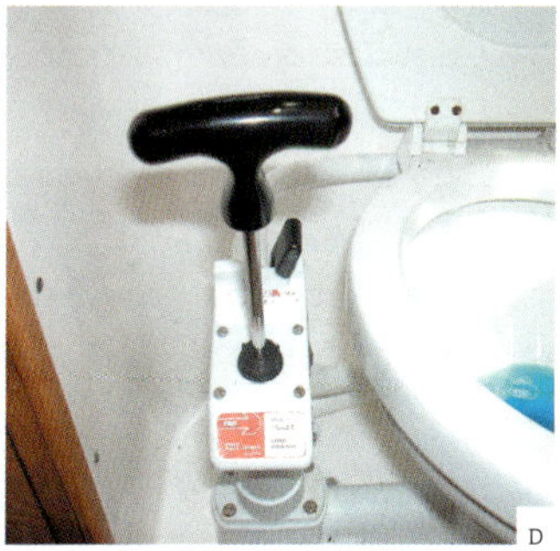
D

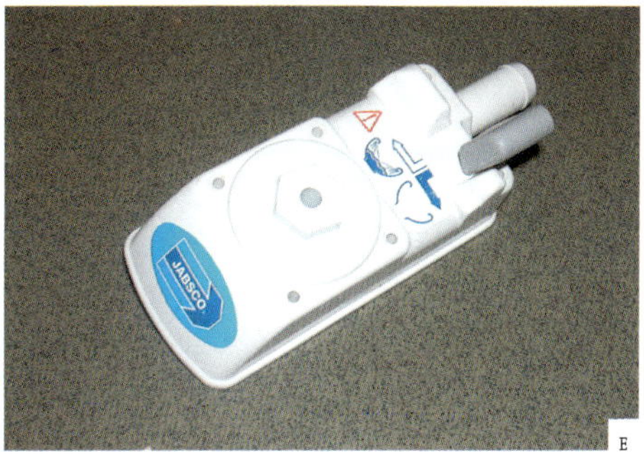

E

Afdichting boven op de pomp vervangen

Heb je de pomp eenmaal losgehaald van de voet van het toilet, werk dan verder boven een emmer om water dat nog in de pomp zit op te vangen. Je kunt de afdichting overigens ook vervangen zonder de pomp los te schroeven van de voet van het toilet.

1 Trek de zuiger aan het handvat omhoog totdat deze niet verder kan.
2 Wikkel een stukje plakband om de metalen stang, net onder het handvat (foto A).
3 Pak de metalen stang met een tang voorzichtig vast op het plakband (foto B). Wanneer je het metaal beschadigt zal de nieuwe afdichting op de pomp snel slijten.
4 Schroef het handvat los en verwijder het rubber ringetje dat als een soort bumper fungeert (foto C).
5 Laat de metalen stang niet los, anders kan deze in het pomphuis zakken en zul je de pomp verder uit elkaar moeten halen om deze er weer uit te krijgen.
6 Schroef de afdichting los (foto D1) en schuif deze van de metalen stang af (foto D2).
7 Wikkel een stukje plakband om de schroefdraad op de metalen stang om beschadigen van de nieuwe afdichting te voorkomen (foto E).
8 Schuif voorzichtig de nieuwe afdichting op de metalen stang en plaats het rubber stootringetje (foto F).
9 Verwijder de tape van de schroefdraad.
10 Schroef het handvat weer op de metalen stang.
11 Schroef de nieuwe afdichting boven op de toiletpomp op zijn plaats. Niet te strak aandraaien!

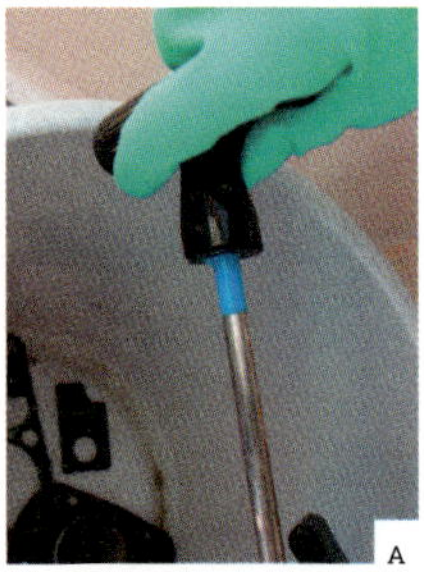
A

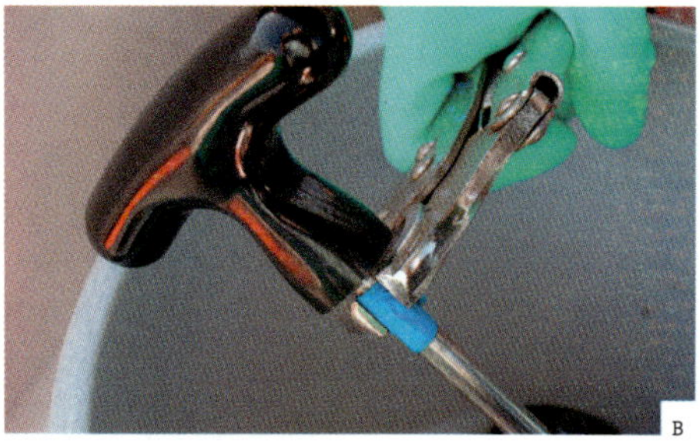
B

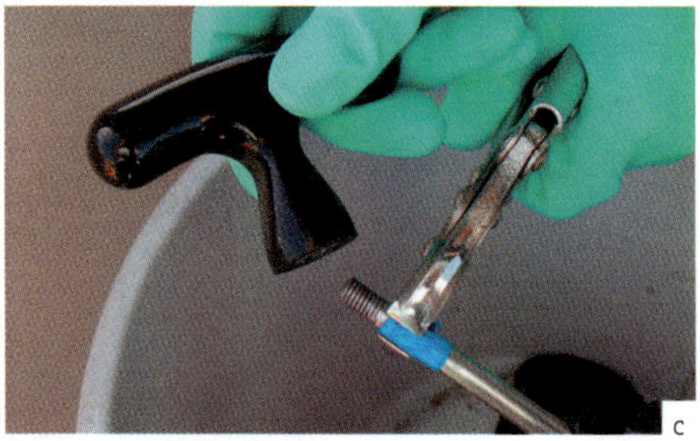
C

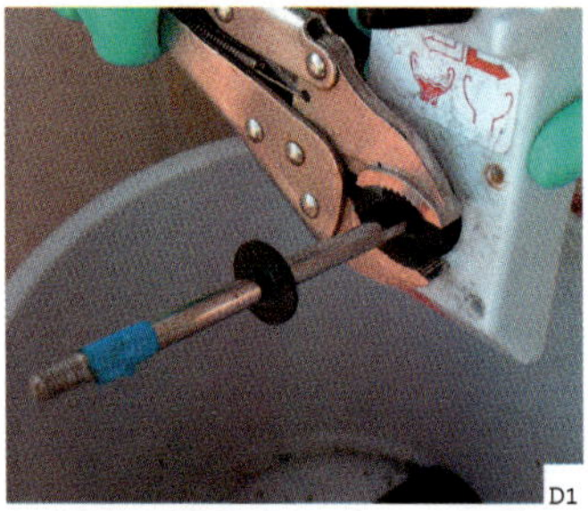
D1

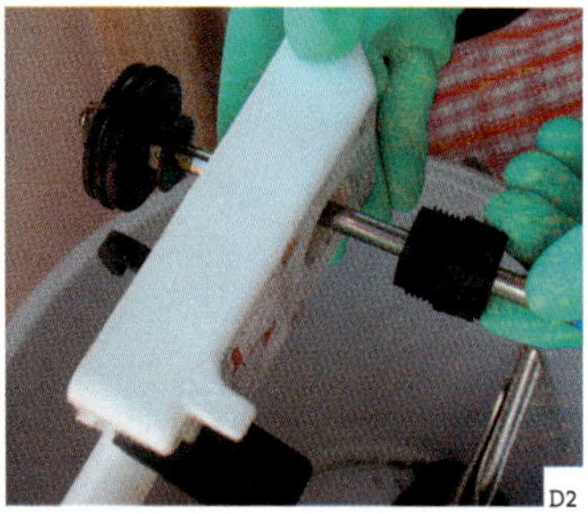
D2

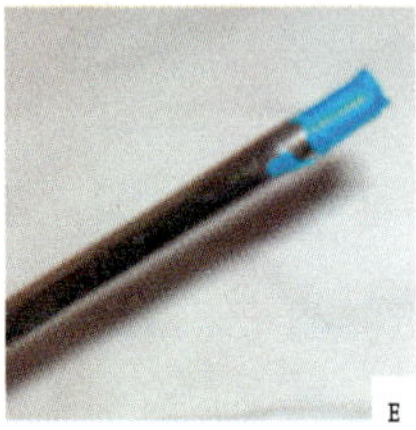
E

F

Tip

Mocht je te maken hebben met een lekkende afdichting maar je kunt op dat moment geen nieuwe afdichting vinden, dan kan een nauwkeurig op maat gesneden kraanleertje (rubber schijfje met een gat erin) een oplossing zijn. Neem de oude afdichting los van de zuigerstang, schuif een strak passend ca. 2 mm dik kraanleertje ingesmeerd met vaseline over de zuigerstang en schroef de oude afdichting weer op zijn plaats. Eerst losjes aandraaien, paar keer pompen en dan wat vaster aandraaien wanneer het nog lekt.

Volledige revisie van de pomp

1 Pomp het toilet door zodat er alleen schoon buitenwater in de toiletpot, de pomp en de leidingen aanwezig is. Pomp de toiletpot zo goed mogelijk leeg.
2 SLUIT DE BEIDE TOILETAFSLUITERS – wanneer de boot in het water ligt en het toilet wordt voor langere tijd losgenomen, borg de afsluiters dan zodat ze niet open kunnen gaan.
3 Bij het losnemen van de verschillende verbindingen kan er wat water naar buiten stromen, dus wees voorbereid.
4 Schroef de slangklem van de watertoevoerslang los (foto A).
5 Maak de toevoerslang los. Mocht dit erg lastig gaan, dan kun je, mits deze slang lang genoeg is, met wat moeite het werk ook wel uitvoeren zonder deze slang los te nemen.
6 Verwijder de verbindingsslang tussen de pomp en de toiletpot. Deze is niet vastgezet met slangklemmen en het losnemen zou geen probleem moeten vormen (foto B1 en B2).
7 Schroef de twee schroeven van de flens van de afvoerslang los (foto C1 en C2).
8 Schroef de vier schroeven los waarmee de pomp aan de voet van het toilet is bevestigd (foto D).
9 Neem de toiletpomp los (foto E).
10 Verwijder de rubber pakking met terugslagklep van de onderzijde van de pomp (foto F).
11 Neem het anti-terugstroomrubber uit de flens van de afvoerslang (foto G).

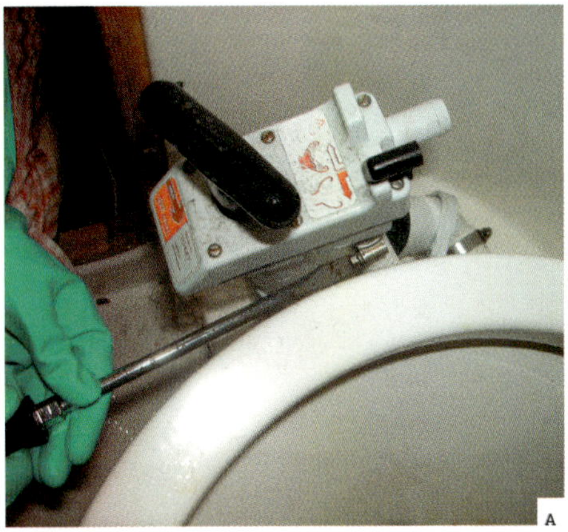
A

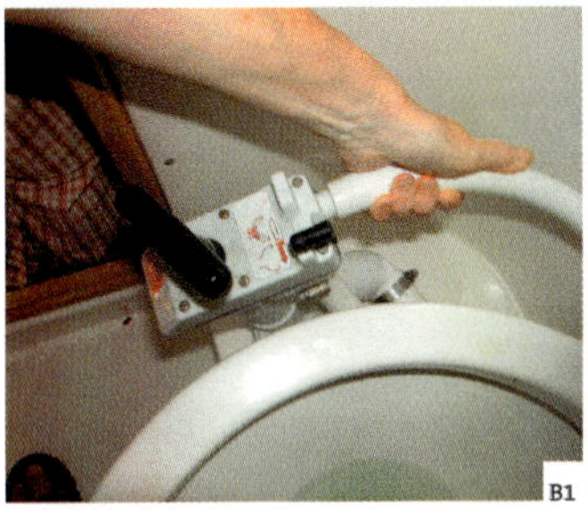
B1

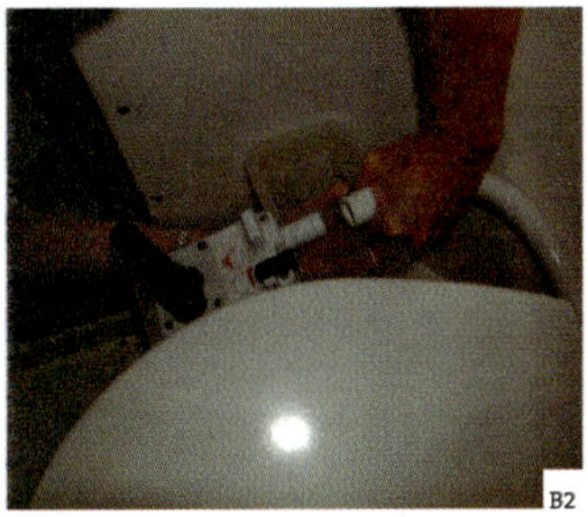
B2

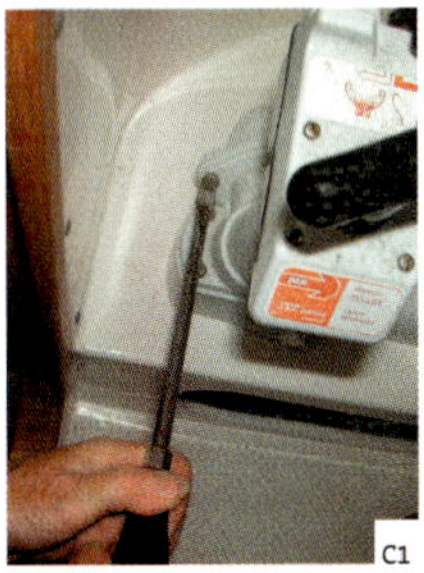
C1

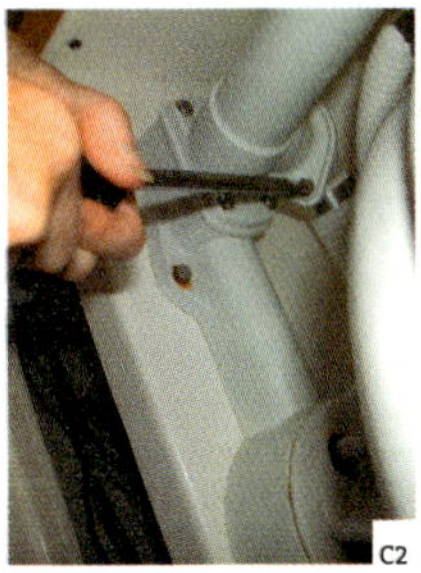
C2

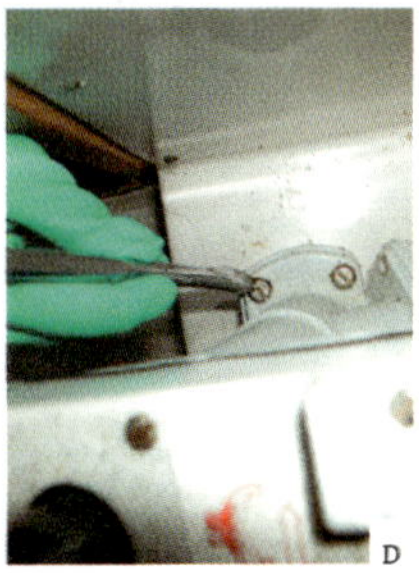
D

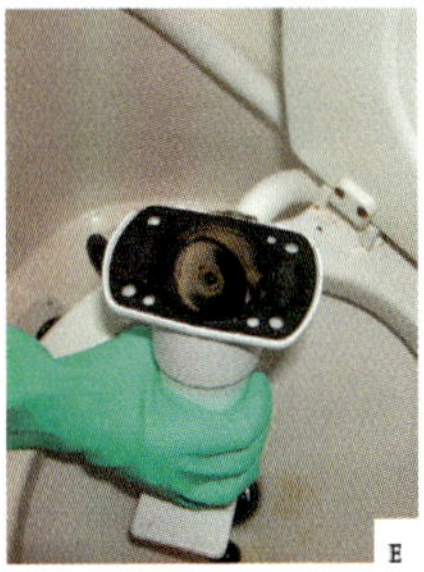
E

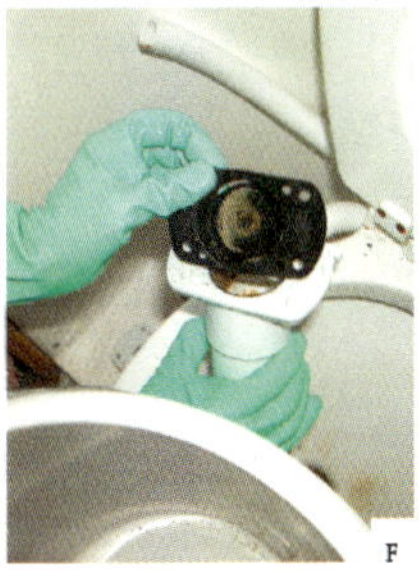
F

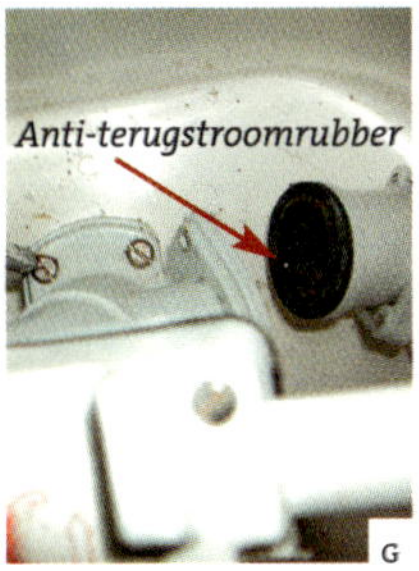

G

12 Mocht het niet zijn gelukt de toevoerslang los te nemen, dan kun je verder met de klus wanneer er genoeg speling in de toevoerslang zit (foto H).
13 Schroef de zes schroeven van het pompdeksel boven op de pomp los (foto I).
14 Zet het hendeltje naar links, op 'volpompen' (foto J).
15 Til het pompdeksel met de zuiger los van het pomphuis (foto's K1 en K2).
16 Neem de pakking met de twee kleppen los van het pomphuis (foto L).
17 Verwijder de klepzitting (foto M)
18 Maak de afdichting in het pompdeksel en het handvat op de metalen stang los zoals eerder beschreven in 'Afdichting boven op de pomp vervangen' (foto N).
19 Verwijder de O-ring van de zuiger (foto O).
20 Maak alle onderdelen goed schoon.
21 Verwijder kalaanslag in het pomphuis door deze aanslag los te schrapen met een houten voorwerp, zoals een roerhoutje voor de verf.
22 Controleer alle rubber onderdelen en vervang deze wanneer ze beschadigd of verhard zijn, of bedekt met kalkaanslag.
23 Vervang in ieder geval altijd de afdichting boven op de pomp (foto P1) en de O-ring van de zuiger (foto P 2).

Voer alle handelingen in omgekeerde volgorde uit om de pomp weer in elkaar te zetten.

H

I

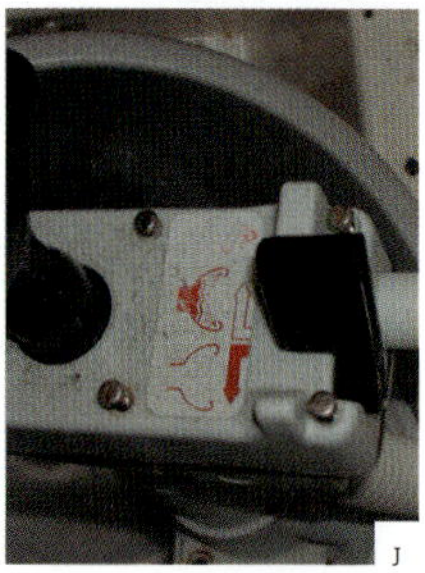
J

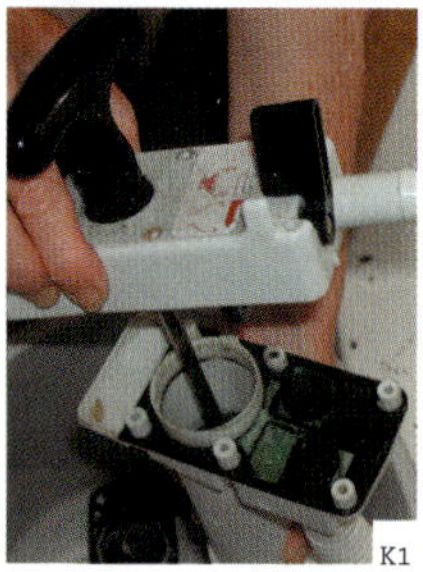
K1

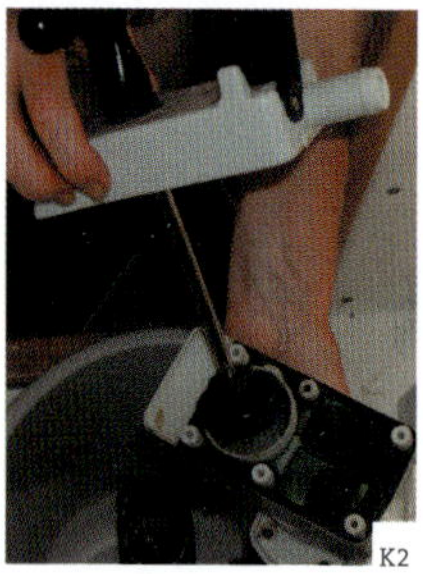
K2

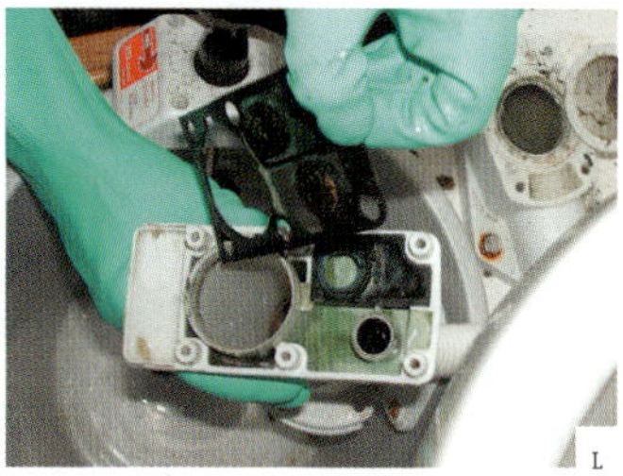
L

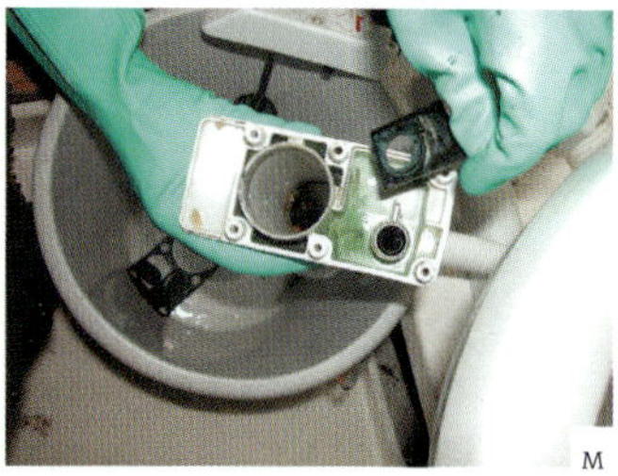
M

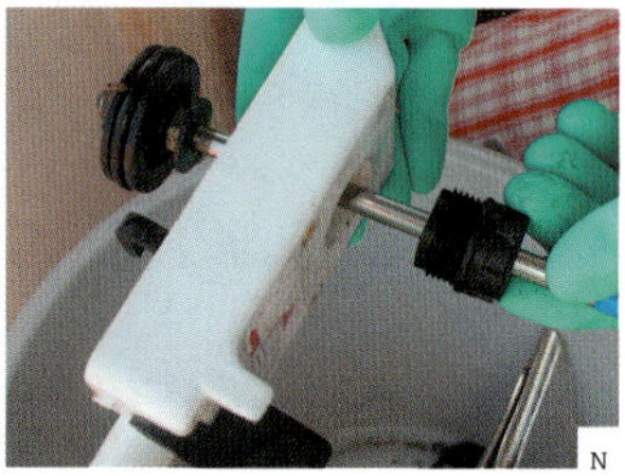
N

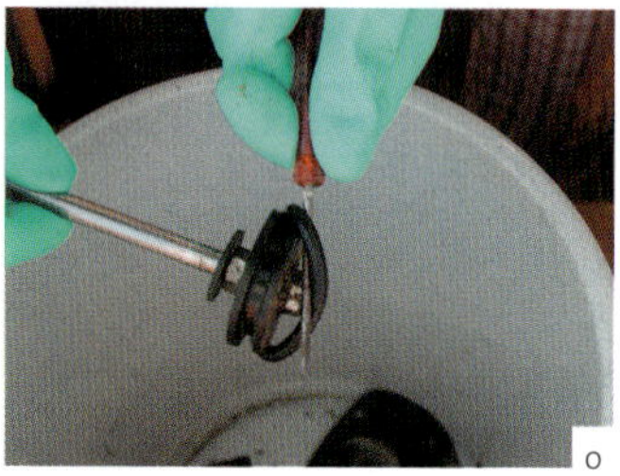
O

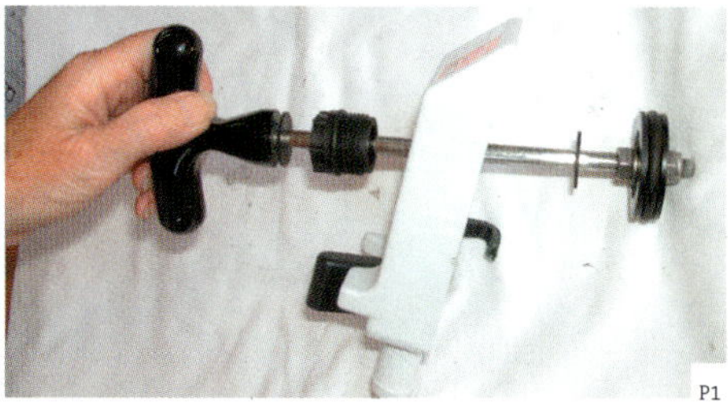
P1

P2

Bilge- en waterpompen

42 - Henderson Mk VI-membraanpomp

Dit type membraanpomp kom je tegen als toiletpomp bij de Blakes Lavac-toiletten en als handmatige bilgepomp. Wanneer de pomp in gebruik is als bilgepomp moet er een zeef zijn gemonteerd op het aanzuigpunt van de toevoerslang om te voorkomen dat er rotzooi in de pomp wordt gezogen waardoor deze verstopt kan raken.

Demonteren van de pomp

Waarom is het nodig?
Na verloop van tijd verslijten of verkalken de kleppen van de pomp.

Wanneer is het nodig?
Zodra het pompen steeds moeilijker gaat of de pompcapaciteit afneemt.

Benodigde gereedschappen
Schroevendraaier, sleutels.

Waar zit het?
In de afvoerslang van het toilet en achter de aansluiting voor de pomphendel.

Moeilijkheidsgraad

Een 'service kit' is verkrijgbaar (foto A).

Is het een toiletpomp, dan:

1 Pomp goed door zodat er alleen schoon buitenwater in het systeem aanwezig is.
2 Sluit de afsluiters van het toilet.
3 Eventuele restanten van verontreinigd toiletwater zullen bij de voorzijde van de pomp naar buiten stromen. Wees dus voorbereid.

Vervolgens, bij zowel toilet- als bilgepomp:

1 Schroef het pompdeksel los (foto B).
2 Verwijder het pompdeksel (foto C)
3 Wanneer het pompdeksel erg vast zit, kun je een houten blok en een hamer gebruiken om het los te draaien (foto D).

A

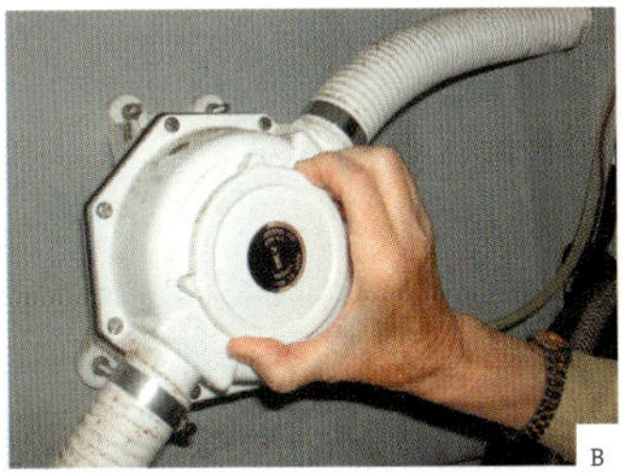
B

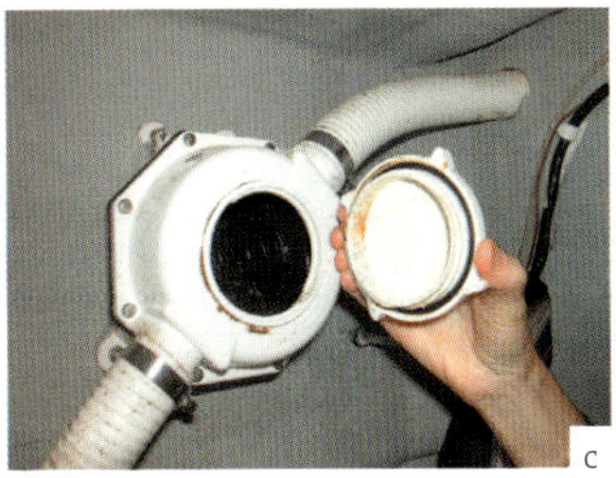
C

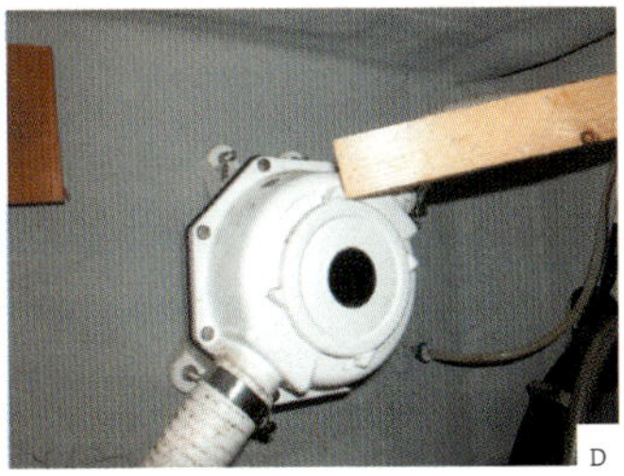
D

4 Schroef de slangklemmen los (foto's E1 en E2).
5 Draai de acht schroeven los waarmee het pomphuis op de basis vastzit. (foto F).
6 Neem het pomphuis los (foto G).
7 Maak de slangen los van het pomphuis (foto H).
8 Houd de centrale as vast met een 8 mm inbussleutel en schroef de moer los die het pomprubber op zijn plaats houdt (foto I).
9 Verwijder het pomprubber en controleer het op scheurtjes of andere slijtage (foto J).
10 Plaats indien nodig een nieuw pomprubber en zet het weer vast tussen te twee schijven. Let erop dat deze goed om zitten, met de afgeronde kant naar het pomprubber (foto K).
11 Verwijder de inlaatklep (foto L).
12 Schroef de vier schroeven los waarmee het uitlaatrubber vast zit (foto M).

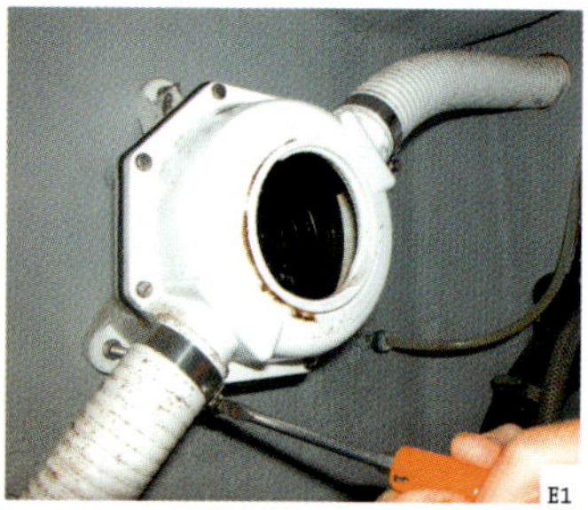
E1

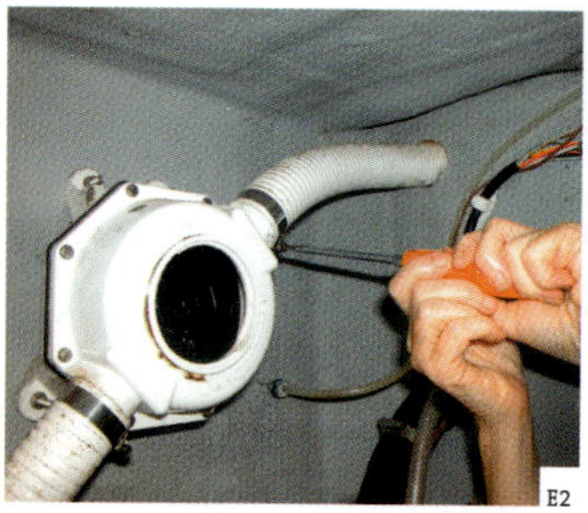
E2

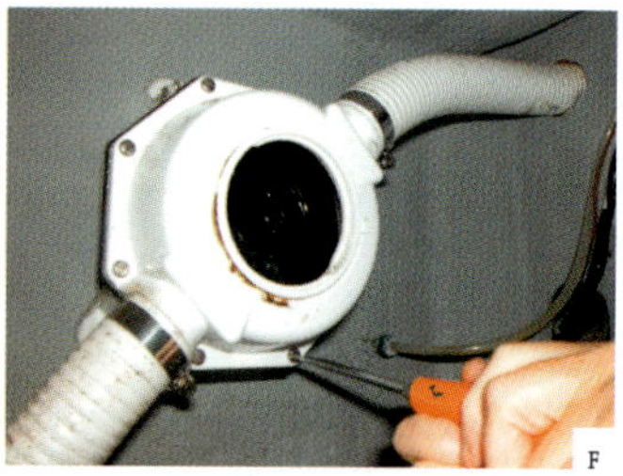
F

G

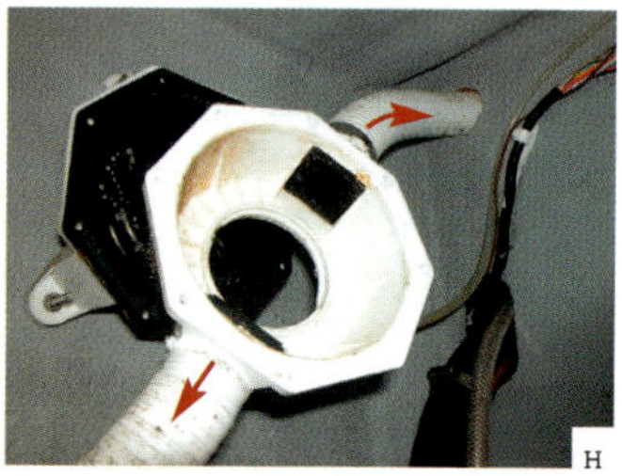
H

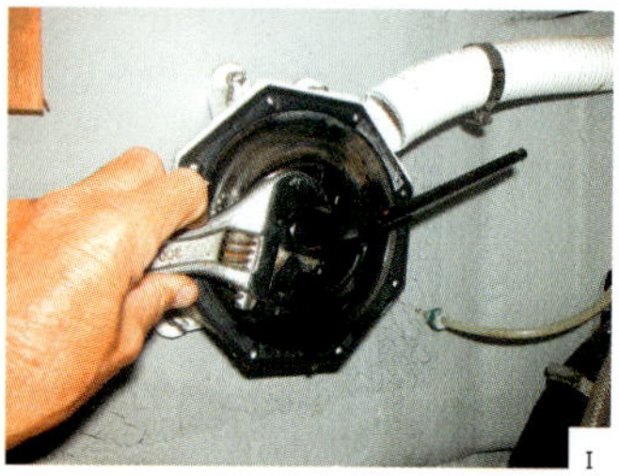
I

J

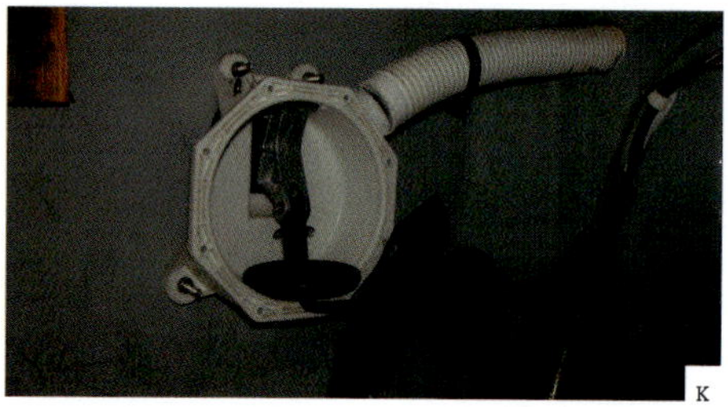
K

L

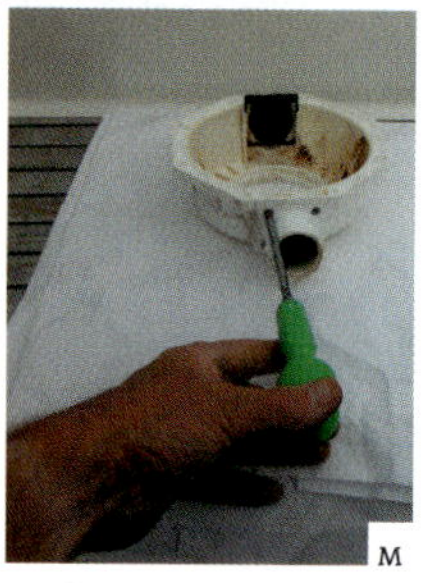
M

13 Let op: er zijn twee verschillende schroeflengtes gebruikt (foto N).
14 Controleer en vervang de inlaatklep en het uitlaatrubber indien nodig.
15 De inlaatklep moet glad zijn zodat deze goed afsluit (foto O).
16 Het uitlaatrubber moet rondom volledig afsluiten, ook bij de schroefgaten. Dit exemplaar is beschadigd en moet vervangen worden (foto P).
17 Controleer of het uitlaatrubber volledig opent door je vinger er doorheen te steken (foto Q).
18 Maak indien nodig de gaatjes voor de schroeven zo zorgvuldig mogelijk pas (ik moest dit eens doen bij een splinternieuw exemplaar).
19 Monteer de inlaatklep en het uitlaatrubber weer in het pomphuis.
20 Zet het pomphuis weer op de voet van de pomp en draai de acht schroeven eerst losjes aan, alvorens ze om de beurt telkens iets strakker aan te draaien (foto R).

N

O

P

Q

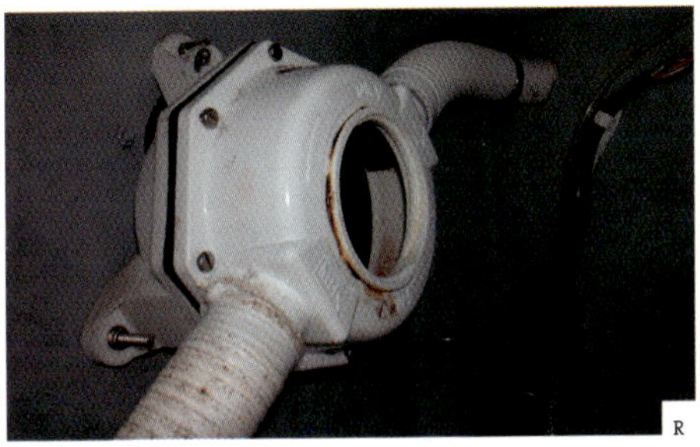
R

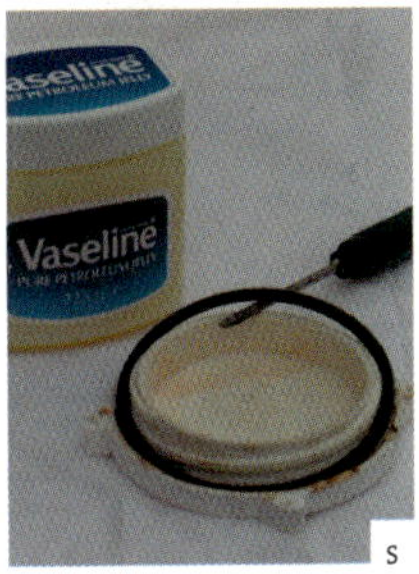

S

21 Controleer de rubber O-pakking van het pompdeksel en vervang deze indien nodig. Smeer de pakking dun in met vaseline (foto S).
22 Plaats het pompdeksel weer op het pomphuis.
23 Bevestig de slangen met de slangklemmen weer aan het pomphuis.
24 Wanneer de pomp in gebruik is als bilgepomp, giet dan wat water in de bilge (foto T).
25 Is het een toiletpomp, open dan de toiletafsluiters.
26 Controleer of de pomp goed werkt.
27 Het rubber rondom de pomphendel dient alleen als bescherming. Een gescheurd rubber kan als gevolg hebben dat er wat (regen)water in de boot lekt, maar de pomp zal prima blijven werken (foto U).

T

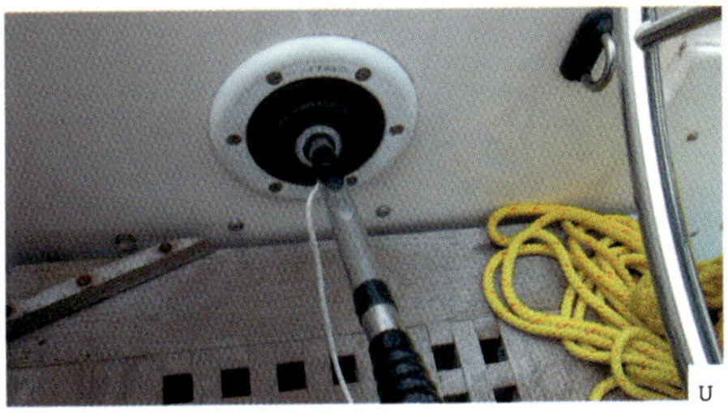
U

43 - Onderhoud van een elektrische impellerpomp

Zelfaanzuigende waterpompen met een impeller moeten regelmatig draaien om te voorkomen dat de impeller aan het pomphuis vastplakt. Dit geldt vooral voor de afvoerpomp van het doucheputje die vaak maar weinig wordt gebruikt. Wanneer de zekeringautomaat uitslaat of de zekering doorbrandt kan dit het gevolg zijn van een vastzittende impeller.

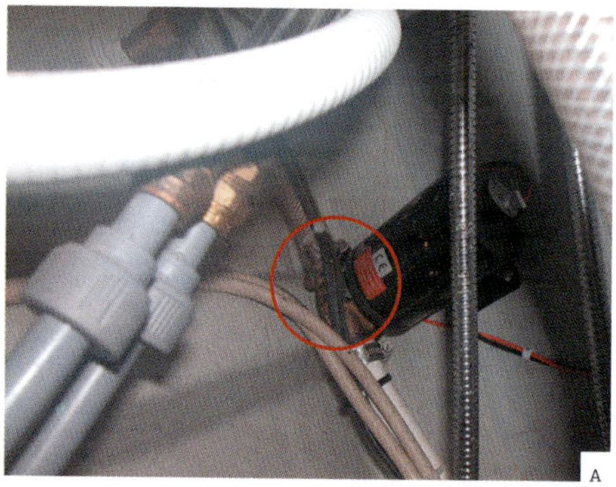
A

Aftappen pomphuis om stukvriezen te voorkomen

1 De pomp moet zodanig zijn gemonteerd dat de aftapplug op het laagste punt zit. Dus niet zoals de pomp op de afbeelding (foto A).
2 Schroef de aftapplug los om het water uit de pomp te laten lopen (foto B).

B

De impeller vervangen of controleren

1 Verschaf jezelf toegang tot de pomp of bouw deze uit wanneer je er anders niet goed bij kunt (foto C).
2 Verwijder de schroeven van het pompdeksel (foto D).
3 Verwijder het pompdeksel en let er daarbij op de pakking of O-ring niet te beschadigen (foto E).

C

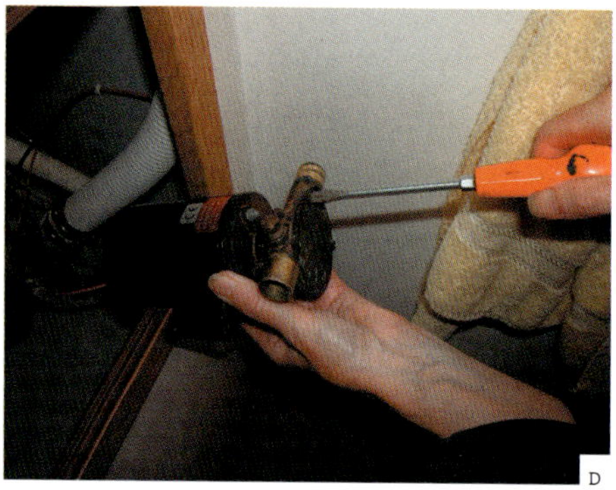
D

E

4 Maak een aantekening over in welke richting de bladen van de impeller staan, zodat je deze er later weer goed in kunt zetten.
5 Haal de impeller uit het pomphuis en let er daarbij op het pomphuis niet te beschadigen (foto F).
6 Zet de pomp even aan om te controleren of deze draait en zeker te weten dat er niets met de pomp zelf aan de hand is.
7 Controleer de impeller op scheurtjes of slijtage en vervang deze indien nodig (foto G).
8 Smeer de binnenzijde van het pomphuis dun in met vaseline (foto H).
9 Plaats de impeller in het pomphuis en let erop dat de bladen in de juiste richting staan. Smeer de voorkant van de impeller dun in met vaseline (foto I). Twijfel je over de richting van de bladen van de impeller: de draairichting van de impeller is van de inlaatopening naar de uitlaatopening via 'de langste weg rond' in het pomphuis.
10 Plaats de pakking of druk de O-ring in de groef (foto J).
11 Monteer het pompdeksel en draai de schroeven vast.
12 Controleer of de pomp werkt.
13 Installeer de pomp weer op zijn plaats.
14 Giet wat water in de opvangbak voor het douchewater en controleer of de pomp goed functioneert (foto K).

F

G

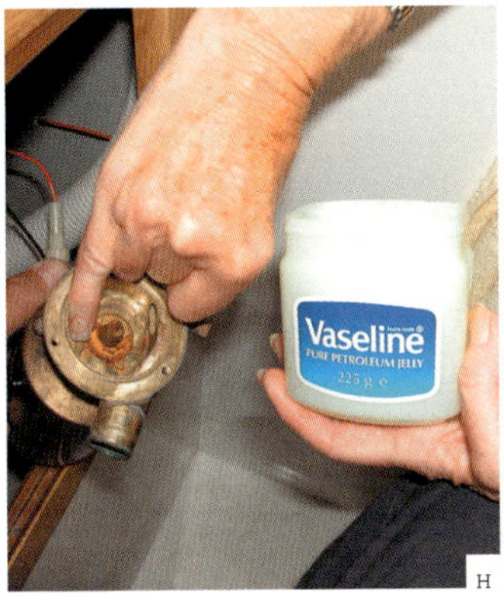

H

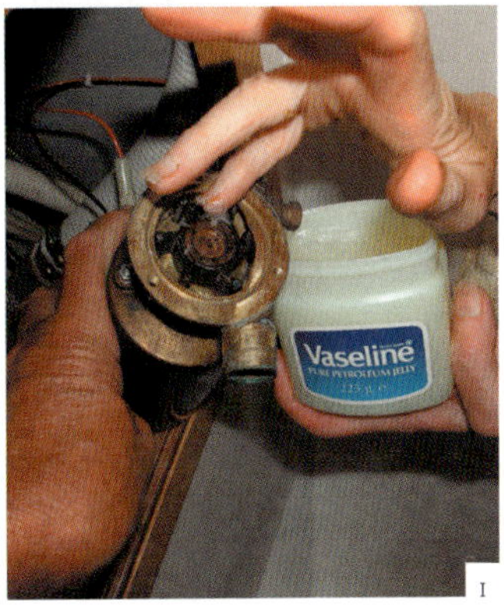

I

J

K

Afsluiters

Waarom is het nodig?
Afsluiters dichten aan boord vaak doorvoeren onder de waterlijn af. Wanneer een afsluiter op het verkeerde moment niet goed werkt is de kans groot dat de boot zinkt. En wanneer er een lekkage optreedt in slangen of (brandstof)leidingen en de afsluiter kan niet worden dichtgezet, dan kan bijvoorbeeld de bilge vol diesel stromen.

Wanneer is het nodig?
Bedien alle afsluiters regelmatig om zeker te weten dat ze goed werken en niet vastzitten. Controleer de staat van de afsluiters jaarlijks en geef de afsluiters van Blakes en schuifafsluiters een jaarlijkse onderhoudsbeurt. Controleer de bijbehorende huiddoorvoeren ook goed op corrosie.

Benodigde gereedschappen
Standaard gereedschapset en schuurpasta voor de 'Blakes' afsluiters.

Waarvan zijn afsluiters gemaakt?
Afsluiters voor gebruik in (zout) water moeten zijn gemaakt van een daarvoor geschikt materiaal. Afsluiters en huiddoorvoeren van messing (legering van koper en zink) zullen in de loop der tijd 'ont-zinken' wanneer ze in aanraking zijn met zout water. Afsluiters gemaakt van brons (legering van hoofdzakelijk koper en tin) hebben daar veel minder last van en hebben dus de voorkeur. Tegenwoordig zijn er ook kunststof huiddoorvoeren en afsluiters verkrijgbaar die veel worden gebruikt in aluminium jachten om elektrolyseproblemen te voorkomen.
Wegens voor de hand liggende redenen kunnen afsluiters en huiddoorvoeren het beste worden onderhouden terwijl de boot op het droge staat.

44 - Onderhoud van schuifafsluiters

Schuifafsluiters (foto A) horen niet thuis aan boord, om verschillende redenen:

- Je kunt niet zien of ze open of dicht staan.
- Rotzooi in de afsluiter kan de schuif blokkeren waardoor de schuifafsluiter niet dicht kan.
- Sommige soorten schuifafsluiters zijn niet bestand tegen zeewater.

Heb je echter toch schuifafsluiters aan boord, laat ze dan nooit helemaal open staan omdat ze dan in die stand vast kunnen gaan zitten en niet meer kunnen worden dichtgedraaid. Sluit deze afsluiters daarom na het volledig openen een kwartslag om ze vrij te houden. Zo kun je ook gemakkelijk controleren of de afsluiter open of dicht staat, want hoewel je het bedieningswiel beide kanten op kunt draaien zal dit na een kwartslag blokkeren in de open stand.

Tip
Het sterk kopergroen uitslaan van messing afsluiters en huiddoorvoeren is een duidelijk teken dat ze ontzinkt zijn en dus vervangen moeten worden.

A

Moeilijkheidsgraad

1 Maak de moer (of schroef) los die het bedieningswiel vasthoudt (foto B).
2 Neem het bedieningswiel los (foto C).
3 Schroef de afdichtingsmoer los en schuif deze van de as. Verzeker je ervan dat de as gemakkelijk kan draaien en niet is gecorrodeerd (foto D).
4 Schroef de moer van het afsluiterhuis los (foto E).
5 Verwijder het schuifsysteem met de schuif (foto F).
6 Controleer de verschillende onderdelen op corrosie (foto G).
7 Vet de schuif, de as en de schroefdraad goed in (foto's H en I).
8 Draai de schuif helemaal omhoog (foto's J en K).
9 Zet alles weer in elkaar (foto's L, M en N).
10 Draai de afdichtingsmoer niet te strak aan (foto O).
11 Wanneer de afdichtingsmoer lekt bij het weer te water gaan, draai deze dan wat verder aan, maar niet te strak.
12 Oudere schuifafsluiters hebben soms een vervangbare pakking in de afdichtingsmoer. Wanneer er water blijft lekken langs de afdichtingsmoer hoewel je de afdichtingsmoer al hebt aangedraaid (zonder dat de as te stroef gaat draaien) dan is het tijd om de pakking te vervangen. Kan dit, dan moet de afdichtingsmoer als geheel worden vervangen.

Wanneer er aan boord schuifafsluiters aanwezig zijn, overweeg dan om deze te vervangen door kogelafsluiters.

B

C

D

E

F

G

H

I

J

K

L

M

N

O

45 – Onderhoud van kogelafsluiters

Kogelafsluiters bestaan meestal uit een bronzen huis met daarin een verchroomde bronzen kogel die beweegt in een teflon pakking. Kogelafsluiters van messing of versterkt kunststof zijn ook verkrijgbaar.

- Er bestaan kogelafsluiters die één geheel vormen met de huiddoorvoer en die uit elkaar kunnen worden gehaald voor een onderhoudsbeurt. Ze worden niet zo veel toegepast omdat ze erg kostbaar zijn, maar op sommige Amerikaanse jachten kun je ze tegenkomen.
- Veel vaker zie je de kogelafsluiters die op een huiddoorvoer kunnen worden geschroefd (foto A). Deze kunnen niet uit elkaar worden gehaald en zijn relatief goedkoop.
- Wanneer de boot op de kant staat kan een stroef bewegende kogelafsluiter van buitenaf worden gesmeerd en, indien nodig, ook van binnenaf door de slang los te nemen.
- Probeer de kogel niet schoon te maken met een scherp voorwerp aangezien de kogel dan beschadigd raakt en niet meer goed afsluit.
- Regelmatig openen en sluiten is de beste vorm van onderhoud.

A

Tip
Controleer bij het weer te water gaan alle afsluiters op lekkage. Doe dit terwijl de boot nog in de stroppen hangt zodat hij gemakkelijk weer op het droge kan worden gezet.

Tip
Bij het sluiten van een kogelafsluiter blijft de kogel gevuld met water. Tijdens vorst kan de kogelafsluiter hierdoor kapot vriezen: het 'buisje' water in de kogel bevriest, zet uit en drukt het huis van de kogelafsluiter stuk, meestal zichtbaar in de vorm van haarscheuren. Zorg dus dat de kogelafsluiters beschermd zijn tegen bevriezen door er wat antivries doorheen te pompen en ze dan meteen te sluiten.

46 - Onderhoud van Blakes-afsluiters

De Blakes-afsluiters zijn speciaal ontworpen voor gebruik aan boord en je komt ze vooral op Engelse jachten tegen (foto A). Het nieuwste ontwerp is voorzien van een vetnippel.

Moeilijkheidsgraad

(Voer het onderhoud jaarlijks uit met de boot op het droge)

A

1 Draai de twee bouten los en trek de taps toelopende plug (foto B) uit het afsluiterhuis (foto C).
2 Controleer op slijtage en putcorrosie.
3 Smeer schuurpasta op de taps toelopende plug (foto D).
4 Plaats de plug weer in het afsluiterhuis (foto E).
5 Draai de hendel vooruit en achteruit, terwijl je licht op de plug drukt (foto F).
6 Trek de plug weer uit het huis en controleer of er rondom op de contactvlakken gelijkmatige schuursporen te zien zijn, ook boven en onder het gat van de slangaansluiting aan de zijkant.
7 Maak alles schoon en smeer speciaal Blakes-vet op de plug en zet de afsluiter dan weer in elkaar (foto G).
8 Draai de twee bouten niet te strak aan omdat anders het vet naar buiten wordt gedrukt. Zodra ze vastzitten draai je de hendel vooruit en achteruit zodat er wat vet naar buiten wordt geperst, net zolang tot de afsluiter soepel beweegt. Met wat oefening krijg je het precies goed.
9 Controleer de afsluiters op lekkage wanneer de boot weer te water gaat.
10 Pers wanneer de afsluiters in gebruik zijn soms wat vet in de afsluiter (wanneer er een vetnippel aanwezig is).

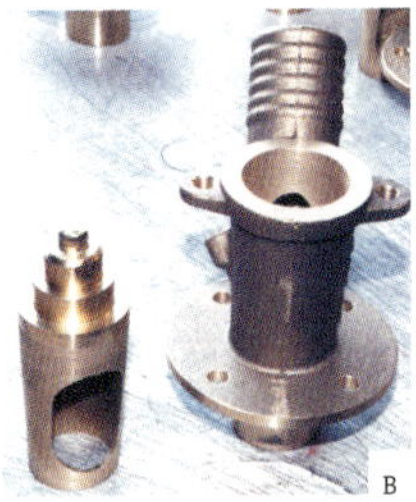

B

C

D

E

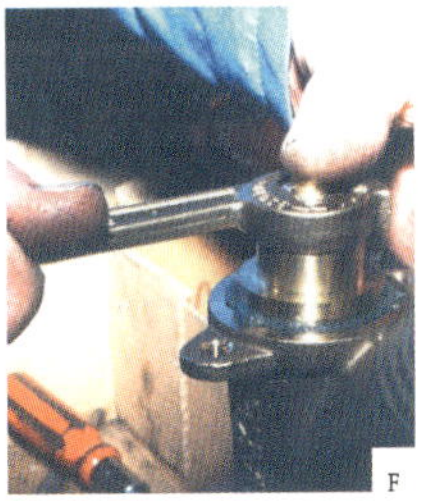

F

G

Schroefaslager, schroefasafdichting en schroef

47 – Watergesmeerd schroefaslager

Waarom is het nodig?
De meeste jachten hebben een lager aan het uiteinde van de schroefas. Meestal is dit gemaakt van rubber dat na verloop van tijd zal slijten. Overmatige slijtage veroorzaakt overmatig trillen van de schroefas met herrie en mogelijk schade aan de keerkoppeling tot gevolg.

Moeilijkheidsgraad

A

B

Watergesmeerd schroefaslager
Het achterste lager van de schroefas wordt meestal gemaakt van rubber en gesmeerd door (zee)water. Er zitten groeven in waardoor water door het lager kan stromen (foto A). Verzeker je ervan dat de watertoevoer niet is geblokkeerd door bijvoorbeeld een schroefasanode die te dichtbij is geplaatst.
Wanneer het achterste lager is gemonteerd in een houder die tegen de achterzijde van het doodhout is bevestigd, let er dan op dat de toevoergaatjes voor het water niet worden dichtgeschilderd met antifouling (foto B).
Enige speling tussen schroefas en het achterste lager is normaal, maar wanneer je echt beweging kunt voelen is het tijd om eens te gaan denken over het vervangen van het watergesmeerde schroefaslager.

P-steun of A-steun
Wanneer een deel van de schroefas uit de romp steekt, is het watergesmeerde schroefaslager bevestigd in een steun die ter hoogte van het uiteinde van de schroefas aan de onderzijde van de romp is bevestigd. Een P-steun heeft één poot, de sterkere A-steun heeft er twee. De degelijkheid van de steun is zeer belangrijk, aangezien er een gat in de romp kan ontstaan wanneer de steun afbreekt (op de plek waar de steun aan de romp zat of doordat de schroef de romp beschadigt).

1 Het beste moment om de bevestiging van de steun te controleren is vlak nadat de boot uit het water is gehaald en de antifouling net is gedroogd.
2 Probeer de steun opzij te bewegen (foto C).
3 Elke beweging zal zichtbaar zijn aan water dat tussen de romp en de steun vandaan wordt geperst (foto D).

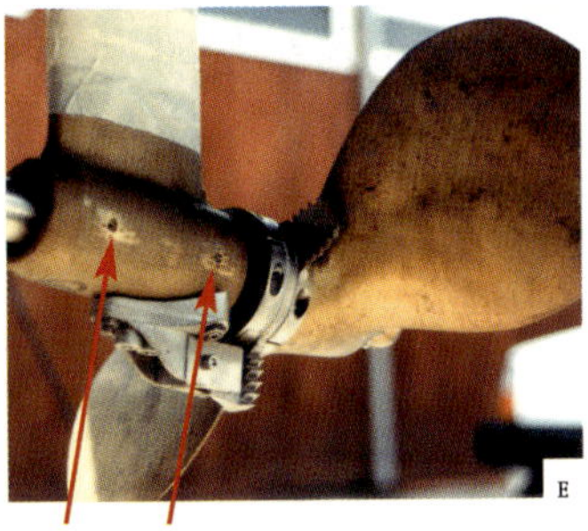

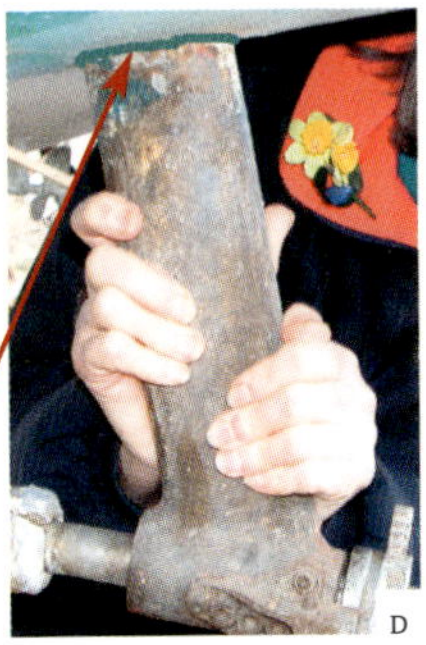

Water wordt tussen de romp en de P-steun vandaan geperst bij zijdelingse druk.

4 Draai in dat geval de bouten van een A-steun aan de binnenzijde van de romp aan.

5 Wanneer je water ziet bij de verbinding tussen de P-steun en de romp, maar je voelt niets bewegen, controleer dan volgend jaar opnieuw. Voel je wel iets bewegen, laat er dan een expert naar kijken.

6 Het opnieuw monteren van een P-steun kan een moeilijk en stoffig karwei zijn, omdat de bevestiging in de boot meestal moet worden losgeslepen. Degelijk opnieuw plaatsen is zeer belangrijk en het kan nodig zijn extra versterkingen aan te brengen. Als klus gaat dit te ver om in dit boek te behandelen.

Verwijderen van een watergesmeerd schroefaslager

- Verwijder de schroef. Zie hiervoor verderop in dit hoofdstuk: 'Verwijderen van een schroef'.

1 Watergesmeerde schroefaslagers zijn meestal geborgd met borgschroeven met een punt die in de zijkant van het lager drukt (foto E).

2 Schraap de verf van het lagerhuis om bij de borgschoeven te kunnen.

3 Draai de borgschroeven los met een inbussleutel.

Lagerhuis bevestigd tegen het doodhout

1 Verwijder de moeren (foto F) of bouten (foto G) waarmee het lagerhuis is bevestigd.

2 Schuif het lagerhuis van de schroefas.

3 Pers het lager uit het huis en vervang het.

Lager bevestigd in een P- of A-steun
(foto H)

1 Behalve wanneer het lager gemakkelijk uit het lagerhuis glijdt, zonder veel kracht te gebruiken, is dit een klus voor de vakman.
2 Het is niet zo'n goed idee om het lager te verwijderen door stevig te hameren op een (passende) drijver, aanzien de steun hierdoor ook los kan komen, tenzij er maar heel weinig kracht nodig is (foto's I en J).
3 Je zult een soort trekker in elkaar moeten knutselen die je kunt gebruiken zonder dat je de schroefas hoeft te verwijderen. Op de werf zullen ze er een hebben en misschien kun je die huren.
4 Wanneer de schroefas verwijderd is kun je werken met een trekker waarbij je een schroefdraad in lengterichting door het lager steekt. Aan de ene kant steun je de trekker af op het lager, aan de andere kant op het lagerhuis. Door nu een moer aan te draaien trek je het lager uit het lagerhuis.

Een andere mogelijkheid is om het lager van binnenuit in lengterichting door te zagen. Pas daarbij goed op dat je niet in het lagerhuis zaagt aangezien dit daardoor aanzienlijk kan worden verzwakt.

H

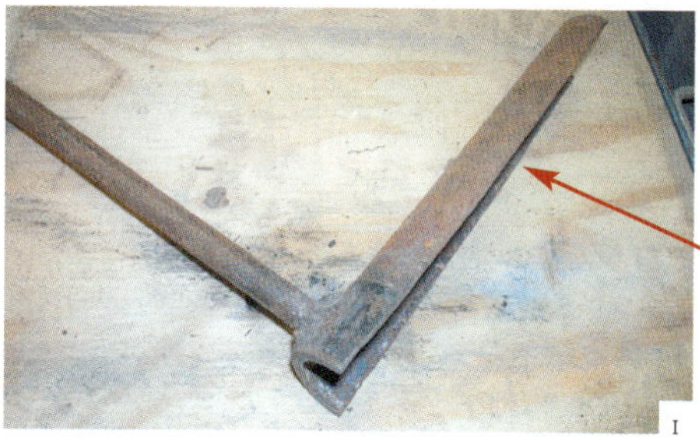
Drijver
I

Drijver schuift naar binnen
J

48 - Schroeven

Waarom is het nodig?
Wanneer de boot in het water ligt groeien schroeven aan met zeepokken, algen en schelpjes, zonder dat je er veel tegen kunt doen. Deze aangroei veroorzaakt een sterke afname van de werking van de schroef. Daarnaast kan elektrolyse kan ernstige schade aan de schroef toebrengen.

Wanneer is het nodig?
Minimaal een keer per jaar, maar elke keer wanneer je de kans hebt is het aan te raden de schroef schoon te maken.

Benodigde gereedschappen
Een elektrische boormachine met een schuurborstel, schuurpapier en een verfschraper voor het schoonmaken van de schroef. Sleutels, hamer, inbussleutels, een schroeventrekker of een gasbrander voor het verwijderen van de schroef.

Moeilijkheidsgraad

Schoonmaken van een schroef

1. Maak de schroef grondig schoon, in de volgende volgorde:
   - Eerst met een verfschraper.
   - Vervolgens met een elektrische boormachine met een schuurborstel.
   - En als laatste met waterproof fijn schuurpapier.
2. Controleer de schroefbladen op 'ontzinking'. Dit is zichtbaar aan een vlekkerig rood/bruin oppervlak, wat erop duidt dat het zink in de bronslegering is weggecorrodeerd (foto A).
3. Ernstige corrosie is zichtbaar aan putjes in het oppervlak en kan de schroefbladen ernstig verzwakken.
4. Wanneer verschijnselen van ontzinking zichtbaar zijn, controleer dan de anodes (zie ook het hoofdstuk 'Anodes').
5. Staartstukken van saildrives hebben relatief kleine anodes, waardoor grote klapschroeven sneller zullen ontzinken. Je zult dan wat vaker de anode moeten vervangen.

A

B

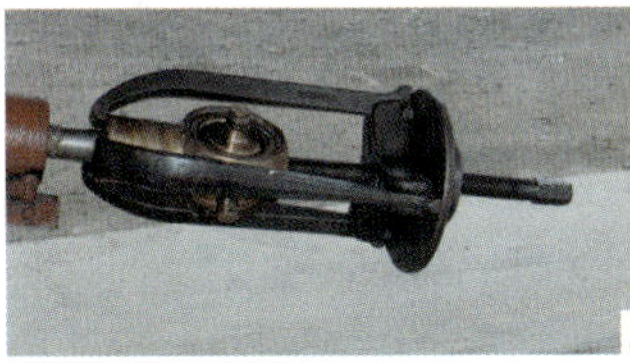
C

Verwijderen van een schroef met variabele spoed en vaanstand
Deze schroeven moeten worden onderhouden en verwijderd zoals beschreven in de handleiding van de fabrikant.

Verwijderen van een schroef met vaste bladen

1. Verwijder de splitpen of borgring en draai de moer een paar slagen los, maar laat hem wel op de schroefas zitten. Dit voorkomt dat de schroef losschiet en op de grond valt wanneer het moeilijk gaat om de schroef los te krijgen en je nogal wat kracht moet gebruiken (foto B).
2. Wanneer de schroef niet losschiet van het taps toelopende uiteinde van de schroefas zul je een schroeventrekker moeten gebruiken (foto C).

3 Waarschijnlijk heb je als klusser echter geen schroeventrekker, maar een goed alternatief kan zijn om de schroefnaaf te verhitten zodat deze uitzet en loskomt van de as (foto D).
4 Verhit de schroefnaaf rondom en gelijkmatig (foto E). Maar pas op dat je het rubber van het schroefaslager niet te heet laat worden! Je kunt als voorzorg het rubber lager met een natte dweil omwikkelen.
5 Tik de schroef rustig los met de kopse kant van een blok hard hout waar je met een (zware) hamer op slaat, zodat de schroefnaaf niet wordt beschadigd door de hamer.
6 Draai de moer op de schroefas nu verder los en schuif de schroef van de as (foto F). Let op, de schroef is heet!
7 Zorg ervoor dat je de spie in de schroefas niet verliest (foto G).

D

E

F

G

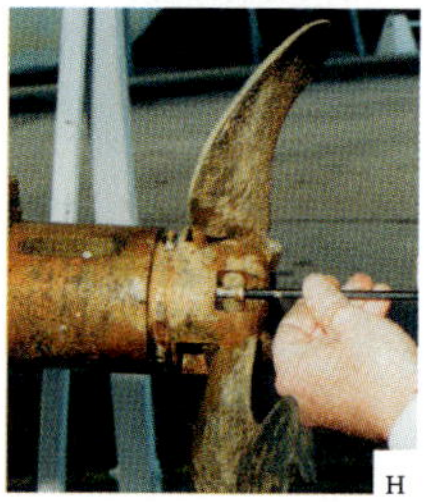
H

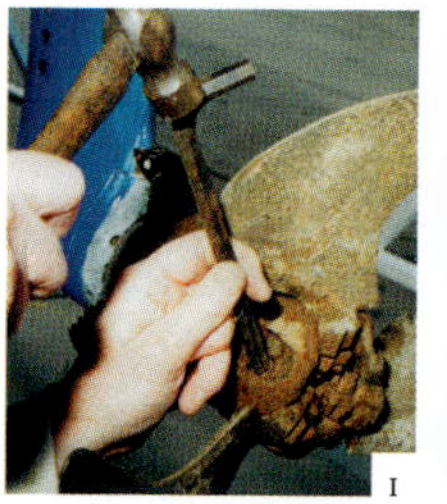
I

J

K

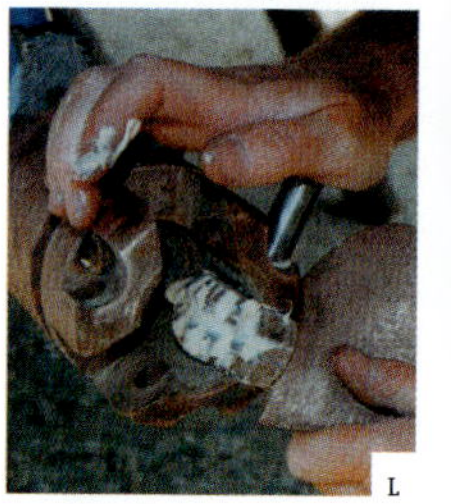
L

Verwijderen van de bladen van een klapschroef

- Vet de tanden van het klapsysteem goed in met zeewaterbestendig vet en controleer of de bladen gemakkelijk en volledig kunnen in- en uitklappen.
- Wanneer je weerstand voelt, maak dan de bladen los en reinig alle oppervlakken.

1 Meestal zijn er borgboutjes aanwezig om te voorkomen dat de assen van de bladen los kunnen komen. Verwijder deze borgboutjes (foto H).
2 Pers met een drijver de assen van de bladen eruit (foto I).
3 Trek het blad uit de houder (foto J).
4 Verwijder ook de andere bladen (foto K).
5 Maak alle oppervlakken goed schoon.
6 Plaats het eerste blad, goed ingesmeerd met zeewaterbestendig vet (foto L).
7 Plaats het volgende blad zodanig dat het even ver is uitgeklapt als het eerste. Steek de as erin en vet de vertanding goed in (foto M).
8 Breng ook het laatste blad aan in het geval van een drieblads- klapschroef (foto N).
9 Controleer of de bladen volledig en gemakkelijk kunnen in- en uitklappen en dit ook gelijktijdig doen.
10 Breng eventuele borgboutjes weer aan.
11 Plaats indien aanwezig een nieuwe schroefnaafanode (foto O).

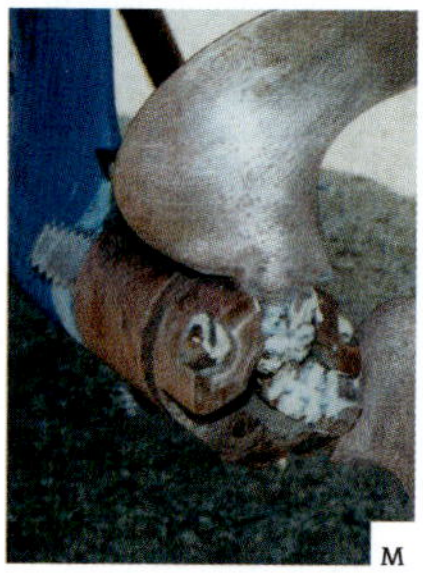
M

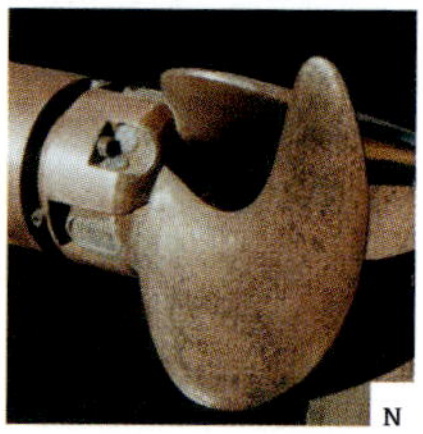
N

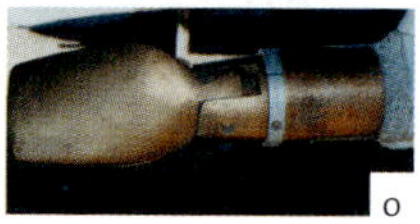
O

49 Schroefasafdichting

Waarom is het nodig?
De schroefasafdichting voorkomt dat water de romp binnenstroomt via de schroefaskoker. Problemen met de afdichting kunnen tot gevolg hebben dat de boot zinkt. Minder desastreus is dat de pakking van een traditionele schroefasafdichting kan verouderen waardoor deze gaat lekken en er buitenwater naar binnen druppelt.

Wanneer is het nodig?
Een traditionele schroefasafdichting moet worden aangedraaid wanneer de lekkage toeneemt. Zodra dit niet meer helpt om de lekkage te verminderen moet de pakking worden vernieuwd. Moderne droge afdichtingen hebben geen bijzonder onderhoud nodig maar moeten na een bepaalde periode worden vervangen. De meeste types moet je even samenknijpen wanneer de boot te water gaat om lucht te laten ontsnappen, omdat er water nodig is om de afdichting te koelen.

Benodigde gereedschappen
Een grote engelse sleutel of ringsleutels, afhankelijk van het type afdichting, en gereedschap om de oude pakking te verwijderen. Verder een scherp mes en fijn schuurpapier.

Moeilijkheidsgraad

Traditionele schroefasafdichting
Een traditionele schroefasafdichting met pakking en pakkingdrukker (foto A).

1 De pakking wordt in het pakkinghuis gedrukt. Dit kan door een 'juk' met twee bouten (foto B), of door een aandrukmoer (foto C).
2 Te strak aandraaien zal oververhitting en slijtage aan de schroefas veroorzaken.
3 Een traditionele schroefasafdichting is goed afgesteld wanneer er een tot twee druppels water per minuut naar binnen druppelen terwijl de schroefas draait. Wanneer de pakking volledig is aangedrukt moet deze worden vervangen.
4 Er zit een kleine spleet tussen de schroefas en het pakkinghuis waardoor het water snel in de boot zal stromen wanneer de pakking is verwijderd; het is dus belangrijk om snel te werken. Voor een onervaren iemand is het waarschijnlijk een goed idee om dit klusje uit te voeren met de boot op het droge.
5 Schroef de bouten van het 'juk' los en schuif dit over de schroefas naar voren (foto D), OF...

A

B

C

D

E

6 ... schroef de borgmoer los, draai de aandrukmoer van het pakkinghuis af en schuif de aandrukmoer over de schroefas naar voren (foto E) (figuur 1).
7 Verwijder de oude pakking. Een oude veer, opengebogen en voorzien van een haakvormige scherpe punt, kan prima dienst doen als gereedschap om de oude pakking los te pulken (figuur 2).

8 Het is vaak moeilijk om alle restjes van de oude pakking te verwijderen, maar het is belangrijk dat dit wel gebeurt. Een soort kleine 'kurkentrekker' kan daarbij erg handig zijn, wanneer je zoiets kunt maken (figuur 3).
9 Reinig de schroefas en polijst deze met fijn schuurpapier.
10 Wikkel ongeveer vier windingen van het nieuwe pakkingkoord om de schroefas (figuur 4).
11 Snij met een scherp mes de windingen door onder een hoek van 45 graden zodat er vier 'ringen' ontstaan (figuur 5).
12 Rangschik de windingen zodanig dat de snedes niet in elkaars verlengde liggen (figuur 6).
13 Gebruik een beetje grafietvet om de ringen mee in te smeren en druk ze vervolgens een voor een in het huis. Let erop dat de snedes in de windingen gelijkmatig rondom de schroefas zijn verdeeld (figuur 7).
14 Schuif het juk naar voren en draai de bouten aan totdat de pakking net genoeg aandrukt óf druk de pakking aan met de aandrukmoer en borg deze met de borgmoer.
15 Laat de motor zodra de boot weer in het water ligt een paar minuten draaien, met een ingeschakelde schroefas.
16 Nu kun je druppels tellen (een tot twee druppels per minuut) en de pakking indien nodig wat verder aandrukken (figuur 8).
17 Nadat de schroefas een tijdje heeft gedraaid zou het pakkinghuis niet meer dan warm moeten zijn. Voelt het heet, dan is de pakking te strak samengedrukt en zullen de schroefas en de pakking snel slijten. Zet de aandrukmoer of het juk dan wat losser.

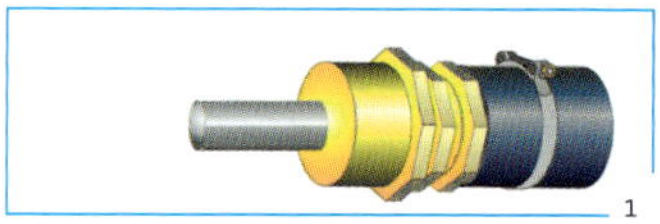
1
verwijder de aandrukmoer

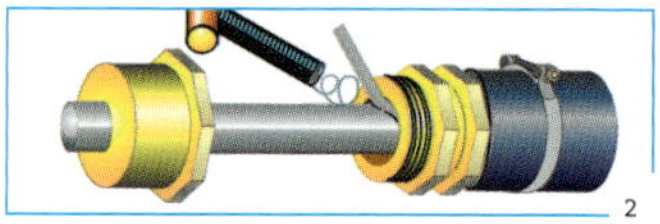
2
verwijder de oude pakking

3
zorg ervoor dat alle pakking is verwijderd

4-5
wikkel nieuw pakkingkoord om de schroefas

6
rangschik de windingen om de schroefas

7
druk de nieuwe pakking erin

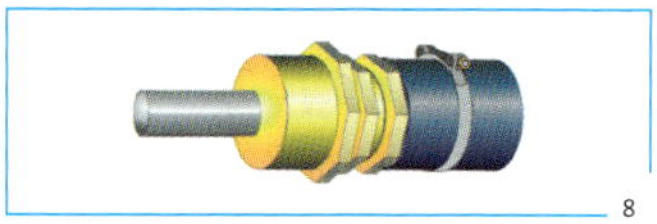
8
draai de aandrukmoer aan

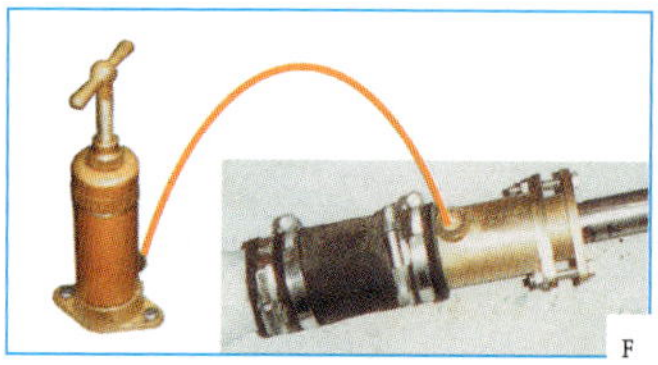
F

Schroefasafdichting met vetsmering

Sommige schroefasafdichtingen zijn voorzien van een vetpot, die je aan kunt draaien om de mate van lekkage te controleren.
1 Vul de vetpot bij indien nodig.
2 De pakking is vaak afgeschermd door een schijf om een goede verdeling van het vet te waarborgen (foto F).

G

H

Moderne schroefasafdichtingen

Deze zijn ontworpen om af te dichten zonder druppelen. Het is belangrijk de onderhoudsvoorschriften van de fabrikant in de gaten te houden, speciaal voor afdichtingen die moeten worden ontlucht na het te water laten. Meestal zijn dit soort pakkingen gemaakt van rubber en hebben ze geen aparte watertoevoer. Bij het te water laten bevindt zich lucht in de schroefaskoker. Pas wanneer je de rubber afdichting een beetje ovaal knijpt kan de lucht ontsnappen zodat het water bij de pakking kan komen om deze te smeren en te koelen. De levensduur van dit soort pakkingen wordt door de fabrikant opgegeven. De Volvo-afdichting bijvoorbeeld moet volgens de voorschriften elke vijf jaar worden vervangen.
De schroefasafdichting van HMI (foto G) is uitgerust met een oliereservoir dat soms moet worden bijgevuld (foto H).

Besturing

50 - Roeren

Waarom is het nodig?
Stuurproblemen kunnen grote gevolgen hebben. Verschillende onderdelen van het systeem kunnen zwaar belast worden, bijvoorbeeld wanneer je het roer loslaat terwijl je achteruit vaart. Het roer slaat dan al snel volledig naar één kant uit en knalt tegen de aanslag aan, met mogelijke schade tot gevolg.
Wanneer het sturen zwaar gaat, moet het systeem worden afgesteld.

Wanneer is het nodig?
Controleer het complete systeem minimaal eenmaal per jaar. En kijk het ook goed na wanneer er grote krachten op hebben gestaan.

Benodigde gereedschappen
Sleutels

Moeilijkheidsgraad
(Dit geldt voor standaard controles. Wanneer er echte schade aanwezig is moet de vakman worden geraadpleegd).

Roerlagers
Op de roerlagers komen grote krachten te staan.

1 Controleer de roerlagers op slijtage door duwend en trekkend te proberen de onderzijde van het roer te bewegen (foto A).
2 Overmatige speling en dus slijtage betekent dat de lagers vervangen moeten worden. Hiervoor zal het roer moeten worden gedemonteerd. Raadpleeg hiervoor eerst de vakman.

Roerhaken en vingerlingen

- Aangehangen roeren zijn meestal met roerhaken aan de vingerlingen bevestigd (foto B).
- Zowel de roerhaken als de vingerlingen kunnen slijten (foto C).
- In dit geval zijn zowel de roerhaken als de vingerlingen opnieuw gemaakt in de plaatselijke werkplaats (foto D).

A

C

B

D

Scheggen

Net als op de roerlagers komen er ook grote krachten op de scheg te staan.

1 Verwijder de verf van de plaatsen waar de grootste spanningen optreden (overgang scheg-romp en onderste aansluiting op het roer) en controleer op scheurtjes.
2 Controleer de verbinding tussen de twee helften van de scheg (bestaat meestal uit twee delen die tegen elkaar worden geplakt) om te zien of er scheurtjes zichtbaar zijn. Beginnende scheurtjes zijn vaak moeilijk te zien.
3 Hier is het probleem duidelijk zichtbaar (foto E).
4 Problemen met de scheg zijn meestal het gevolg van ontwerp- of bouwfouten. Mocht je problemen tegenkomen, schakel dan een expert in om de oorzaak te achterhalen voordat je iets gaat repareren.

E

F

G

H

Roeren

1 Schraap de verf van de bovenzijde van het roer om te zien of er scheurtjes aanwezig zijn (foto F).
2 Scheurtjes worden meestal veroorzaakt door overbelasting van de roerconstructie. Schakel dus eerst een expert in voordat je iets probeert te repareren
3 Polyester roeren kunnen zeer nat zijn. Vaak kan er water in het roer dringen op de plek waar de roerkoning uit het roerblad steekt. Wanneer je het idee hebt dat je roer niet alleen vol schuim maar ook vol water zit, kun je het volgende doen.
4 Boor een gaatje (ca. 5 mm) op het laagste punt in de onderkant van het roer (foto G).
5 Uit dit roer lekte binnen een nacht een jampot vol water. Na een paar weken druppelde het nog steeds (foto H).
6 Voordat de boot weer te water gaat tap je een schroefdraad in het gaatje dat je hebt geboord (foto I).
7 Schroef vervolgens een lange bout in het gat (foto J).
8 Smeer wat kit rondom het gat voordat je de bout helemaal naar binnen schroeft en dicht op deze manier het gat af (foto K).

I

J

K

51 - Stuurwielsystemen

Stuurwielen die worden ingebouwd in jachten met een achterkuip bedienen het roerkwadrant meestal met een duw-trekstang, een simpel en degelijk systeem.

- Het onderhoud aan dit systeem houdt in dat je controleert of alle bouten en moeren nog goed vastzitten (foto's A, B en C).
- Wanneer het stuurwiel is bevestigd tegen de achterzijde van de kajuit, wordt er meestal gewerkt met een hydraulisch systeem.

stangbesturing

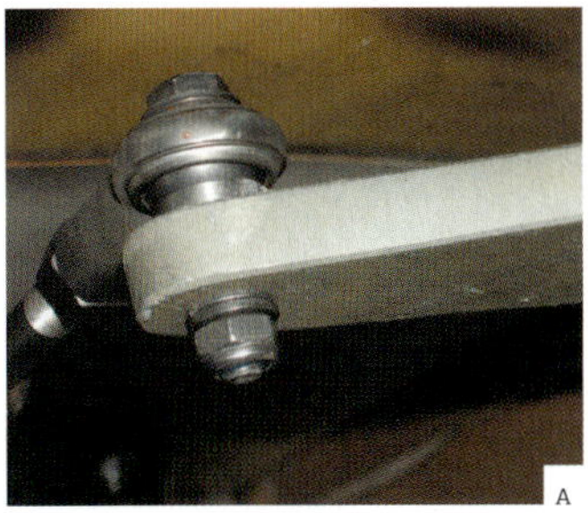

A

B

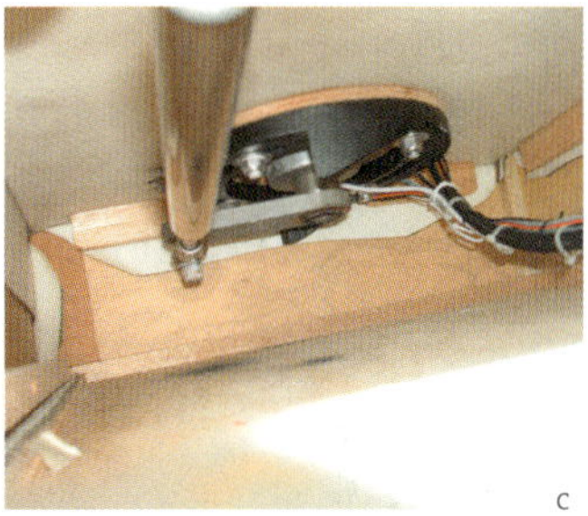

C

1 Controleer regelmatig of er nog voldoende vloeistof aanwezig is in het vloeistofreservoir pal achter het stuurwiel (foto D).
2 Vul het reservoir bij indien nodig, met de vloeistof die door de fabrikant is voorgeschreven (foto E).
3 Wanneer je regelmatig moet bijvullen, controleer de stuurcilinder dan op lekkage. Het vervangen van de oliekeerringen van de hydraulische cilinder moet aan de vakman worden overgelaten (foto F).

D

E

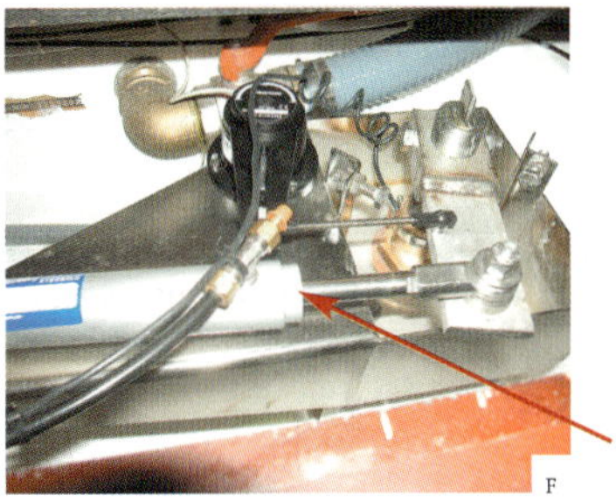

F

oliekeerring

Wanneer de verbinding tussen het stuurwiel en het roerkwadrant moeilijk tot stand is te brengen met een duw-trekstang, zoals bij jachten met een middenkuip het geval is, wordt meestal gebruik gemaakt van stuurkabels.

1 De spanning van de stuurkabels is zeer belangrijk om gevoel met het roer te houden. Meestal worden de kabels te strak gespannen (foto G).
2 Schroef de borgmoeren van de kabelspanners op het roerkwadrant los (foto H).
3 Draai de stelmoeren losser (foto I).
4 Druk nu met de hand de kabelspanner zo ver mogelijk door het gat in het roerkwadrant (foto J).
5 Draai de stelmoer met de hand zo strak mogelijk aan (foto K).
6 Herhaal dit voor de andere stuurkabel.
7 Draai de borgmoeren met een sleutel weer goed aan (foto L)
8 Controleer hoe het sturen met het stuurwiel nu voelt.

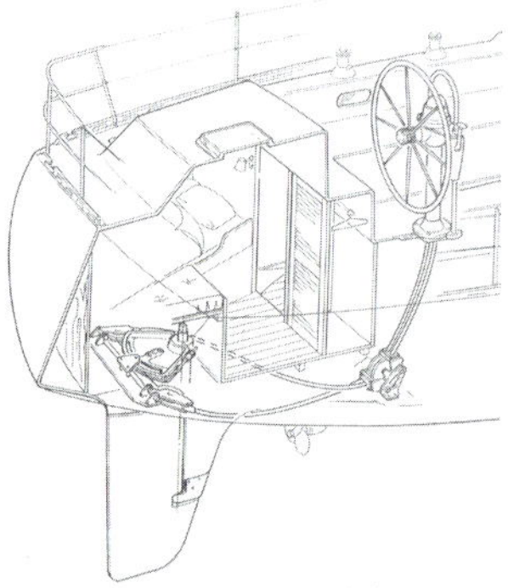

kabelbesturing

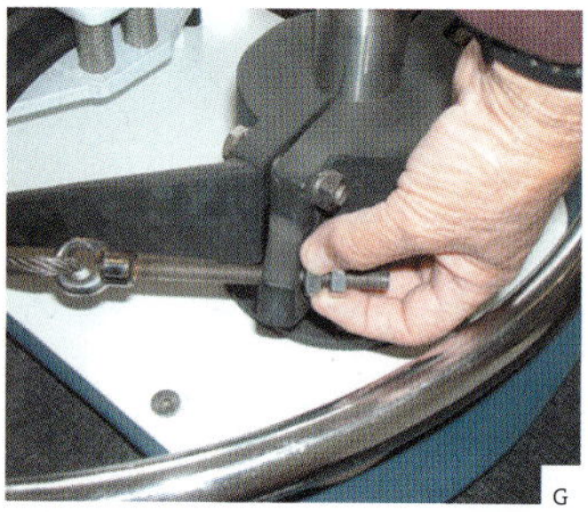

G

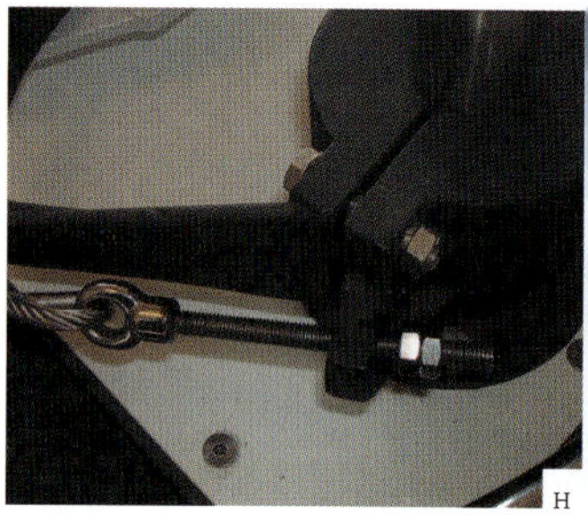

H

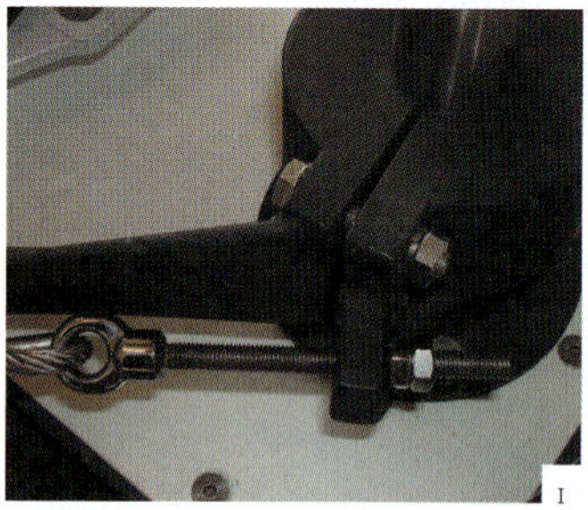

I

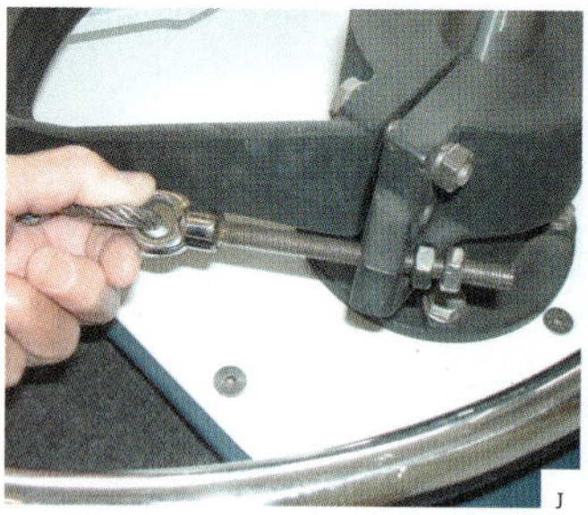

J

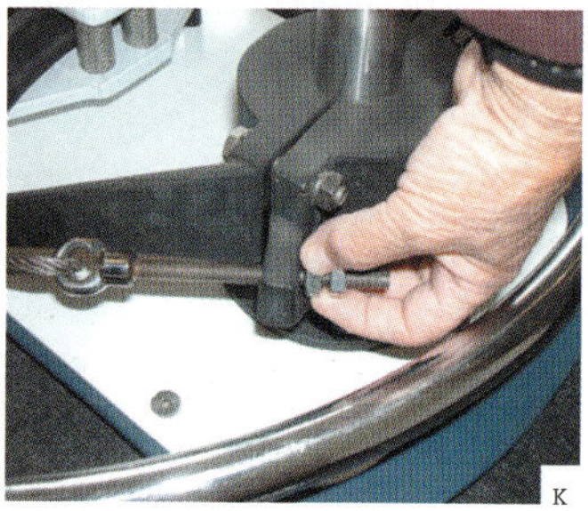

K

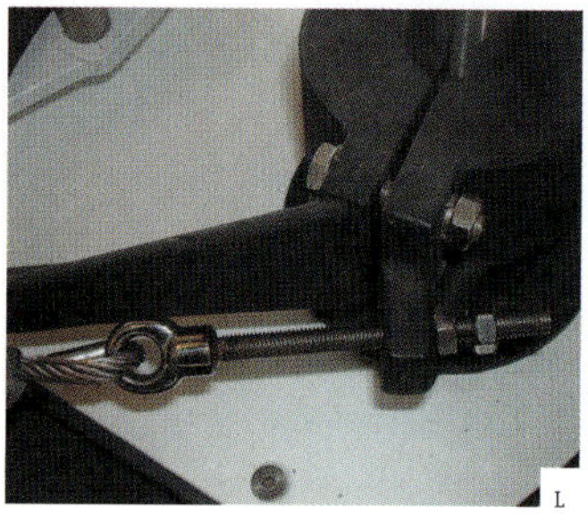

L

Anodes

Anodes beschermen metalen die zijn ondergedompeld in zout of zoet water tegen elektrolytische corrosie.

Een anode corrodeert in plaats van andere metalen onderdelen zoals de bronzen schroef, de roestvaststalen roerkoning of een aluminium staartstuk. Ze offeren zich dus op.

Normaal corroderen de anodes door kleine potentiaalverschillen (spanningsverschillen) tussen de anode en andere metalen die in de buurt zijn. Echter, onder invloed van een slecht geaard elektrisch systeem, hetzij het gelijkstroomsysteem van de boot of de walstroom, kan de anode snel corroderen. Het slecht geaarde elektrische systeem hoeft niet op je eigen boot aanwezig te zijn – het kan spelen op het naburige jacht of zelfs op het elektriciteitsnet van de haven!

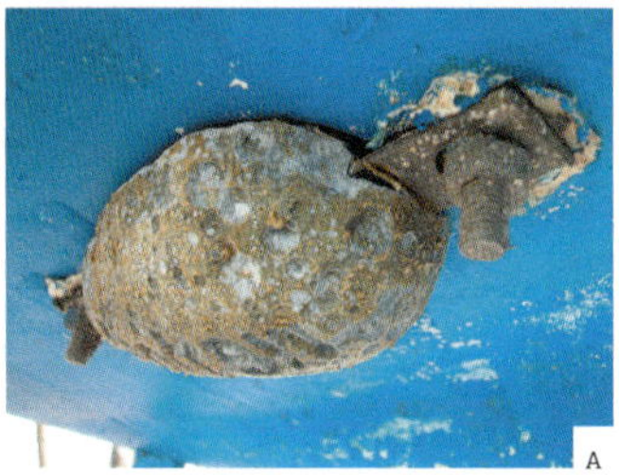
A

B

52 - Vervangen van rompanodes

Waarom is het nodig?
Anodes moeten na verloop van tijd vervangen worden omdat ze zich opofferen om andere metalen van het onderwaterschip te beschermen.

Wanneer is het nodig?
Controleer de anodes jaarlijks. Wanneer je op een nieuwe plek in de haven komt te liggen, zeker op een plaats waar veel boten aan de walstroom hangen, controleer dan in het begin de anodes elke zes maanden.
Wanneer een oude anode er spiksplinternieuw uitziet, dan werkt deze niet. Of omdat er niets te beschermen valt, of omdat er geen goed contact is, of omdat het verkeerde anodemateriaal is gekozen (een zinkanode doet vijwel niets op zoet water).

Benodigde gereedschappen
Sleutels

Moeilijkheidsgraad

Vervangen van rompanodes

1 De boot kan het beste op het droge staan, tenzij je graag duikt.
2 Controleer de staat van de anodes. Wanneer er vodoende anodes zijn aangebracht zouden ze het een goed jaar vol moeten houden. Zodra de helft van een anode is weggevreten, is het tijd om deze te vervangen. Twijfel je, vervang ze dan. De anodes mogen ook niet zijn bedekt met een doffe poederlaag aangezien ze hierdoor niet goed kunnen werken.
3 Verzeker je ervan dat anodes nooit worden geschilderd.
4 Schroef de bouten van de anode los (foto A).
5 Verwijder de oude anode.
6 Maak de draadeinden schoon, schuur de contactvlakken licht op en plaats indien nodig een dunne schuimlaag die tussen de anode en de romp komt te zitten. Dit voorkomt aangroei tussen de anode en de romp (foto B).

7 Wanneer de draadeinden in slechte conditie zijn moeten ze worden vervangen (foto C).
8 Bevestig de nieuwe anode (foto D).
9 Er moet een goed elektrisch contact zijn tussen de anode en de draadeinden, dus borstel de draadeinden met een rvs staalborstel goed schoon en gebruik nieuwe borgringen en borgmoeren indien nodig.
10 Controleer met een multimeter of de anode goed contact maakt. Houd de ene pin van de multimeter bijvoorbeeld tegen de (ongeschilderde!) schroefas en andere pin tegen de anode. De maximale weerstand mag niet grote zijn dan een paar ohm (foto E).

- Wanneer er geen elektrische verbinding blijkt te zijn tussen de anode en de schroefas, controleer dan de verbinding tussen het draadeinde van de anode dat door de romp heen steekt (foto C), de motor en het stuk schroefas dat bij de motor zichtbaar is (figuur F).
- Nieuwere modellen van de Volvo Penta-saildrivestaartstukken zijn elektrisch geïsoleerd van de motor. Er mag daar geen elektrische verbinding bestaan tussen de rompanode en de anode op het staartstuk of de schroef.

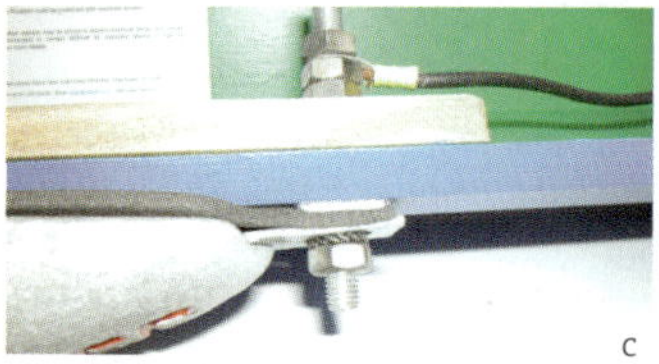

C

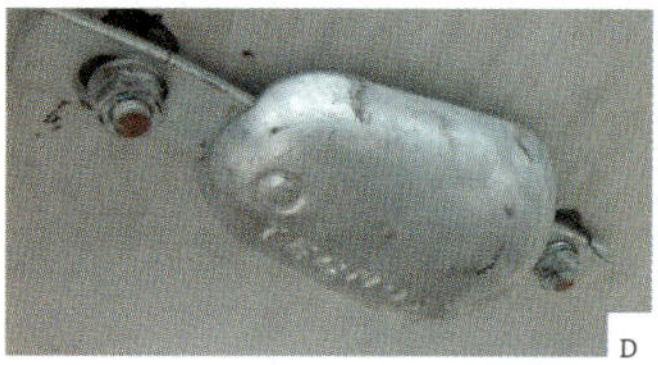

D

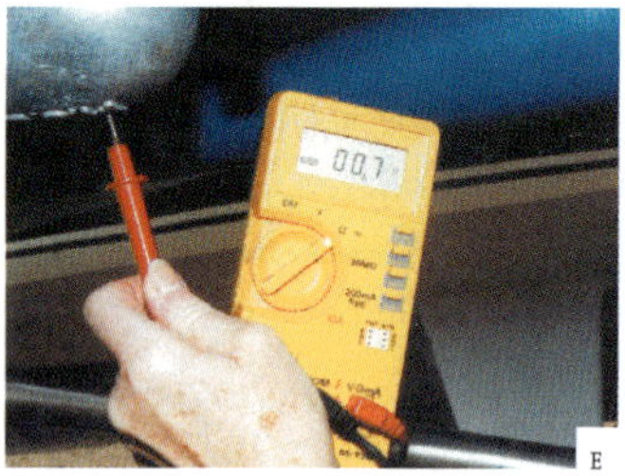

E

Geïsoleerde koppelingen

Sommige trillingsdempende flexibele koppelingen isoleren de schroefas van de motor.

Wanneer dat het geval is, zijn er drie mogelijkheden:

1 Monteer een schroefasanode om de schroefas en de schroef te beschermen. Zolang de schroef niet al te groot is, kan dit afdoende zijn. Is de schroef wel groot, dan is deze meestal ook voorzien van een naafanode, maar deze is meestal veel te klein.
2 Monteer een verbindingsdraad over de flexibele koppeling van een bout aan de ene kant naar een bout aan de andere kant (foto G).
3 Plaats een sleepcontact op de schroefas om de elektrische verbinding tot stand te brengen (foto H).

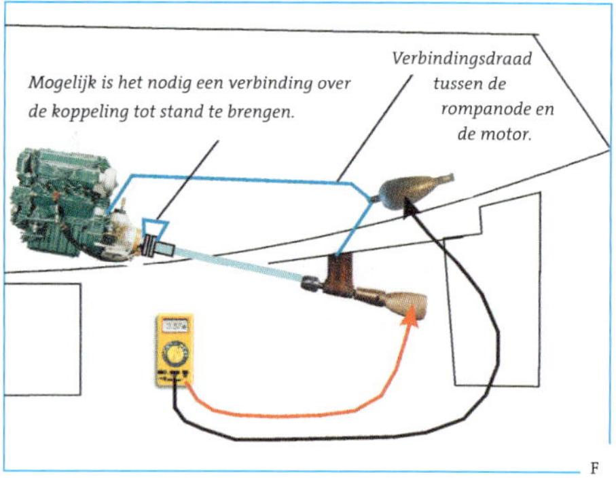
Mogelijk is het nodig een verbinding over de koppeling tot stand te brengen.
Verbindingsdraad tussen de rompanode en de motor.

F

G

verbindingsdraad

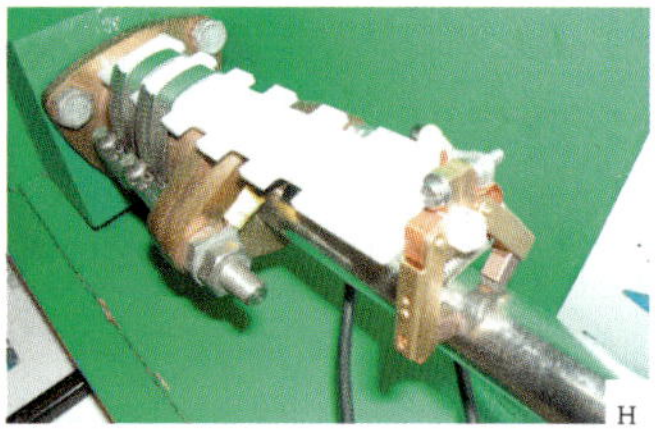

H

Tip

Anodes worden gemaakt van verschillende materialen: zink, aluminium en magnesium. Zinkanodes werken alleen op zout water. Aluminium- en magnesiumanodes werken zowel op zout als op zoet water. De magnesiumanodes offeren zich in zout water echter zo snel op dat er schade aan het verfsysteem kan ontstaan, waardoor deze eigenlijk alleen geschikt zijn voor zoet water.

53 - Vervangen van saildrive-anodes

Waarom is het nodig?
Het staartstuk is gemaakt van gietaluminium dat zal corroderen wanneer de beschermende verflaag beschadigt. De anode op het staartstuk beschermt het staartstuk en de schroef. Deze anode is relatief klein ten opzichte van de hoeveelheid metaal die beschermd moet worden. Het niet tijdig vervangen van deze anode kan leiden tot ernstige schade aan het staartstuk en de schroef.

Wanneer is het nodig?
Deze anodes kunnen corroderen en moeten minstens eenmaal per jaar worden gecontroleerd. Wanneer een grote bronzen klapschroef is gemonteerd redt de anode het vaak niet eens een heel seizoen.

Benodigde gereedschappen
Sleutels en schroevendraaiers, een houten hamer en een drijver.

Moeilijkheidsgraad
De schroef zal moeten worden verwijderd. Om te voorkomen dat de schroef varend los raakt zal deze vakkundig en zorgvuldig weer gemonteerd moeten worden.

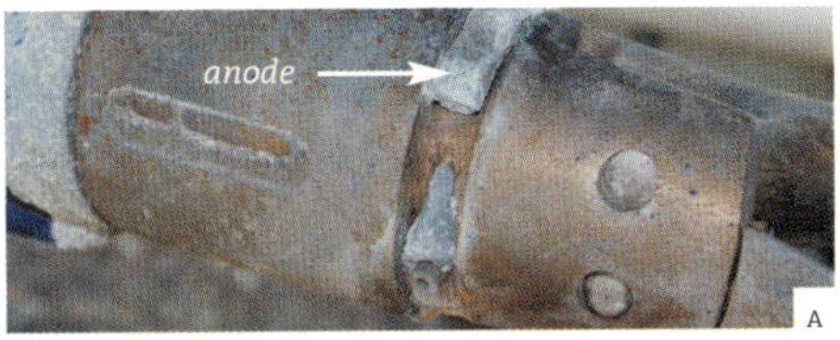

A

C

B

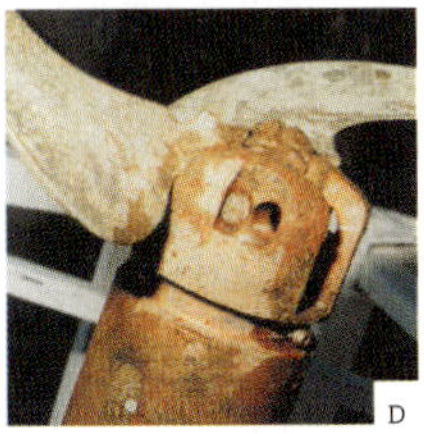
D

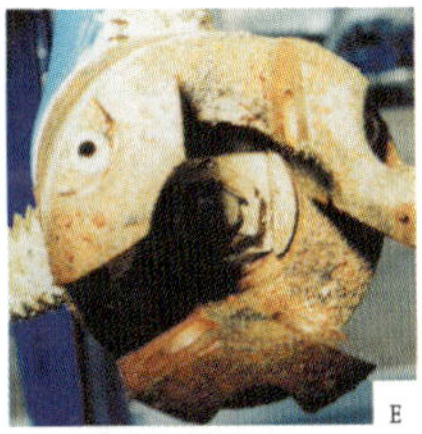
E

F

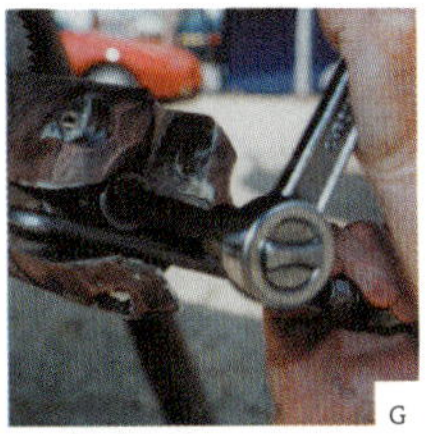
G

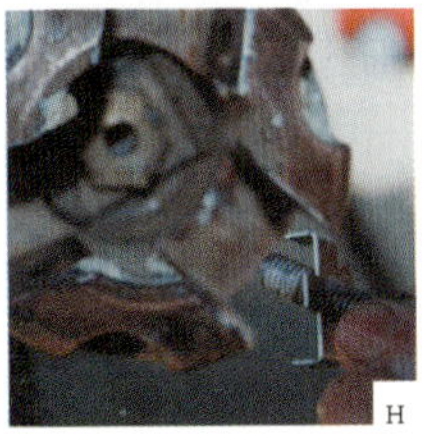
H

I

J

Vervangen van saildrive-anodes

1 De boot moet op het droge staan.
2 Controleer de anode op corrosie. Het is niet te verwachten dat een anode het een tweede seizoen volhoudt en in sommige gevallen is één seizoen al te lang (foto A).
3 Verwijder de schroef. Hier is te zien hoe een Volvo Penta-driebladsklapschroef wordt losgemaakt, waarschijnlijk de meest ingewikkelde van dit type.
- Schroef de drie inbusboutjes los die de assen van de schroefbladen borgen (foto B).
- Drijf de assen van de schroefbladen eruit (foto C) en neem de schroefbladen los (foto D).

4 Buig de stervormige borgring weg (foto E en F).
5 Draai de centrale bout los (foto G en H).
6 Verwijder de naafmoer (foto I en J).

K

L

M

N

O

P

Q

R

S

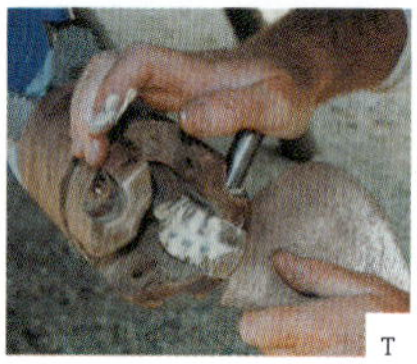
T

7 Trek de schroefnaaf en eventuele touwsnijder van de schroefas (foto K).

8 Schroef de twee kruiskopschroeven los die de anodes op zijn plaats houden (foto L).

9 Maak alle onderdelen goed schoon en plaats dan de nieuwe anode.

10 Plaats de touwsnijder terug, indien aanwezig, en vet de schroefas in met zeewaterbestendig vet (foto M).

11 Schuif de schroefnaaf weer op de as (foto's N en O).

12 Draai de naafmoer op de as (foto P).

13 Plaats een nieuwe stervormige borgring (foto Q)

14 Plaats de centrale bout weer en verbuig de stervormige borgring zodat de bout geborgd is (foto 's R en S).

15 Vet de assen en de vertanding van de schroefbladen in met zeewaterbestendig vet en monteer ze (foto T).

16 Zorg ervoor dat de vertanding goed en op de juiste positie in elkaar grijpt (foto U).

17 Schroef om de assen van de schroefbladen te borgen de inbusboutjes weer op hun plek (foto's V en W).

18 Op foto X is te zien hoe de naafmoer en de centrale bout op de schroefas zitten.

19 De rozige verkleuring duidt erop dat deze naaf onvoldoende wordt beschermd door een anode. Dit is vrij normaal bij dit soort grote schroeven die zijn gemonteerd op saildrives, waar de anodes over het algemeen niet zo groot kunnen zijn. De naaf zelf zal er niet echt door verzwakt worden, maar uiteindelijk zullen de bladen wel verzwakken (foto Y).

20 De nieuwe ring anode is gemonteerd. Maar waarschijnlijk is die er niet meer aan het eind van het seizoen! (foto Z).

Tip

Wanneer de bevestigingsschroeven van de ringanode erg dicht tegen de rand van de anode aan zitten kan de anode eraf vallen lang voordat deze volledig is opgeofferd. Dit komt omdat er maar een klein beetje anode zit op de plaats waar deze is bevestigd, dus dat beetje anode vergaat erg snel. Door dit deel van de anode te schilderen met antifouling zal dit niet zo snel corroderen.

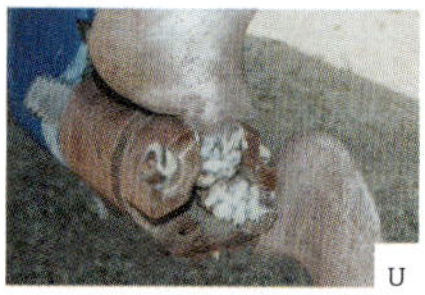
U

V

W

X

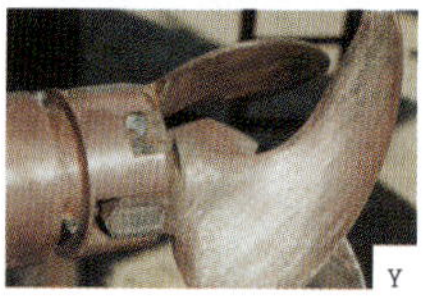
Y

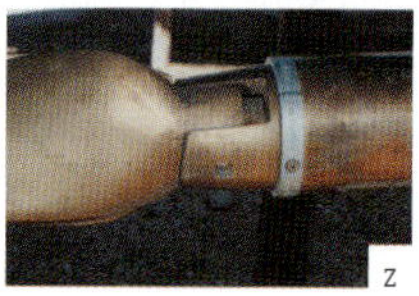
Z

54 - Vervangen van schroefasanodes

Waarom is het nodig?
Een anode kan zich het beste zo dicht mogelijk bij het metaal bevinden dat beschermd moet worden. Bij grote schroeven die op behoorlijke afstand van de rompanode zitten kan het verstandig zijn een extra anode op de schroefas te plaatsen.

Wanneer is het nodig?
Minimaal eenmaal per jaar.

Benodigde gereedschappen
Schroevendraaier of een klein sleuteltje, schuurpapier.

Moeilijkheidsgraad

A

B

C

D

E

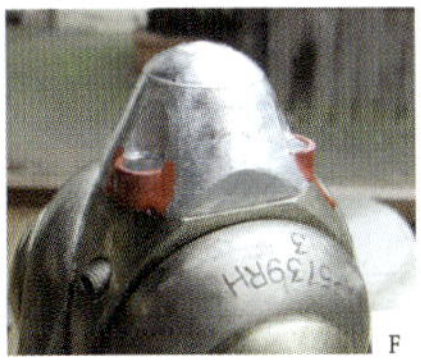
F

1 Verwijder de oude anode (foto A).
2 Schuur de schroefas te plaatse schoon om een goed elektrisch contact te verkrijgen (foto B).
3 Plaats de nieuwe anode ongeveer 25 mm voor het watergesmeerde schroefaslager om er zeker van te zijn dat er voldoende water door het lager kan stromen (foto C). Dit is nodig om dat het water de smering van het lager verzorgt. Een te dichtbij geplaatste anode kan de watertoevoer en dus de smering verstoren.
4 Deze anode zit te dicht bij de P-steun (foto D).

Vervangen van naafanodes
Sommige schroeven zijn voorzien van een naafanode aan de achterzijde van de schroef (foto E).

- Dit zijn kleine anodes die het vaak nog geen seizoen volhouden.
- Wanneer de anode erg dun is op de plaats van de bevestigingsbouten, schilder dit deel van de anode dan met antifouling om corrosie van de bevestigingspunten te voorkomen (anders valt de anode eraf).

Tip
Schroefasanodes kunnen los komen te zitten omdat het anodemateriaal rondom de schroefas weg corrodeert waardoor het gat in de anode te groot wordt voor de schroefas. De anode zal dan gaan trillen en herrie maken. Sommige schroefasanodes zijn gegoten rondom een solide metalen beugel die stevig op de schroefas wordt geklemd, zodat de anode niet los kan trillen. Het is de extra investering waard (foto G).

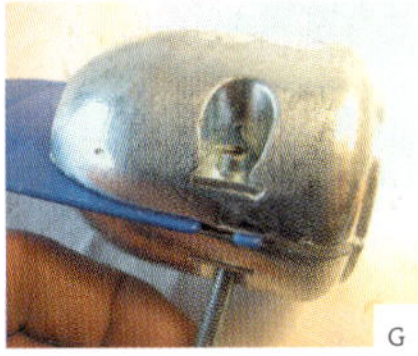
G

Tip
Lijm de kleine ringanodes aan de schroefnaaf met wat kit, maar verzeker je ervan dat de bevestigingsbout nog steeds een goed elektrisch contact maakt met de naaf. Controleer dit met een multimeter. Op deze manier zal de anode minder snel worden 'losgeslingerd' van de draaiende schroefnaaf.

Antifouling

Waarom is het nodig?
Antifouling is bedoeld om de aangroei van het onderwaterschip tegen te gaan. De antifouling wordt na een tijdje echter minder effectief, omdat deze is weggesleten of omdat de werkzame stoffen zijn verdwenen.

Wanneer is het nodig?
De meeste antifoulings moeten jaarlijks worden aangebracht, maar er zijn ook soorten die volgens de fabrikant twee jaar meegaan.

Benodigde gereedschappen
Verfschrapers, kwasten, rollers en verfbakjes.

Moeilijkheidsgraad

Regelgeving
Nationale én internationale regelgeving met betrekking tot de werkzame (meestal giftige) stoffen in antifouling is continu aan verandering onderhevig, aangezien de milieueisen steeds opnieuw worden aangescherpt en geformuleerd. De fabrikanten van antifouling worden hierdoor gedwongen steeds milieuvriendelijkere soorten antifouling te ontwikkelen. Gevolg hiervan kan wel zijn dat de verf van dit jaar wat minder goed werkt dan die van vorig jaar. Een nieuwe soort antifouling heeft uiteraard ook weer een nieuwe naam. Er komen ook steeds meer eisen met betrekking tot het verwijderen van oude antifouling. Speciale afspuitplaatsen zijn normaal geworden bij werven en het afborstelen van de onderzijde van de romp terwijl je droogvalt is inmiddels zeker in het geval van zelfslijpende antifouling uit den boze. Ook is het verplicht om, wanneer je de oude antifouling van de romp gaat verwijderen, de restanten op te vangen op een stuk zeil dat onder de boot ligt en op een daarvoor bestemde plaats in te leveren.

Gezondheid en veiligheid
Draag latex of rubber handschoenen en houd je huid zoveel mogelijk bedekt wanneer je met antifouling werkt. Schuur antifouling alleen met nat schuurpapier of met een machine met professionele stofafzuiging. Draag een veiligheidsbril om te voorkomen dat stukjes of druppels antifouling in je ogen terecht komen. En lees de veiligheidsvoorschriften van de fabrikant op het blik en leef deze na. Wanneer er kans is op resten antifouling die in de lucht terecht komen (zoals bij het schuren met professionele stofafzuiging nog steeds het geval kan zijn) draag dan een mondkapje om inademen te voorkomen.

Zelfslijpende versus harde antifouling
Er zijn ruwweg twee soorten antifouling: zelfslijpende antifouling en harde antifouling.
De zelfslijpende antifouling is vrij zacht en slijt tijdens het varen langzaam weg. Hierdoor komt er telkens een nieuwe laag met werkzame stoffen aan de oppervlakte en wordt de totale laag steeds dunner. Wanneer de laag bijna weggesleten is breng je een nieuwe laag aan, waardoor de verflaag op het onderwaterschip niet elk jaar dikker wordt. Nadeel van deze antifouling is dat op snelvarende boten de antifouling snel wegslijt en dat je tijdens het zwemmen op moet passen er niet tegenaan te komen, omdat je anders vol met gekleurde (vaak giftige) vegen komt te zitten.
De harde antifouling bestaat uit een verf waarin werkzame stoffen zijn verwerkt die langzaam maar zeker uitlogen. De laag zelf wordt niet dunner maar na verloop van tijd moeten de werkzame stoffen zo diep uit de laag komen dat de werking van de antifouling

afneemt. Bij het aanbrengen van een nieuwe laag krijg je te maken met laagopbouw, waardoor na een aantal seizoenen de laag te dik wordt.
De keuze tussen zelfslijpende en harde antifouling hangt af van de manier waarop en waar je vaart.

Koperhoudende versus kopervrije antifouling
Koperhoudende antifouling was een aantal jaar geleden de norm, hoewel deze giftig is en schade toebrengt aan het watermilieu. Door aangescherpte regelgeving en zelfs een verbod op koperhoudende antifoulings zijn de fabrikanten gedwongen om met alternatieven te komen die kopervrij zijn. Inmiddels zijn de ontwikkelingen zo ver dat er voor zoet water prima en minder milieubelastende alternatieven zijn voor koperhoudende antifouling. Met deze antifoulings kun je gerust een vakantie doorbrengen op zout water. Voor boten die een ligplaats hebben op zout water zijn er echter nog geen echte alternatieven. Zolang de koperhoudende antifoulings nog zijn toegestaan (en dat kan van de ene op de andere dag veranderen) wordt dan ook aangeraden om bij een ligplaats op zoet water een kopervrije antifouling te gebruiken, en op zout water koperhoudende antifouling te gebruiken.

Naast zelfslijpende of harde, en koperhoudende of kopervrije antifoulings zijn er ook antifoulings op de markt die werken op basis van andere principes, zoals een oppervlak dat zo glad is dat er niets aan kan hechten. En er wordt geëxperimenteerd met het insmeren van het onderwaterschip met melkfett of uierzalf, een behandeling van het onderwaterschip die volgens sommige berichten ook prima zou werken en vrijwel niets kost.
Eens rondvragen in de haven geeft al snel een beeld van welke soort en welk merk antifouling er ter plaatste het beste werkt.

- Aluminium staartstukken van saildrives mogen NIET met antifouling worden geschilderd die koper bevat, en zeker niet wanneer er schade is aan het beschermende verfsysteem van het staartstuk (elektrolyse!). Gebruik op staartstukken alleen antifouling die geschikt is voor aluminium.
- Stalen en vooral aluminium jachten vragen om een andere type antifouling en/of voorbehandeling dan polyester jachten. Zie de documentatie van de verfleverancier.

Na het aanbrengen van de antifouling moet de boot meestal binnen een voorgeschreven tijd weer te water, een periode die kan variëren van twee weken tot meer dan drie maanden, afhankelijk van het type antifouling.

Tip
Mocht een harde antifouling in goede staat zijn maar wat te lang op het droge hebben gestaan, dan is licht opschuren met een schuurspons vlak voor het te water laten vaak voldoende om de werking weer in orde te krijgen.

Schilderomstandigheden
De meeste verven kunnen niet verwerkt worden beneden de 5 °C en bij een te hoge luchtvochtigheid. Voor het bepalen van de juiste luchtvochtigheid kun je de volgende methode hanteren: maak met water een stukje van het oppervlak dat je gaat schilderen nat. Droogt het binnen 15 minuten weer op dan zit het met de luchtvochtigheid wel goed om antifouling aan te brengen. Ga je schilderen op een vochtige romp dan hecht de nieuwe laag slecht.
Droog- en overschildertijden zijn afhankelijk van de temperatuur en staan op het blik of in de documentatie van de fabrikant vermeld.

55 - Oude antifoulinglagen verwijderen

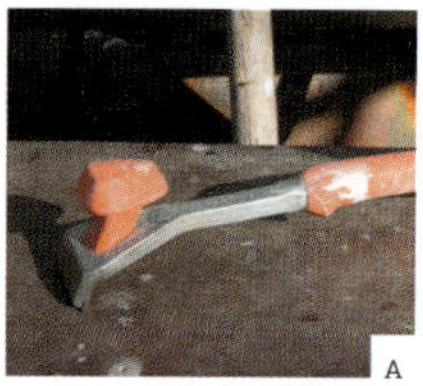
A

B

C

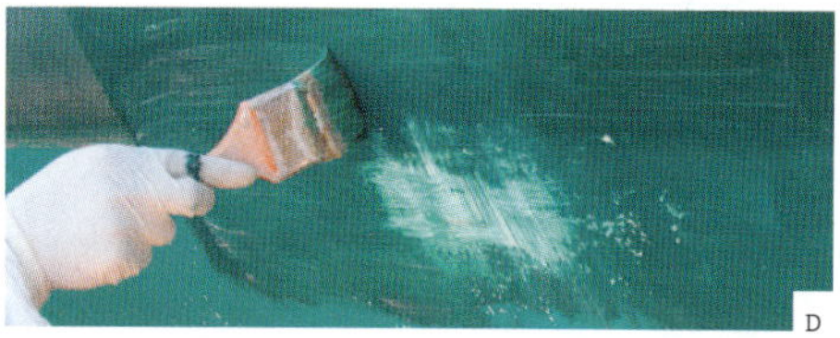
D

E

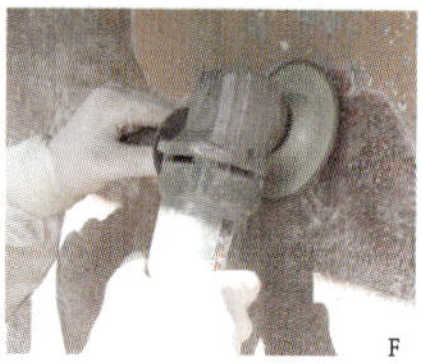
F

Schrapen

1 Een handschraper met een gehard stalen schraper, zoals te zien op foto A, is erg effectief. Maar het is wel vermoeiend en tijdrovend werk en wanneer je even niet goed oplet beschadig je de gelcoat met de scherpe zijkanten van de schraper.
2 Door de zijkanten van de schraper wat af te schuinen kun je beschadigingen aan de gelcoat enigszins voorkomen (foto B).
3 Schraap de verf eraf (foto C).
4 Vervang het schraapmesje wanneer het bot begint te worden.

Afbijtmiddel

Er zijn veel soorten afbijtmiddel in de handel, maar zorg ervoor dat je een afbijtmiddel gebruikt dat geschikt is voor gebruik op polyester/gelcoat om ernstige schade te voorkomen (foto D). Wanneer je het afbijtmiddel aanbrengt zoals voorschreven kan het een relatief eenvoudige klus zijn om de oude antifouling te verwijderen, maar het geeft wel een hoop geklieder en is een behoorlijk dure manier. Daarbij werken niet alle afbijtmiddelen zo goed als op de verpakking staat aangegeven.

Schuren

Het schuren van antifouling met een grove schuurschijf kan ook een bevredigend resultaat opleveren, zeker wanneer je niet zozeer als doel hebt de onderkant helemaal kaal te halen maar bij harde antifouling vooral wilt voorkomen dat de laag antifouling na een aantal seizoenen te dik wordt.

1 Schuur bij het verwijderen van antifouling altijd met een goede machine met professionele stofafzuiging.
2 Werk met goed (duur) schuurpapier. Dit gaat langer mee en levert veel tijdswinst (en dus minder werk) op.
3 Vervang het schuurpapier tijdig en let erop dat het niet volloopt.
4 Let erop dat je niet door de antifouling heenschuurt om schade aan de gelcoat of het beschermende epoxysysteem te voorkomen.

Slijpen

De antifouling op gietijzeren kielen kun je verwijderen met behulp van een haakse slijper met een schuurschijf.

Let op: op de meeste haventerreinen is werken met een haakse slijper niet toegestaan!

1 Werk met een haakse slijper en een grove enigszins flexibele schuurschijf.
2 Aangezien er bij deze klus antifoulingstof vrijkomt, MOET je goede beschermende kleding dragen (foto E).
3 Diepe roestputten kun je ontroesten met een metaalborstel op de haakse slijper (foto F). Voorkom hierbij dat andere boten hinder ondervinden van de rondvliegende metaaldeeltjes die in de lak of gelcoat branden en lelijke roestsporen veroorzaken!

56 - Voorbereiding

Aanbrengen direct op de gelcoat

1. Gebruik een reinigingsmiddel om was, vet of siliconenresten van de het onderwaterschip te verwijderen.
2. Met schuurpapier oplopend van 80 tot 240 schuur je het oppervlak op totdat de glans er net vanaf is.
3. Spoel het oppervlak goed schoon om stof te verwijderen.
4. Laat het oppervlak drogen en controleer of het overal gelijkmatig gematteerd is.
5. Breng een laag grondverf voor antifouling aan.
6. Houd rekening met de overschildertijden voordat je de antifouling aanbrengt.

Overschilderen over dezelfde antifouling

Verffabrikanten verstrekken tabelletjes waarin je kunt zien welke soort antifouling je met hun eigen antifouling kunt overschilderen.

1. Maak eerst de oude antifouling goed schoon door deze af te spuiten (foto A). Een zelfslijpende antifouling zal tijdens het afspuiten vrijwel volledig verwijderd worden. Wacht niet met schoonmaken totdat de antifouling droog is, dan gaat het een stuk moeilijker.
2. Met een schuurblok met waterproof schuurpapier, een stevige borstel en overvloedig water kun je op de afspuitplaats de oude antifouling en aangroei zo veel mogelijk verwijderen (foto B en C).
3. Schuur ruwe oppervlakken met waterproof schuurpapier korrel 120 goed op (foto D).
4. Plamuur ruwe oppervlakken die niet glad te schuren zijn op met een waterbestendige plamuur (foto E).
5. Schuur de plamuur glad.
6. Breng wat grondverf aan op de plamuur (foto F).
7. Schuur de grondverfplekken licht op.
8. Spoel met schoon water de geschuurde oppervlakken goed schoon om stof te verwijderen.

A

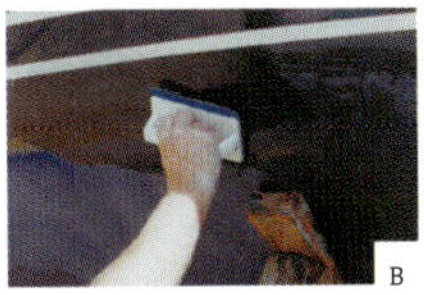
B

C

D

Schilderen over onbekende antifouling

1. Werk op dezelfde manier als hiervoor beschreven.
2. Breng op de hele onderkant van de romp een geschikte grondlaag aan.
3. Schuur deze laag licht op (korrel 120) om een goede hechting te verkrijgen.
4. Spoel het oppervlak grondig schoon om stof te verwijderen.

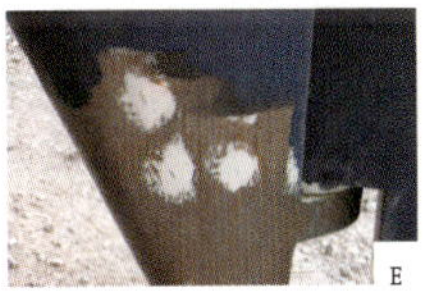
E

F

Afplakken

- Standaard afplakband moet binnen 24 uur worden verwijderd om te voorkomen dat je het niet meer van de romp krijgt. Het beste is om dit plakband zo snel mogelijk na het schilderen te verwijderen.
- Er bestaat ook afplakband dat 3 of zelfs 14 dagen kan blijven zitten. Dit afplakband verwijder je zodra de laatste laag verf stofdroog is. Er bestaat ook extra flexibel afplakband om scherpe rondingen mee te kunnen volgen, zoals net onder de spiegel
- Breed afplakband verkleint de kans dat je per ongeluk over het plakband heen schildert, maar het is lastiger aan te brengen op gekromde oppervlakken. Je kunt ook met zowel smal als breed plakband werken: met het smalle plakband plak je eerst precies de waterlijn af, en vervolgens plak je er met het brede plakband nog een rand overheen.

57 - Antifouling aanbrengen

- Uit eigen ervaring blijkt dat het aanbrengen met de roller de gemakkelijkste en snelste methode is. Een smalle roller (tien cm breed) werkt daarbij net zo snel als een brede, maar is gemakkelijker te hanteren.
- Door een roller op een stok te plaatsen hoef je niet helemaal onder het schip te kruipen maar kun je er terwijl je naast het schip staat toch helemaal onder komen. In dit geval werkt een brede roller het gemakkelijkst.
- Over het algemeen wordt aangeraden om twee lagen antifouling aan te brengen om de juiste dikte te verkrijgen, waarmee je dan een vol seizoen toekunt.
- Breng een extra laag antifouling aan op de waterlijn. De aangroei op de waterlijn is immers sterker door de aanwezigheid van licht waardoor er hier wat vaker geborsteld zal worden (foto A).
- Zet het blik antifouling de avond voor het schilderen binnen zodat het op kamertemperatuur komt, zeker wanneer je gaat schilderen bij wat lagere temperaturen. Een wat warmere verf is gemakkelijker aan te brengen. Het verdunnen van antifouling is niet aan te raden.

A

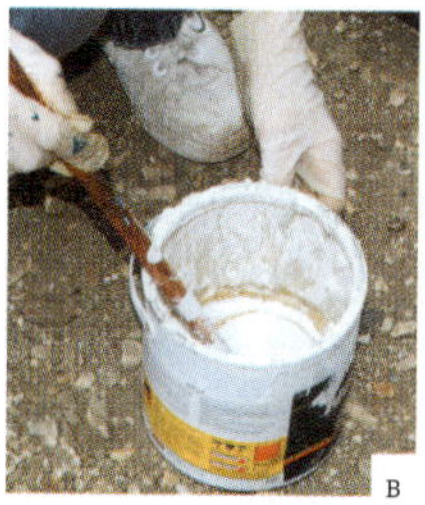
B

C

D

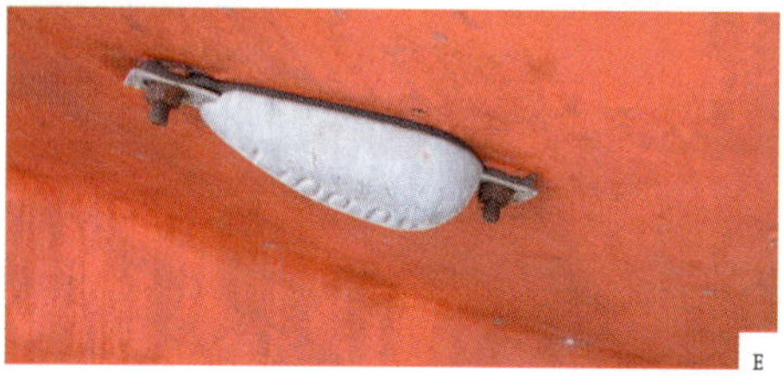
E

1 Open het blik en roer de antifouling goed door. Zeer waarschijnlijk is een deel van de bestanddelen naar de bodem gezakt. Roer dus totdat de antifouling weer helemaal homogeen is (foto B).
2 Giet antifouling in het verfbakje, maar niet meer dan je in tien minuten kunt verwerken (zeker niet wanneer de temperaturen boven de 15 °C liggen, aangezien de antifouling dan snel dikker wordt) en doe het deksel terug op het blik.
3 Doordrenk de roller met antifouling.
4 Breng de antifouling aan op de romp. Rol eerst een baan in verticale richting, rol die baan in horizontale richting uit tot een breedte van drie banen en rol de antifouling na in verticale richting. Rol de antifouling niet te ver uit omdat de laagdikte dan te klein wordt.
5 Breng de antifouling niet aan tot tegen de stempels omdat je anders een dikke laag krijgt langs de randen van de stempels (foto D).
6 Breng geen antifouling aan op de anodes, aangezien deze dan niet meer werken (foto E).

Bijtippen

1 Wanneer je klaar bent met het rollen van de grote vlakken, kun je met een kwast de randjes langs bijvoorbeeld de stempels bijtippen. (Je kunt natuurlijk ook voordat je met de roller aan de slag gaat de lastige randjes schilderen.) Zorg ervoor dat er langs de randen niet teveel verf komt (foto F).

2 Smeer slechts een paar hele dunne laagjes op de sensor van de dieptemeter, zeker wanneer er koper in de antifouling zit.

3 Maak de toevoersleuven van wierfilters goed schoon (foto G).

4 Maak een afspraak met de werf om de stempels of de boot een stukje te verplaatsen nadat de laatste van de twee lagen antifouling is aangebracht (foto H).

5 Breng twee lagen antifouling aan op de plaatsen waar de stempels zaten (foto I).

6 Wanneer de boot in de takels hangt om te water te gaan kun je de onderkant van de kiel nog even schilderen. Hierbij kun je niet meer doen dan je best en met een beetje geluk kan de boot tijdens de lunch in de takels blijven hangen zodat je de tijd hebt om rustig te werken en de antifouling in ieder geval een beetje kan drogen.

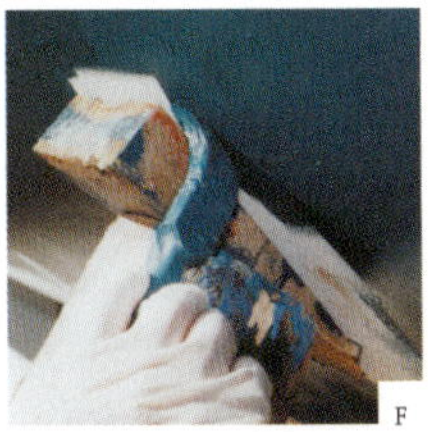
F

G

H

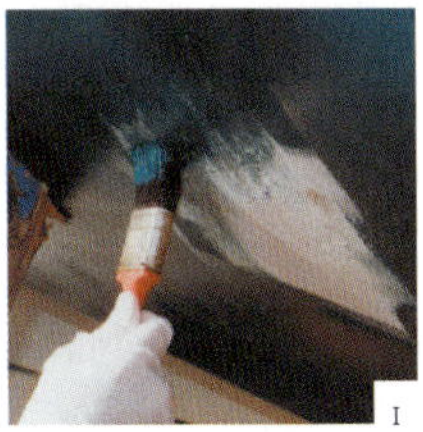
I

Tip

Wanneer je zelfslijpende antifouling gebruikt is het zinnig om te werken met twee verschillende kleuren. Als eerste breng je bijvoorbeeld een laag blauw aan (dit hoeft geen zelfslijpende laag te zijn), en de daaropvolgende lagen zijn rood. Zodra de rode laag te ver weggesleten raakt zullen er blauwe plekken zichtbaar worden en weet je dat het tijd is voor een nieuwe laag. De blauwe laag zal voorlopig nog wel voldoende bescherming tegen aangroei bieden.

58 - Aluminium staartstukken, gietijzeren kielen

- Er kan op het staartstuk een (te) dikke laag antifouling aanwezig zijn. Wanneer je deze eraf wilt halen pas dan op dat je de beschermende verflaag van het staartstuk niet beschadigt.
- Zorg ervoor dat de koelwatergaatjes in het staartstuk niet dichtgeschilderd raken met antifouling (foto A)
- Breng twee lagen antifouling aan, maar let erop dat deze antifouling geschikt is voor het gebruik op aluminium (foto B).
- Schilder de anode van het staartstuk niet (foto C).

A

koelwatergaatjes

B

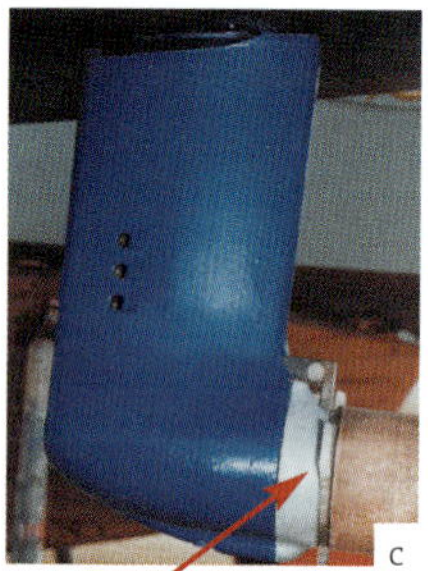
C

anode

D

E

F

Gietijzeren kielen zijn meestal nogal poreus en hebben vaak slakinsluitingen, die de oorzaak zijn van de meeste putcorrosie. Er zijn speciale grondverven verkrijgbaar om het staal goed te beschermen nadat het helemaal is ontdaan van roest. Dit is echter maar zeer moeilijk voor elkaar te krijgen, tenzij je gaat stralen, dus het kan handig zijn om met een speciaal goedje te werken dat de roest stopt. Verffabrikanten geven geen garantie op hun verfsysteem wanneer je roest bewerkt met dit soort middeltjes, maar ze geven je ook geen garantie wanneer er nog wel wat roest aanwezig was, iets wat vrijwel onvermijdelijk is zolang je niet straalt. Het is dus aan de klusser om te beslissen hoe de kiel behandeld wordt.

1. Wanneer je de kiel met een speciaal goedje tegen roest wilt behandelen, is het moment van antifoulen daar een prima moment voor.
2. Volg de aanwijzingen op de verpakking (foto D).
3. Smeer de roestplekken in (foto E) of zelfs de hele kiel. Breng vervolgens 5 tot 6 lagen grondverf aan, rekening houdend met de overschildertijden (foto F).
4. Breng een laag speciale grondverf voor antifouling aan.
5. Breng twee lagen antifouling aan.

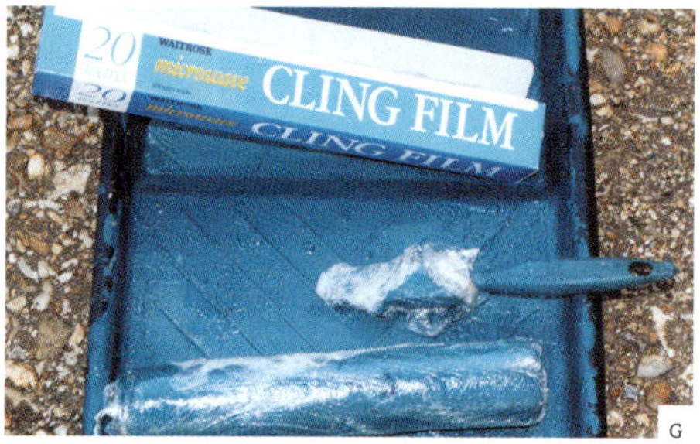

G

Tip

- Kwasten en rollers kun je na gebruik inpakken in huishoudfolie of een plastic zak (foto G). Een dag later kun je ze dan weer gebruiken zonder de kwast en roller tussendoor schoon te hoeven maken.
- Wanneer je werkt met verschillende kleuren antifouling, kun je goed zien of je bij het aanbrengen van de tweede laag het hele oppervlak geschilderd hebt of ergens een stukje hebt overgeslagen.

Polyester

59 - Repareren van (ernstige) beschadigingen

Waarom is het nodig?
Beschadigingen aan het polyesterlaminaat moeten worden gerepareerd om te voorkomen dat vocht in het laminaat kan dringen.

Wanneer is het nodig?
Zo snel mogelijk nadat een beschadiging is ontstaan.

Benodigde gereedschappen
Afhankelijk van de omvang van de beschadiging. Haakse slijper, een poetsmachine, schuurpapier, schuurpasta, polijstpasta, kwasten, spatel.

Waar zit het?
Let op elke beschadiging van het laminaat.

Moeilijkheidsgraad

(Maar om een beschadiging onzichtbaar te herstellen zul je wel zorgvuldig en met geduld moeten werken).

Wanneer er een gat is ontstaan in het polyester zal de beschadiging zowel van de binnenzijde als van de buitenzijde moeten worden aangepakt. Dit geldt ook voor haarscheurtjes als gevolg van het doorbuigen van het laminaat.

Win eerst advies in bij een expert wanneer er echt structurele schade is ontstaan voordat je probeert de reparatie uit te voeren.

1 Bekijk de schade en beslis of je deze zelf kunt repareren.
2 Verschaf jezelf toegang tot de schade aan binnenzijde van de romp en verwijder zaken die in de weg zitten, zoals betimmering of leidingen (foto A).
3 Schuur het oppervlak aan de binnenzijde van de romp stevig op om een goede hechting van het nieuwe polyesterlaminaat (polyesterhars met glasmat) te verkrijgen (foto B).

A

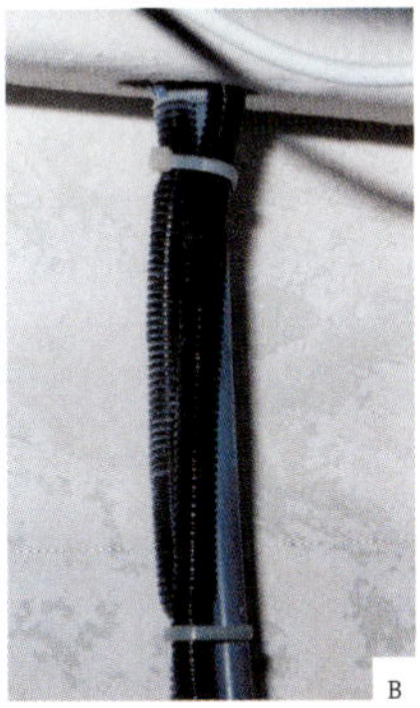
B

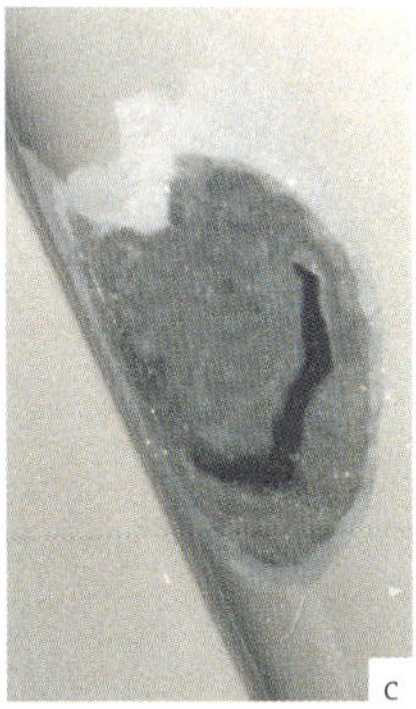
C

4 Slijp de beschadiging aan buitenzijde van de romp weg tot op het gezonde materiaal en vergeet daarbij de haarscheurtjes in de gelcoat niet (foto C).
5 Bescherm je handen goed en reinig alle oppervlakken dan met aceton.
6 Meng polyesterhars met verharder in de verhouding zoals door de fabrikant is voorgeschreven.
7 Breng polyesterhars met een roller of een kwast aan op de binnenzijde van de beschadiging.

8 Breng aan de binnenzijde een paar lagen glasmat aan op de plaats van de beschadiging, waarbij je zorgt dat de glasmat rondom uiteindelijk ongeveer 10 cm groter is dan de beschadiging. Elke volgende laag is telkens wat groter dan de vorige. Zorg ervoor dat de glasmat goed doordrenkt is met polyesterhars en dat ook de randen goed vastplakken. Haast je niet, neem de tijd die je nodig hebt waarbij je natuurlijk wel rekening moet houden met de uithardtijd van de hars (foto's D1, D2 en D3).

9 Breng polyesterhars aan op de buitenzijde van de beschadiging.

10 Breng een paar lagen glasmat aan op de geschuurde oppervlakken aan de buitenzijde (foto E).

11 Doordrenk de glasmat goed, maar maak je niet druk om de randjes. Deze kunnen gewoon droog en los blijven van de ondergrond. Het gaat er bij de reparatie aan de buitenkant om dat de beschadiging goed versterkt wordt zodat er na de reparatie geen nieuwe scheurtjes ontstaan. Let erop dat de aangebrachte glasmatlagen niet buiten het rompoppervlak 'uitsteken' (foto F).

12 Wanneer de polyesterhars is uitgehard, slijp dan aan de buitenzijde de reparatie weg totdat het oppervlak ongeveer 5 mm dieper ligt dan het uiteindelijke oppervlak van de romp (foto's G1 en G2).

13 Maak wat polyester- of epoxyplamuur aan (foto's H1 en H2).

14 Plamuur de beschadiging aan de buitenzijde (foto I).

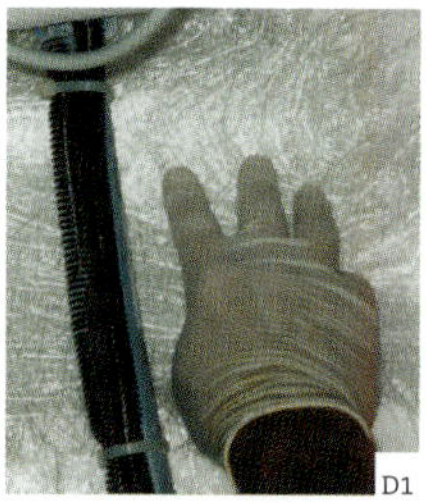
D1

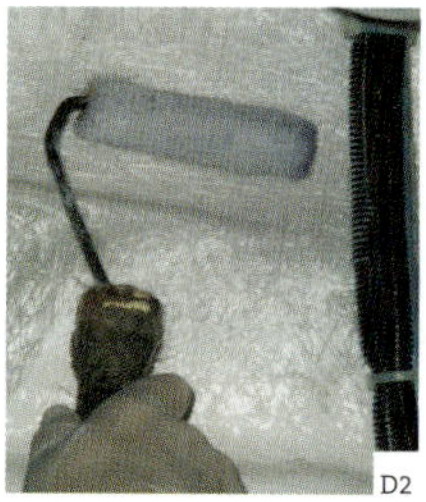
D2

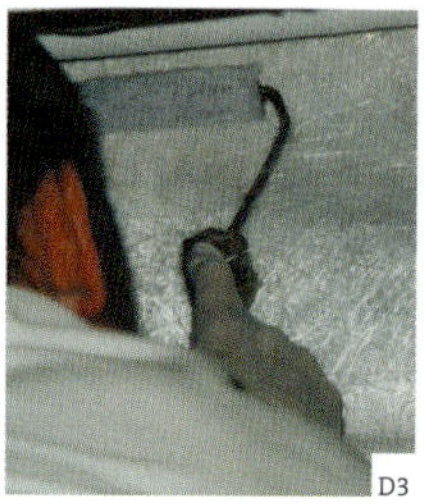
D3

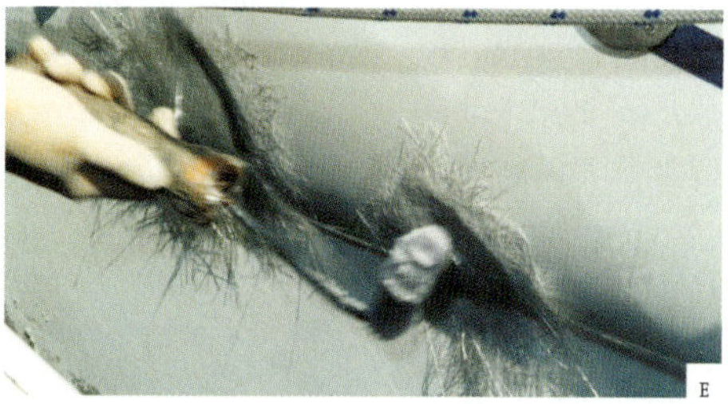
E

G1

F

G2

H1

H2

I

15 Let er dit keer juist op dat de plamuur wel iets buiten het rompoppervlak uitsteekt. Voor een diepe beschadiging kan het nodig zijn om meerdere dunne lagen plamuur aan te brengen (foto J).

J

K1

K2

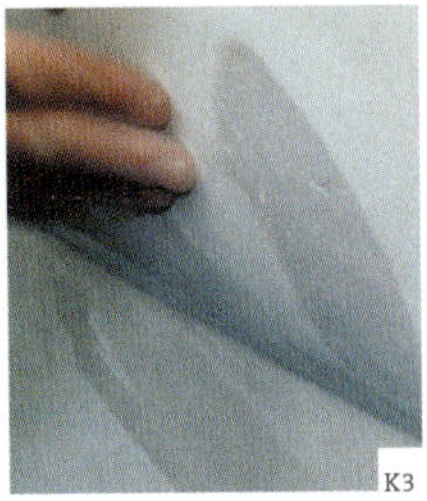
K3

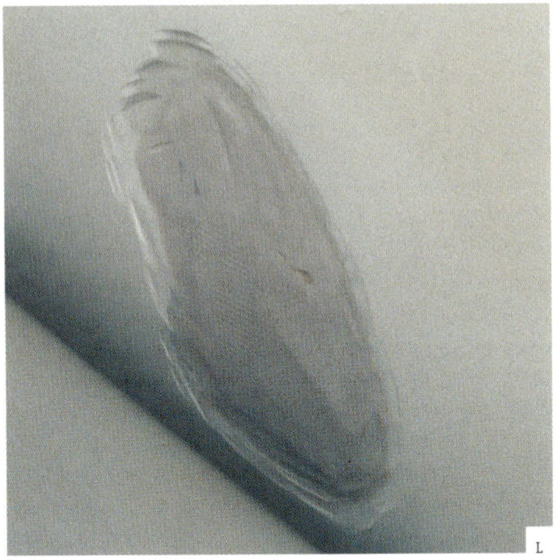
L

M1

M2

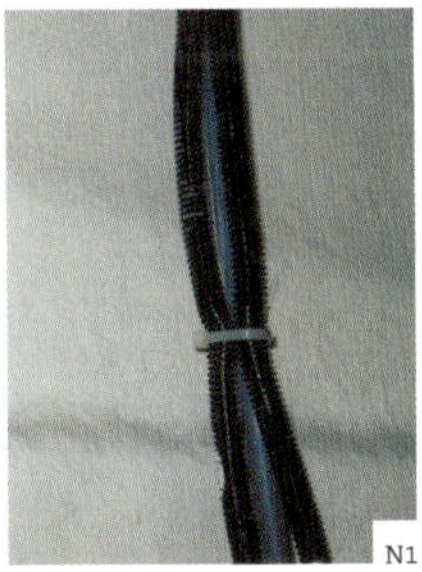
N1

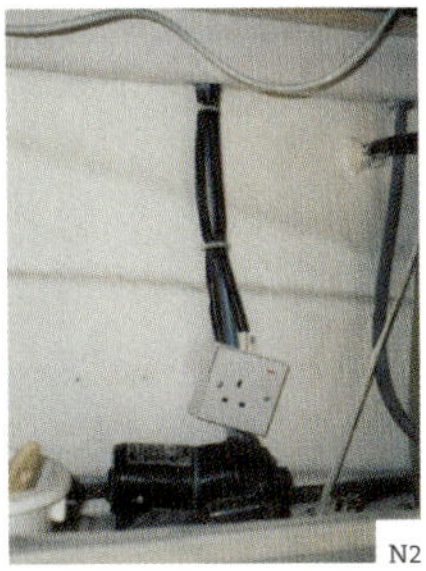
N2

16 Schuur wanneer de plamuur is uitgehard met een fijne schuurschijf de plamuur glad en terug totdat deze gelijk ligt met het rompoppervlak. Met een buigbaar latje kun je controleren of het oppervlak mooi strookt met de huid (foto's K1, K2 en K3).

17 Schuur nu de plamuur tot ongeveer 1 mm dieper dan het rompoppervlak om ruimte te maken voor de gelcoat. Maak er een scherpe overgang van zoals op de foto te zien. Wanneer er bobbels in de plamuur blijven zitten heb je kans dat deze weer aan de oppervlakte komen wanneer je de gelcoat terugschuurt en dan kun je opnieuw beginnen (foto L).

18 Meng wat gelcoat volgens de voorschriften van de fabrikant en roer het goed door (foto's M1 en M2)

19 Wanneer de binnenzijde van de romp is afgewerkt met gelcoat die rechtstreeks op het polyesterlaminaat is aangebracht, hoef je alleen maar de juiste kleur gelcoat met een kwast over de reparatie te smeren zonder dit achteraf weer glad te moeten schuren (foto's N1 en N2).

20 Breng gelcoat aan over de reparatie aan de buitenzijde. Tamponeer eerst met de kwast om kleine gaatjes goed vol te krijgen en smeer de gelcoat daarna verder uit over de reparatie. Er zullen ongeveer drie lagen nodig zijn om tot de juiste dikte (ca. 1 mm) te komen, waarbij elke nieuwe laag een iets groter oppervlak bedekt dan de vorige. Laat elke laag uitharden voordat je de volgende aanbrengt (foto's O1 en O2).

O1

O2

21 Schuur de gelcoat terug met steeds fijner waterproof schuurpapier, startend met korrel 120 en eindigend met korrel 1000. Bevochtig het schuuroppervlak met water om vollopen van het schuurpapier te voorkomen (foto's P1 en P2).

22 Bewerk het oppervlak verder met schuur- en polijstpasta's, waarbij je met een steeds fijnere pasta werkt. Eindig uiteindelijke met polijsten (foto Q).

23 Plaats dingen die je in het interieur voor de reparatie had verwijderd (zoals leidingen) weer terug (foto R).

24 Klussers zullen waarschijnlijk niet alle benodigde gereedschappen hebben maar grote en kleine haakse slijpers waarop je verschillende schijven (poetsen, schuren, slijpen) kunt zetten komen goed van pas en kunnen worden gehuurd (foto S).

P1

P2

Q

R

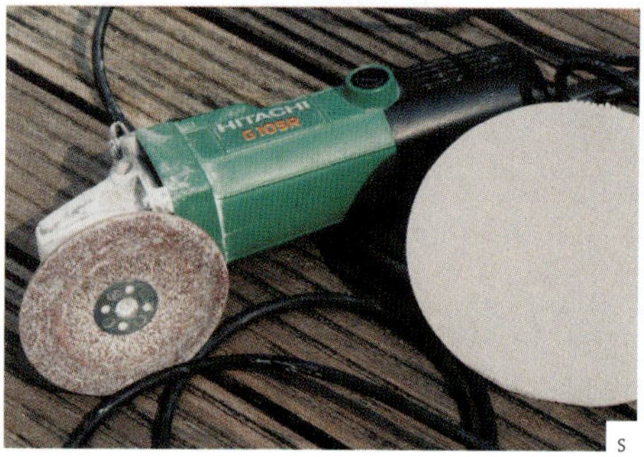

S

60 - Repareren van spanningscheurtjes

Waarom is het nodig?
Scheurtjes in de gelcoat, een beetje als een spinnenweb, zien er lelijk uit. En belangrijker, ze laten water door dat in het laminaat kan dringen. Daarom moeten ze worden gerepareerd.

Wanneer is het nodig?
Zo snel mogelijk nadat de schade is ontdekt.

Benodigde gereedschappen
Een driehoekige verfschraper of een hobbyboormachientje, schuurmachine, schuurpapier, schuurblok, schuur- en polijstpasta.

Waar zit het?
Houd de gelcoat goed in de gaten en controleer regelmatig op scheurtjes.

Moeilijkheidsgraad

De juiste kleur gelcoat
Het belangrijkste voor elke gelcoat reparatie is het werken met de juiste kleur gelcoat. Wanneer een reparatie is uitgevoerd aan de binnenzijde van de romp is het van belang dat de afwerking gebeurt in dezelfde kleur en met dezelfde structuur al de rest van de binnenzijde, zodat deze niet meer zichtbaar is. Op deze manier wordt de verkoopwaarde van de boot niet negatief beïnvloed.

Het vinden van de juiste kleur voor de buitenzijde van de boot kan betekenen dat je geduld moet hebben en meerdere pogingen moet ondernemen. Het gaat er uiteindelijk om een niet zichtbare reparatie tot stand te brengen. Wanneer de boot nog behoorlijk nieuw is, kan de standaard gelcoatkleur van de werf een prima resultaat opleveren. Oudere boten zullen verweerd zijn waardoor het vinden van de juiste kleur moeilijker wordt. Kijk eens rond in de haven en zie hoeveel soorten wit er zijn, dan wordt het probleem vanzelf duidelijk. Je kunt pigmenten kopen om de basiskleur van gelcoat zelf op kleur te brengen. Voor een kleine reparatie kun je uit de voeten met de pakketjes die bij de watersportwinkel verkrijgbaar zijn (foto A). Voor grotere reparaties kun je het beste contact opnemen met een leverancier van harsen. Bij zeer kleine beschadigingen op een witte romp zal een reparatie met een tube gelcoatplamuur vrijwel niet zichtbaar zijn. Deze zal wel wat verkleuren naarmate de tijd verstrijkt.

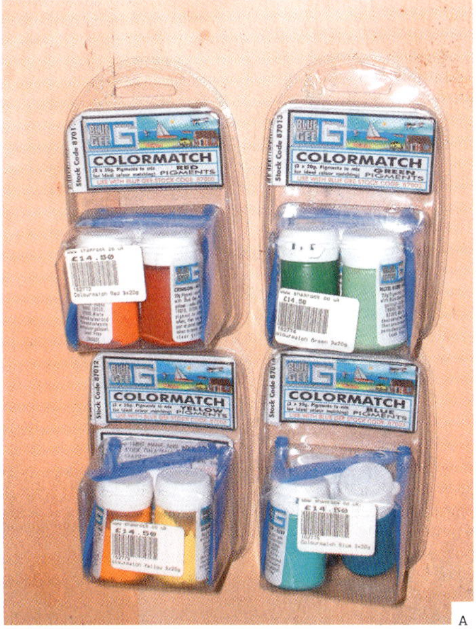

A

Door een wastoevoeging met de gelcoat te mengen ontstaat er een niet plakkerig ('non-sticky') oppervlak dat niet meer geschuurd hoeft te worden. Aan een tube met gelcoatplamuur is meestal al was toegevoegd.

Voordat je begint aan het repareren van spanningscheurtjes (foto B), zul je eerst de oorzaak ervan moeten opsporen. Bijvoorbeeld: bij een scepterpot duiden haarscheurtjes erop dat het dek niet voldoende is versterkt. Een radiaalvormig haarscheurpatroon geeft aan dat er ooit een scherp voorwerp tegenaan is gestoten. Haarscheurtjes rondom de mastvoet kunnen het gevolg zijn van een maststut die beweegt doordat de afsteuning op de kiel niet voldoende stijf is.
Dit soort problemen kunnen horen bij een bepaald type jacht, dus kijk ook eens op andere jachten of informeer bij de vereniging van eigenaren.

Wanneer te weinig stijfheid de oorzaak is, breng dan ter plaatste verstevigingen aan, anders zullen de scheurtjes weer opnieuw ontstaan. Advies van de werf kan hierbij nodig zijn. Wanneer de verstevigingen zijn aangebracht kun je beginnen met het repareren van de haarscheurtjes.

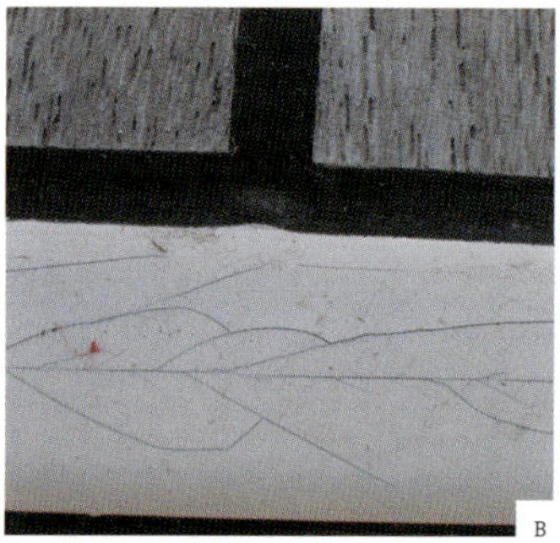
B

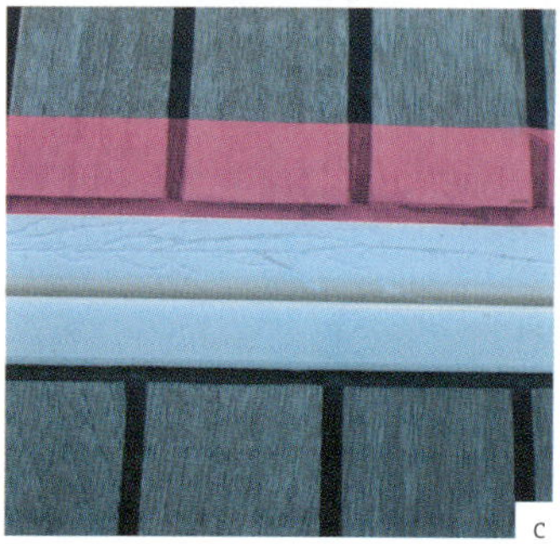
C

D

E

1 Bescherm aangrenzend hout met afplakband (foto C).
2 De scheurtjes zullen geopend moeten worden om ruimte te maken voor nieuwe gelcoat. Je kunt daarvoor een scherpe driehoekige verfschaper gebruiken waarmee je de scheurtjes open schraapt. Hiervoor is een vaste hand en oefening nodig omdat de verfschaper gemakkelijk uitschiet.
3 Je werkt gemakkelijker met een klein elektrisch handboormachientje, zoals van Dremel of Black&Decker (foto D) – je hebt meer controle en het werkt een stuk sneller. Het is echter geen gereedschap dat iedereen in zijn gereedschapskist heeft liggen en voor een klein klusje is het de investering niet waard (foto E).
4 Zorg ervoor dat je alle scheurtjes hebt weggehaald. Het kan nodig zijn behoorlijk diep te gaan om de scheur tot op de bodem te verwijderen (foto F).

F

5 Smeer gelcoat, polijst en poets zoals hierna beschreven bij 'Repareren van cosmetische schade'.

61 - Repareren van cosmetische schade

1. Maak het oppervlak schoon met een speciale rompcleaner/ontvetter om aanslag, was of siliconen te verwijderen.
2. Schuur het te repareren oppervlak op met droog schuurpapier korrel 120 om een goede hechting voor de gelcoat mogelijk te maken en mogelijke oneffenheden in het oppervlak te verwijderen (foto G).
3. Meet de juiste hoeveelheden van de gelcoat af zoals aangegeven door de fabrikant (foto H).
4. Meng de gelcoat en de verharder in de juiste verhoudingen. Zorg dat de inhoud van de ene tube niet in aanraking komt met de inhoud van de andere (foto I).
5. Wanneer de gelcoat wit van kleur is dan zijn de beide componenten ook wit waardoor je niet kunt zien of alles goed gemengd is. Meng het dus extra goed door!
6. Breng de gelcoat aan op het beschadigde oppervlak (foto J) en zorg ervoor dat de uiteindelijke laag iets dikker is dan het omliggende oppervlak (foto K).
7. Laat de gelcoat uitharden.
8. Wanneer je veel uitgeharde gelcoat moet verwijderen, doe dit dan voorzichtig met een schuurmachine. Eerst met schuurpapier korrel 60, daarna met korrel 120 (foto L). Niet helemaal wegschuren, de nieuwe gelcoat moet iets boven het omliggende oppervlak uit blijven steken.

G

H

I

J

K

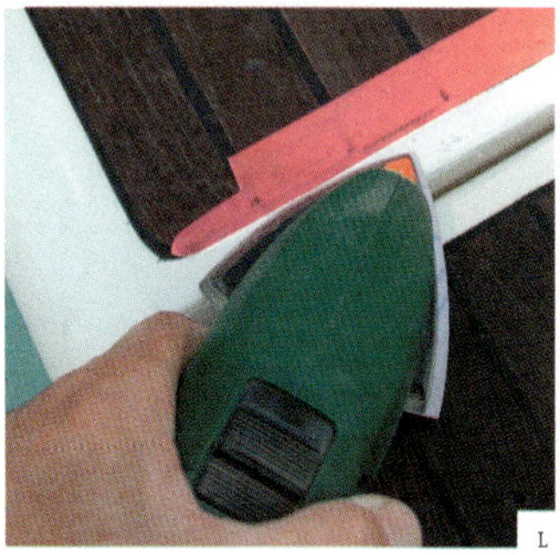
L

9 Schuur de nieuwe gelcoat terug met waterproof schuurpapier, waarbij je begint met korrel 120 en eindigt met korrel 1000 (foto M).
10 Houd het oppervlak tijdens het schuren nat met behulp van een plantenspuit (foto N).
11 Poets het oppervlak verder met een polijstpasta (foto O) en vervolgens een polijstvloeistof (foto P) om een glanzend oppervlak te verkrijgen.
12 Na een paar weken kun je het oppervlak poetsen en in de was zetten (foto Q).

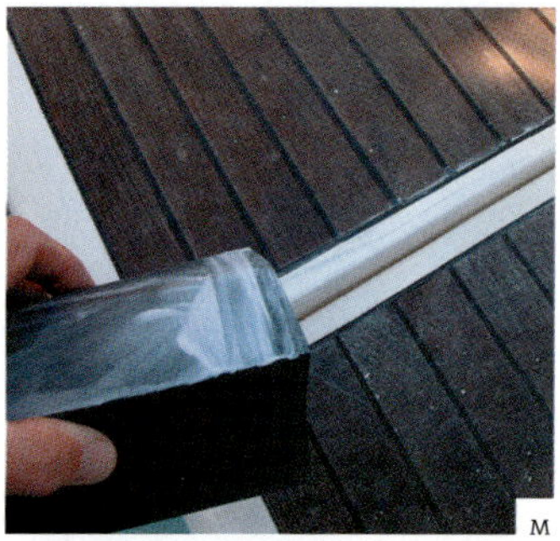
M

N

O

P

Q

Dekbeslag

62 - Een ventilatieopening maken

Waarom is het nodig?
De ventilatie is in veel jachten ontoereikend waardoor er vaak condensproblemen ontstaan.

Wanneer is het nodig?
Wanneer de ventilatie ontoereikend is.

Benodigde gereedschappen
Boormachine, gatenzaag, schroevendraaiers, scherp mes.

Moeilijkheidsgraad

Nauwkeurig opmeten, zowel bovendeks als onderdeks, is noodzakelijk om de ventilatieopening op de juiste plaats te krijgen.

1 Bepaal waar je de ventilatieopening bovendeks wilt hebben.
2 Bepaal waar je de ventilatieopening onderdeks wilt hebben.
3 Komen de beide plaatsen overeen? Zo niet, schuif dan met de positie en probeer een plaats te vinden die wel overeenkomt (foto A).
4 Bekijk of er kans is op de aanwezigheid van elektrische bedrading achter het plafond. Wanneer de plafondplaten kunnen worden losgenomen, doe dit dan om te zien of er iets achter zit. Is het plafond met vinyl beplakt, rechtstreeks op de onderzijde van het dek, dan kun je de bedrading voelen. Kun je niet achter het plafond komen, dan zul je contact moeten opnemen met de bouwer wanneer je twijfelt over de aanwezigheid van bedrading.
5 Zet een stipje op de plaats waar je een centergaatje (3 mm) gaat boren. Teken met een passer het gat af dat als ventilatieopening zal worden uitgezaagd (foto B).
6 Meet alles nog eens na.
7 Boor het centergaatje van buitenaf, door alles heen (foto C).
8 Wanneer de plafondbekleding is gemaakt van vinyl, knip dan uit een stuk stevig karton een cirkelvormige mal die een paar mm kleiner is dan het gat dat je voor de ventilatieopening wilt zagen (foto D).
9 Boor een centergaatje in de kartonnen mal. Steek het boortje door het gaatje in de mal en positioneer deze op het centergaatje dat in het kajuitdak is geboord (foto E).

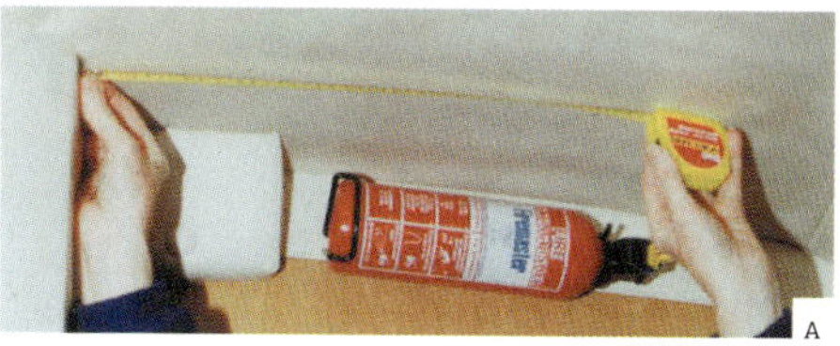
A

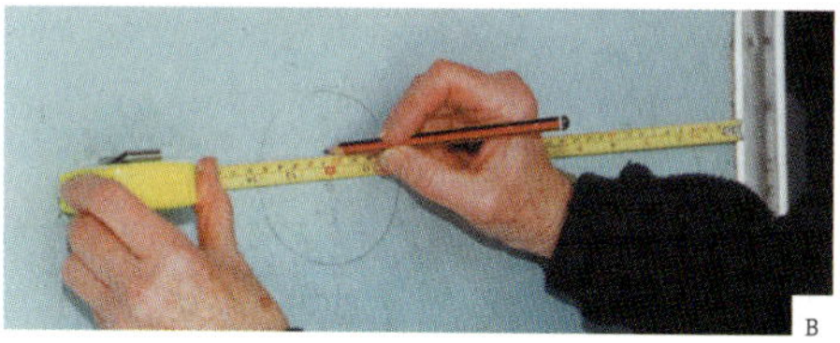
B

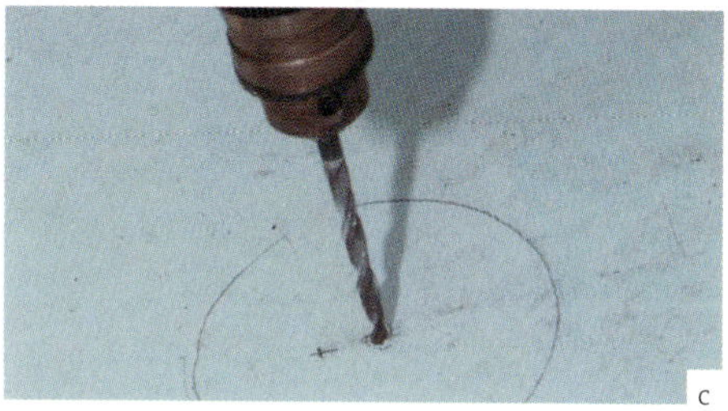
C

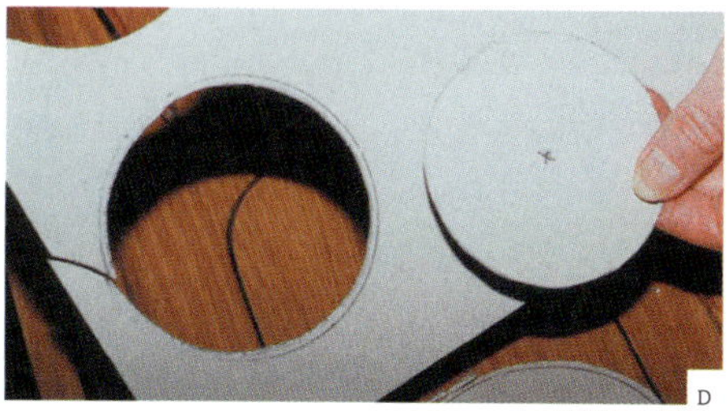
D

10 Trek een lijntje rond de kartonnen mal om het uiteindelijke gat op de vinyl plafondbekleding af te tekenen (foto F).
11 Snijd met een scherp mes het cirkeltje in de vinyl plafondbekleding. Op deze manier zorg je ervoor dat de vinyl plafondbekleding niet kapot wordt getrokken door de gatenzaag (foto G).
12 Plaats de gatenzaag in de boormachine (foto H).
13 Boor van buitenaf het gat voor de ventilatieopening (foto I).
14 Verwijder het uitgezaagde deel (foto J).

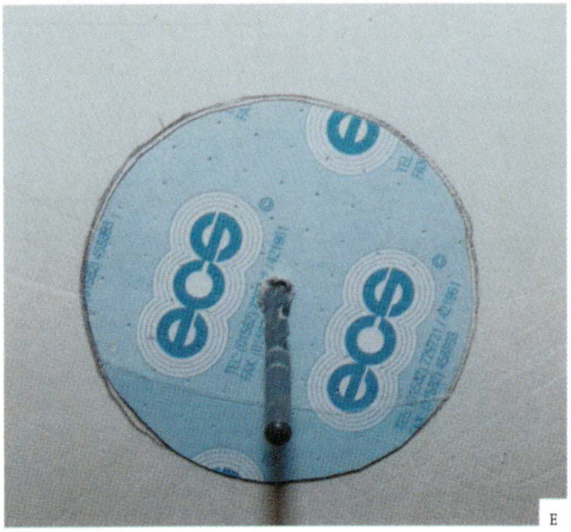
E

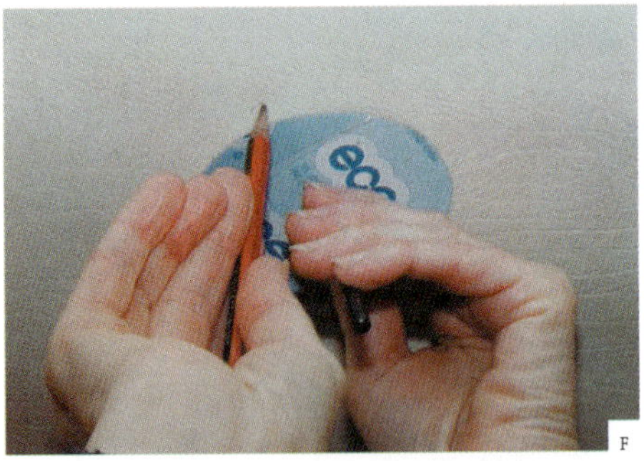
F

G

H

I

J

K

L

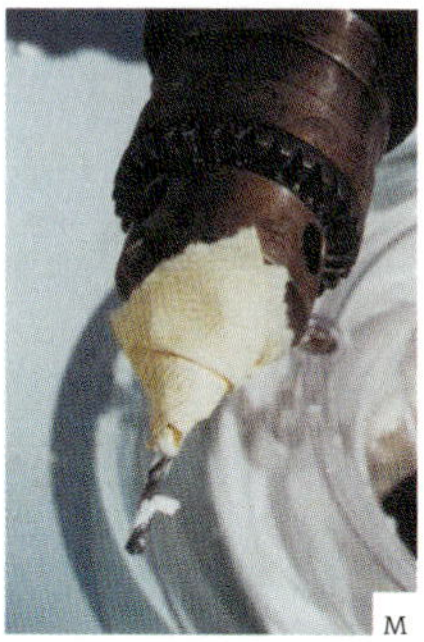
M

15 Het binnenaanzicht (foto K).

16 Plaats de ventilator zoals beschreven in de meegeleverde instructies en teken de bevestigingsgaatjes af (foto L).

17 Meet de lengte en de kerndiameter van de bevestigingsschroeven. De boordiameter moet iets groter zijn dan de kerndiameter van de schroeven, anders zal de polyesterhars kapot breken bij het schroeven.

18 Markeer met een stukje afplakband op de boor hoe diep je moet boren, zodat je niet helemaal door en door boort (foto M).

19 Boor de gaatjes voor de schroeven.

20 Breng wat kit aan in de gaatjes om te voorkomen dat water in de kern kan dringen. Dit is zeker erg belangrijk wanneer de kern bestaat uit balsahout aangezien dit gemakkelijk kan rotten (foto N).

21 Draai alle bevestigingsschroeven op hun plaats (foto O).

22 Het eindresultaat (foto P).

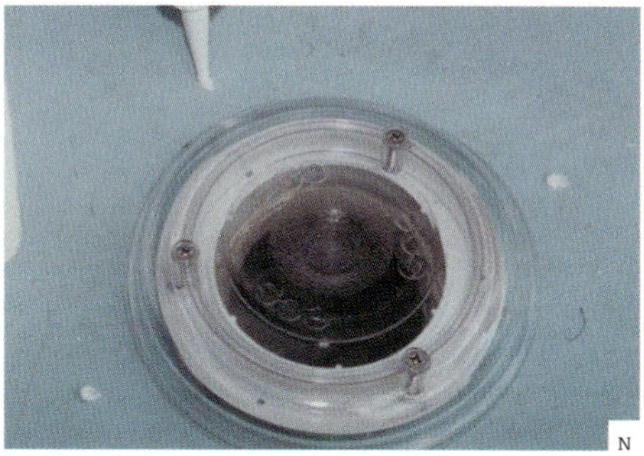
N

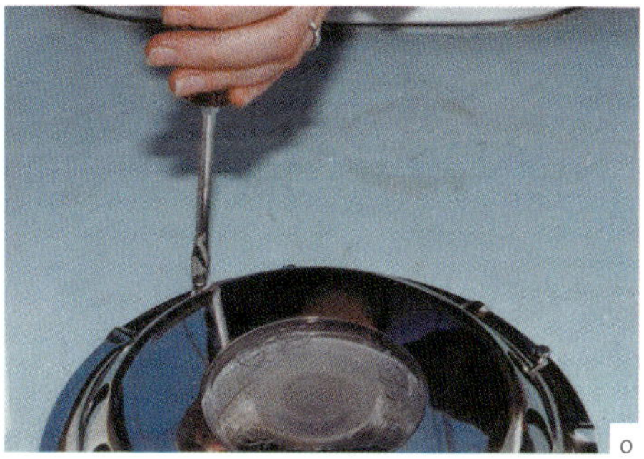
O

P

63 – Losnemen en monteren van dekbeslag

Waarom is het nodig?
Soms moet er een kapot stuk beslag worden vervangen of, zoals in dit geval, een lek worden gedicht dat is begonnen bij een scepterpot.

Wanneer is het nodig?
Wanneer er een probleem is.

Benodigde gereedschappen
Sleutels en schroevendraaiers, een scherp mes, kit en afplakband.

Moeilijkheidsgraad

1 Zoek onderdeks naar de moeren waarmee het beslag op het dek is gemonteerd (foto A).

Dit kan moeilijk zijn omdat er vaak wordt gewerkt met binnenschalen die het zicht op de binnenzijde van het dek belemmeren. Wanneer je niet achter de binnenschaal kunt komen, zul je gaten moeten zagen om toegang tot de moeren te verkrijgen (foto B).

Om kosten te besparen worden er ook wel eens aluminium platen in het dek gelamineerd waarin gaten met schroefdraad wordt getapt zodat moeren aan de binnenzijde niet meer nodig zijn. Maar roestvaststalen bouten die worden geschroefd in aluminium platen resulteren in elektrolytische corrosie waardoor het erg moeilijk kan zijn om de bouten los te schroeven. De corrosie kan de schroefdraad ook volledig wegvreten waardoor de bouten los komen te zitten.

De kans is groot dat je bij het opnieuw monteren van de scepterpot alsnog met moeren moet gaan werken om de bouten vast te kunnen zetten, terwijl de plek waar dit moet gebeuren zo goed als onbereikbaar is. Hier is een toegangsluikje aangebracht (foto C).

A

B

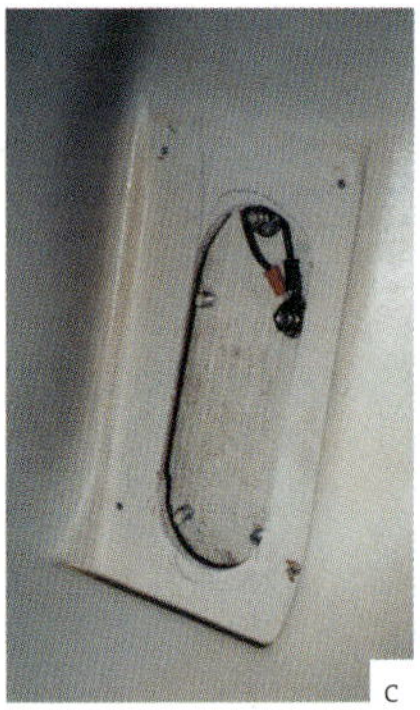
C

D

2 Hier (foto D) zitten de moeren achter plafondbekleding die met lijm is vastgeplakt. Aangezien de plafondbekleding aan de zijkant achter timmerwerk is vastgezet, is om zo min mogelijk schade te veroorzaken ervoor gekozen de plafondbekleding open te snijden in plaats van het timmerwerk weg te halen.

3 Verwijder de moeren en de ringen. Wanneer je alleen aan het werk bent kun je voorkomen dat de moer gaat meedraaien door een ringsleutel te gebruiken die niet kan meedraaien doordat deze door de wand wordt tegengehouden (foto E).
4 Verwijder de bevestigingsbouten en het dekbeslag, in dit geval een scepterpot (foto F).
5 Maak het dek goed schoon en zorg ervoor dat alle kitresten verwijderd zijn. In dit geval werkte thinner goed om de kitresten op te lossen. Let er wel op dat je geen middelen gebruikt die het dek aantasten. Probeer het uit op een stukje dek dat uit het zicht zit en draag beschermende handschoenen (foto G).
6 Neem de dubbelingsplaat los en maak deze goed schoon (foto H).
7 Maak de onderkant van het dek schoon met een schraper en schuurpapier (foto's I en J).
8 Omdat het in dit geval ging om een lekkage zijn de gaten met pluggen afgedicht (foto K) en is er binnen een luchtontvochtiger geplaatst om alles gedurende een langere periode goed te laten drogen (foto L).
9 Plak afplakband rondom de plaats waar het dekbeslag geplaatst wordt. Zorg ervoor dat het afplakband niet onder het beslag komt te zitten (foto M).
10 Breng kit aan op het dek en trek een rondje rondom de gaten van de bouten. Probeer de uiteinden van de bouten schoon te houden tijdens het in elkaar zetten (foto's N en O).

E

F

G

H

I

J

K

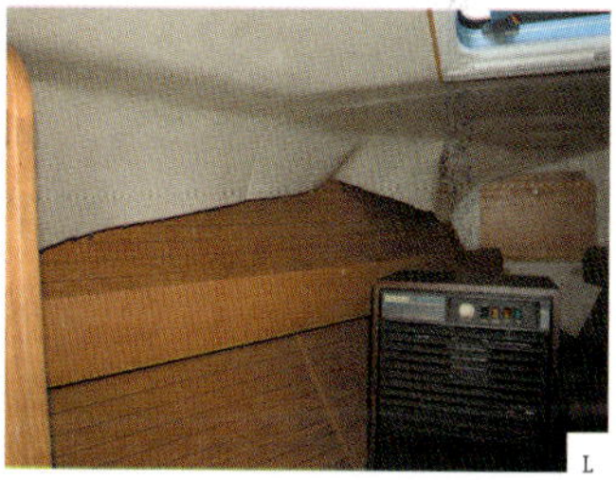
L

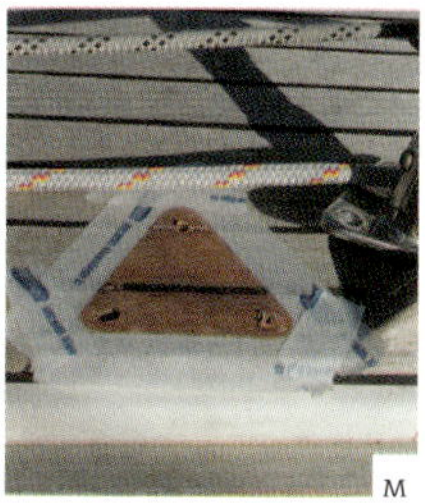
M

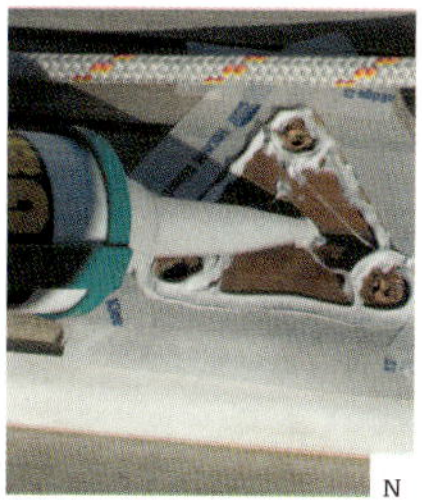
N

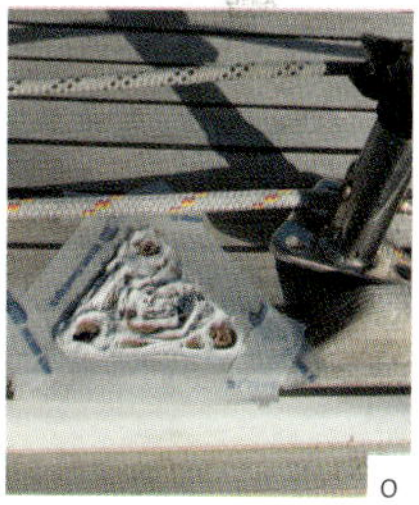
O

11 Breng kit aan op de bouten, net onder de kop, zodat er geen kit komt op het uitende van de bouten wanneer je ze op hun plaats drukt (foto P).
12 Plaats het beslag en de bouten en probeer alles net vrij te houden van het dek zodat de kit niet wordt platgedrukt (foto Q).
13 Druk het beslag op het dek (foto R).
14 Plaats de dubbeling aan de onderzijde van het dek en draai de moeren met de ringen op de bouten (foto S).
15 Draai nu de bouten en de moeren goed aan. Dit zal vrijwel zeker vragen om een paar extra handen, zodat de een onderdeks de moeren aan kan draaien terwijl de ander de bouten vasthoudt. Zijn de bouten voorzien van een sleufkop waarin een schroevendraaier past, laat de sleuven dan mooi meelopen met de lijnen van de boot (foto T).
16 Zodra de kit is uitgehard kun je deze met een scherp mes of een scherp gemaakt plaatje kunststof/hout tot tegen het beslag aan afsnijden (foto U).
17 Verwijder het afplakband (foto V).
18 Plaats onderdeks alles weer terug dat is verwijderd om toegang te krijgen tot de moeren.
19 Plafondbekleding kan worden teruggelijmd met speciale vinyllijm (foto W).

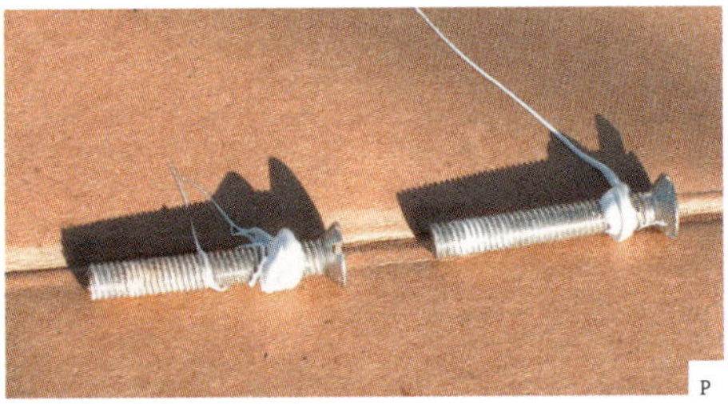
P

R

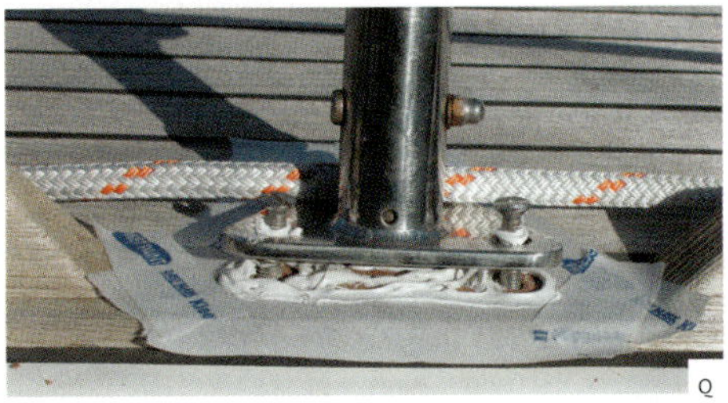
Q

S

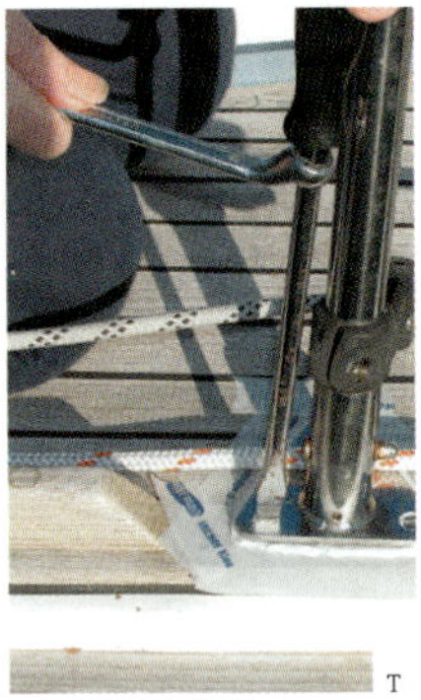
T

U

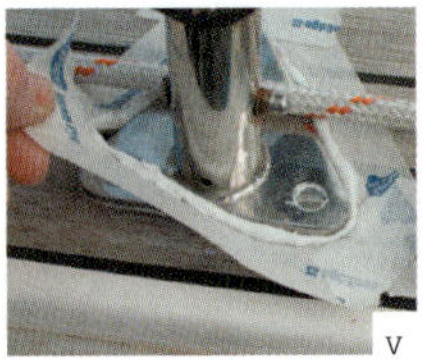
V

Tip
Wanneer je de bouten waarmee het beslag aan dek vastzit meteen helemaal aantrekt, pers je een groot deel van de kit onder het beslag vandaan. Om dit te voorkomen kun je een paar rubber O-ringetjes of andere kleine stukjes zacht rubber van ca. 1-2 mm dik in de kit aan de onderzijde van het beslag drukken voordat je het op het dek plaatst. Trek in eerste instantie de bouten aan totdat de rubber afstandhouders het dek raken en laat de kit een nachtje uitharden. De uitgeharde kit vormt samen met de kleine stukjes rubber een precies passende rubber pakking tussen het beslag en het dek. Trek een dag later de bouten verder aan, zodat de uitgeharde kitpakking goed wordt samengedrukt en snij de uitgeharde kit langs de rand van het beslag af.

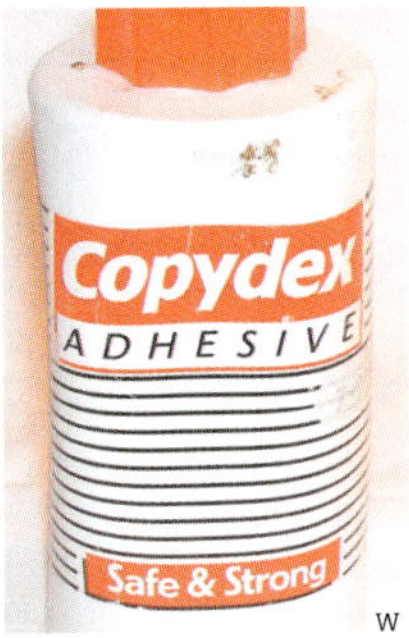

W

Lekkages

64 - Opsporen van een lek

Waarom is het nodig?
Omdat de boot anders erg vochtig wordt.

Wanneer is het nodig?
Zodra je een lekkage vermoedt.

Wanneer je bemerkt dat de boot aan de binnenzijde vochtig is, hoeft dit niet meteen te betekenen dat er ergens een lek aanwezig is. Condensatie kan ook de oorzaak zijn.

Condens
Ontoereikende ventilatie heeft condens tot gevolg en de ventilatie is zeker in het voor- en najaar al snel ontoereikend.

Wanneer de ramen en de raamlijsten beslagen zijn dan kun je condens verwachten op elk ander koud oppervlak in de boot. Naarmate zich meer condens vormt, zal het naar beneden gaan druppelen en op die manier mogelijk een vals lekspoor vormen. Wanneer condens zichtbaar is, is de kans groot dat de onderkant van de matrassen en kussens ook vochtig wordt. De echte oplossing is het verbeteren van de ventilatie, maar er zijn speciale matten verkrijgbaar om onder de matrassen te leggen waardoor de kussens ondanks de gebrekkige ventilatie niet meer zo vochtig worden.

Vereiste handigheid
Hangt er vanaf waar het lek zich bevindt en wat je moet doen om erbij te kunnen. Vastberadenheid is vaak minstens zo belangrijk als handigheid.

Benodigde gereedschappen
Onvoorspelbaar wanneer je net begonnen bent met het opsporen. Maar het kan nodig zijn om bijvoorbeeld plafondbeplating, een kastje of bedrading weg te halen.

Een echt lek
Wanneer je condensatie hebt uitgesloten als oorzaak van het vocht in de boot kun je aannemen dat er ergens een echt lek is.

1. Lekken kunnen erg lastig te vinden zijn. Het lek zelf kan zich op een heel andere plaats bevinden dan waar het lekwater zichtbaar is.
2. Zoek in de buurt van waar het lekwater zichtbaar is het dichtstbijzijnde dekbeslag dat zich op gelijk niveau of boven de plek van het lekwater bevindt.
3. Controleer de bevestigingsbouten en de afdichtingskit op beweging en slijtage, voor het geval dat het lek zich op deze eenvoudige manier verraadt.
4. Bekijk de onderzijde van het dek rondom de plaats van het dichtstbijzijnde dekbeslag en controleer of je er leksporen ziet.
5. Wanneer je niks kunt vinden zal je verder moeten zoeken, waarbij je het zoekgebied rondom het zichtbare lekwater steeds verder vergroot en naar boven toe uitbreidt om het werkelijke lek te kunnen vinden.
6. Wanneer je het lek nog steeds niet kunt vinden zal je alles goed droog moeten maken. Vervolgens bepoeder je het oppervlak rondom de plaats waar lekwater zichtbaar was met talkpoeder in de hoop dat je de leksporen goed kunt volgen wanneer er weer lekwater naar binnen dringt.

7 Door met een krachtige waterstraal over het dek te spuiten kan het lek zich ook verraden, maar zorg ervoor dat je geen schade toebrengt of zelfs lekken veroorzaakt door met een hogedrukspuit in kitnaden te spuiten.

8 Uitgedroogde kitnaden rondom een dekluik of een raam zijn vaak de oorzaak van een lek. Wanneer dit het geval is blijft er weinig anders over dan alles uit elkaar te halen, kitresten en vuil grondig te verwijderen en vervolgens het hele spul met geschikte kit weer in elkaar te zetten. Een poging om met een klodder verse kit de oude kitnaad te herstellen mislukt vrijwel altijd.

Water in de bilge

Het eerste wat je doet wanneer je water in de bilge hebt, is controleren of het zout of zoet water is. Bij zout water weet je zeker dat het van buiten komt, bij zoet water zijn er meer mogelijkheden.

Zoet water dat van binnen komt

- Zoet water is vaak afkomstig van het drinkwatersysteem, alhoewel het natuurlijk ook het gevolg kan zijn van lekkage van boven (regenwater) of, wanneer je op zoet water vaart, lekkage van onder (vaarwater).
- Wanneer je een heetwatersysteem aan boord hebt zal er een overdrukventiel zijn geplaatst op de boiler, dat elke keer wanneer je de boiler aanzet even zal openen. Hierdoor kan er dan telkens een beetje water in de bilge stromen. Sommige werven leiden dit lekwater via een slangetje standaard naar de bilge, andere werven plaatsen niet eens een slangetje (foto A).
- Wanneer dit de oorzaak is van het zoete water in de bilge, leid het lekwater van de boiler dan met een slangetje naar een plastic fles, die je kunt legen wanneer het nodig is (foto's B en C).
- Zoet water in de bilge waar antivries in zit is afkomstig uit het koelvloeistofsysteem van een indirect gekoelde motor. Controleer dit.

A

B

C

D

Zout of zoet water dat van buiten komt

- Zout of zoet water dan van buiten komt kan afkomstig zijn van het koelwatersysteem van de motor, een lekkage in de romp, lekkage van bovenaf (regen) of de ankerkettingbak.
- Wanneer het water afkomstig is van het koelwatersysteem van de motor zal er zeer waarschijnlijk een spoor van zoutkristallen zichtbaar zijn rondom het lek wanneer er op zout water wordt gevaren. Let vooral goed op de impellerpomp, de slangen en de uitlaatbocht.
- Alle schroefasafdichtingen, behalve de speciale lekvrije zoals de Volvo -schroefasafdichting, zullen wat water naar binnen laten druppelen. Dit is nodig om het pakkingmateriaal te smeren en te koelen. Overmatige lekkage vraagt om aandacht.
- Een loszittende P-steun van de schroefas kan ook de oorzaak zijn van water dat de romp in sijpelt. Maak het oppervlak rondom de binnenzijde van de P-steun goed schoon en droog en bestuif het met talkpoeder om het lek te vinden.
- De lagering/afdichting aan de bovenzijde van de hennegatskoker kan versleten zijn waardoor er water binnen kan komen (foto D), zeker wanneer er vol gas wordt gevaren en het achterschip in het water wordt gedrukt.
- De rubber O-ring in het huis van de loggever kan lekken.
- Wanneer het afvoergaatje onder in de ankerbak is verstopt kan het water zich in de ankerbak ophopen en mogelijk op die manier een weg naar de bilge vinden. Maak de ankerkettingbak leeg en giet er water in om te zien wat er gebeurt.
- Bekijk de afsluiters om te zien of er door vorst misschien haarscheuren zijn ontstaan waardoorheen water naar binnen komt.
- Controleer of er bij de kielbouten water naar binnen sijpelt.

Lieren

65 - Onderhoud

Waarom is het nodig
Liervet kan na verloop van tijd verouderen waardoor de lier stroever gaat draaien. Ook kunnen palletjes vast blijven plakken waardoor de lier plotseling terug kan schieten. Hierdoor kunnen ongelukken ontstaan.

Wanneer is het nodig
Op toerjachten moeten lieren eenmaal per jaar worden onderhouden, op wedstrijdjachten zal dit meerdere malen per seizoen nodig zijn.

Je hebt voor het onderhouden van lieren niet veel gereedschap of vakmanschap nodig, maar een beetje geduld kan handig zijn wanneer je de palletjes (die ervoor zorgen dat de lier niet terug kan draaien) op hun plek probeert te zetten. En maak niet de fout alles met een dikke laag vet in elkaar te plakken!

Benodigde gereedschappen
De instructies die met de lier zijn meegeleverd zullen veelal een beeld geven van de benodigde gereedschappen.
Diesel of benzine om alles goed schoon te maken en verder liervet, dunne olie, een poetslap en een klein zacht kwastje.
Een reparatiesetje voor de lier zal wat veertjes en reservepalletjes bevatten die handig kunnen zijn wanneer een dergelijk onderdeeltje overboord gaat of kapot is gegaan.
Een bak om alle onderdelen in te leggen.

Moeilijkheidsgraad

Lieren staan over het algemeen op plaatsen waar onderdelen die je bij het uit elkaar halen laat vallen, direct in het water vallen. Neem dus de tijd en houd alles goed vast. Leg losse onderdelen in een bak in de kuip en niet los op het (bolle) kajuitdak of dek.

Op de foto's is te zien hoe een Anderson 40ST lier (foto A) uit elkaar wordt gehaald voor onderhoud, maar voor andere lieren geldt in grote lijnen hetzelfde verhaal.

1 Verwijder de drie schroeven (foto B1) uit bovenkant van de arm van de zelfhalende kop en neem het afdekplaatje los (foto B2). Markeer met een potlood of stift de positie van de arm op de lierkop (foto B3) zodat deze bij het in elkaar zitten weer in de juiste stand kan worden gemonteerd.
2 Schuif de arm van de zelfhalende kop samen met de liertrommel omhoog. Zodra de trommel los komt kan de arm eraf vallen. Houd de lierkop bij het omhoog schuiven dan ook met beide handen tussen duim en wijsvinger vast, zodat de arm er niet af kan vallen (foto C).

A

B1

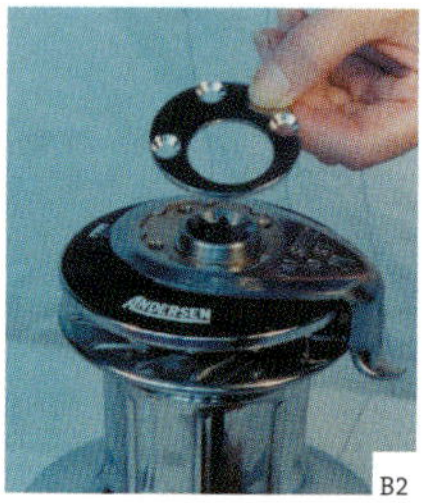
B2

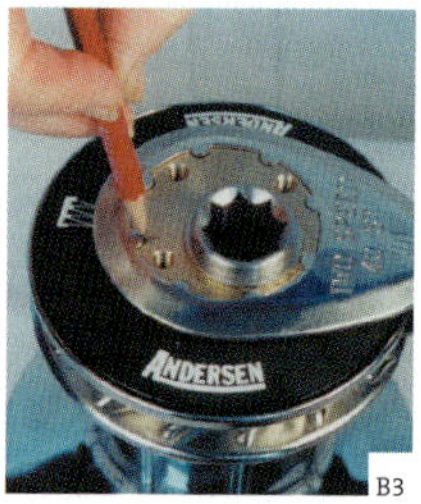

B3

C

D

E1

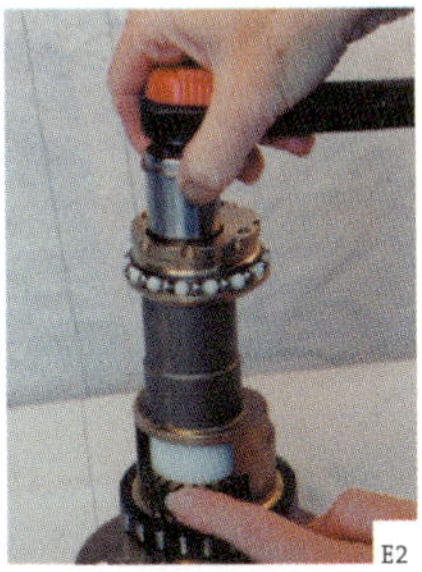
E2

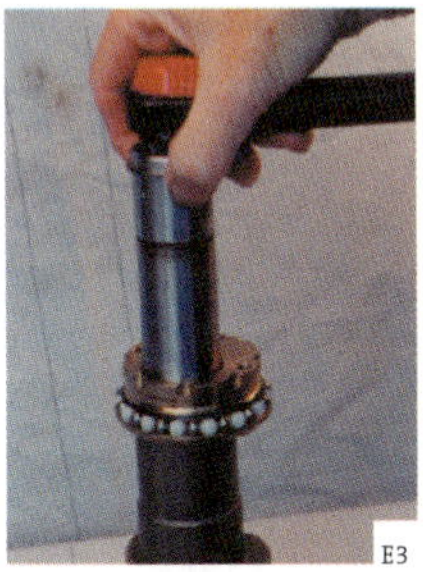
E3

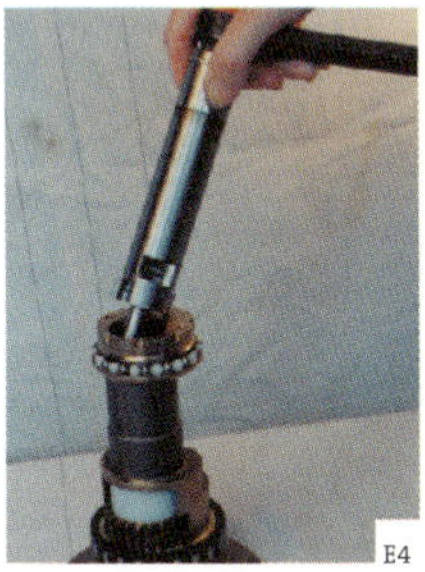
E4

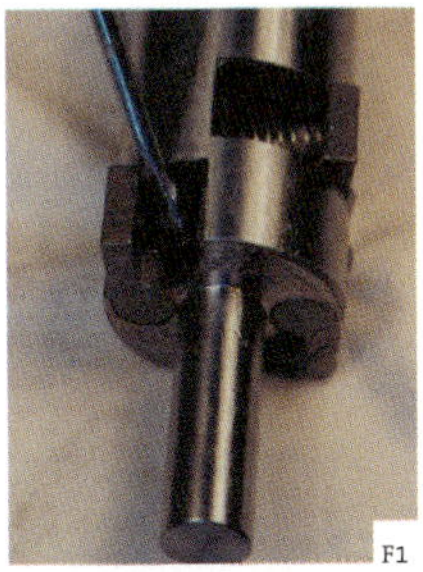
F1

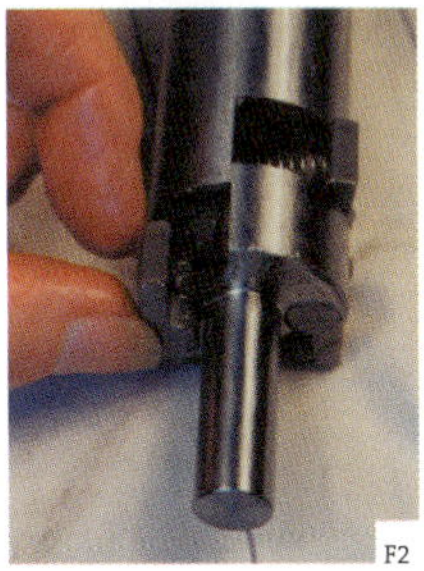
F2

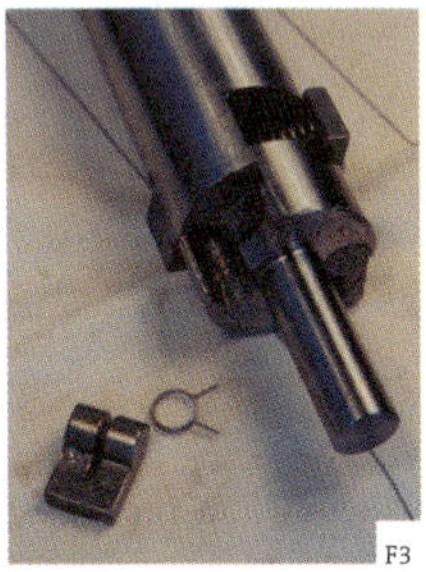
F3

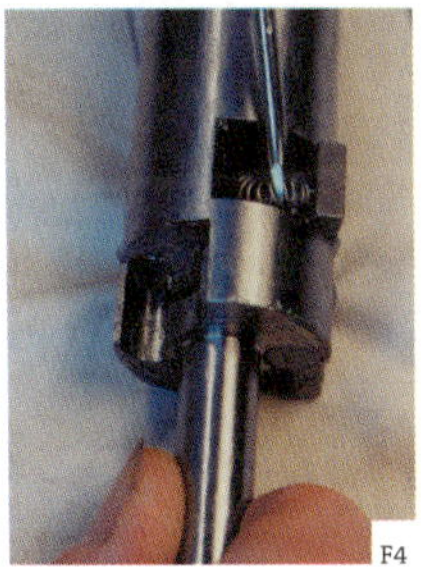
F4

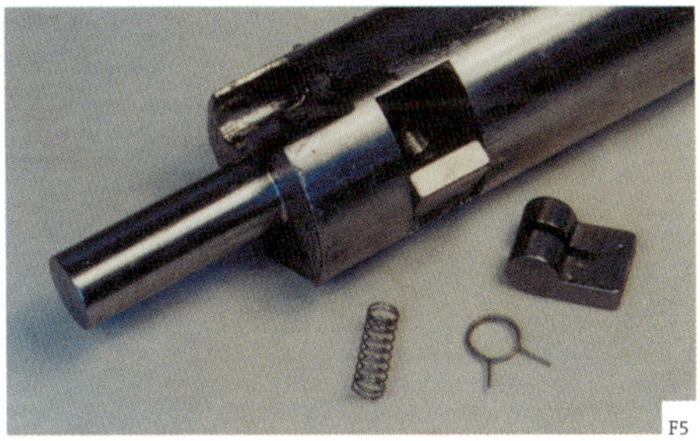
F5

3 Zet de lierhendel in de aandrijfas van de lier en trek de aandrijfas voorzichtig omhoog met behulp van de lierhendel. Draai tegelijkertijd de bovenste en onderste tandwielen langzaam met de klok mee (foto E1) en haal de aandrijfas er helemaal uit (foto's E2, E3 en E4). Bij deze handeling draai je met de vingers van de ene hand langzaam alle tandwielen tegelijkertijd met de klok mee, terwijl je met je andere hand rustig de aandrijfas naar boven trekt zonder deze te verdraaien. Het is een kwestie van voorzichtig aanpakken waarbij je vrijwel geen kracht hoeft te zetten.

4 Verwijder de onderste palletjes en veertjes uit de aandrijfas. De bovenste palletjes kunnen niet worden losgenomen. Met behulp van een kleine schroevendraaier kun je de veertjes voorzichtig uit de groef wippen die ze op hun plaats houdt in de aandrijfas (foto F1) zodat je de palletjes uit de behuizing kunt schuiven (foto F2) samen met de veertjes (foto F3). De spiraalveertjes achter de bovenste palletjes kunnen ook met een schroevendraaier worden verwijderd (foto F4). Verlies de veertjes niet en let erop dat ze niet wegspringen op het moment dat ze uit de behuizing komen (foto F5). Het is absoluut aan te raden deze werkzaamheden niet uit te voeren aan de rand van de boot.

5 Verwijder het rollager door voorzichtig een schroevendraaier te steken tussen het rollager en de basis van de lier. Schuif het rollager gelijkmatig omhoog, anders gaat het schranken. Met beleid gaat het prima. (foto's G1 en G2).
6 Verwijder de kunststof bus (foto H1) en het tandwiel (foto H2).
7 Gebruik een schroevendraaier om de tandwielas (foto's I1 en I2) en het tandwiel (foto I3) te verwijderen. De as is glibberig, laat deze niet vallen zodra deze los komt. Gebruik een schroevendraaier om het onderste tandwiel wat op te tillen zodat het los komt (foto I4).
8 Maak de kogels van het kogellager aan de bovenzijde van de lierbasis goed schoon met een poetslap. Verwijder de kogels NIET en maak ook de ring waar de kogels in zitten NIET los. Maak alle onderdelen goed schoon met benzine of diesel, inclusief de tandwielen, aandrijfas, rollager en de kogellagergeleiding in de liertrommel (foto's J1, J2, J3 en J4).

G1

G2

H1

H2

I1

I2

I3

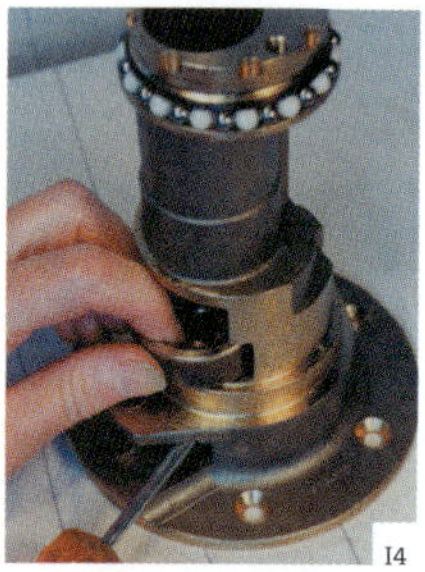
I4

J1

J2

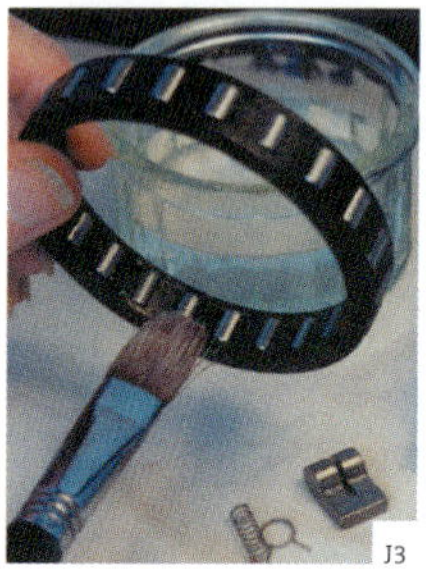
J3

J4

9 Zet alles in omgekeerde volgorde weer in elkaar (foto's K1 en K2).

10 Vet tijdens het in elkaar zetten DUNNETJES de tandwielen, aandrijfas, rollager, lierbasis, kogels, palletjes, veertjes en kunststof bus in met een zacht kwastje. Palletjes kunnen worden ingevet met een ZEER DUN laagje liervet of met dunne machineolie (foto's L1 en L2).

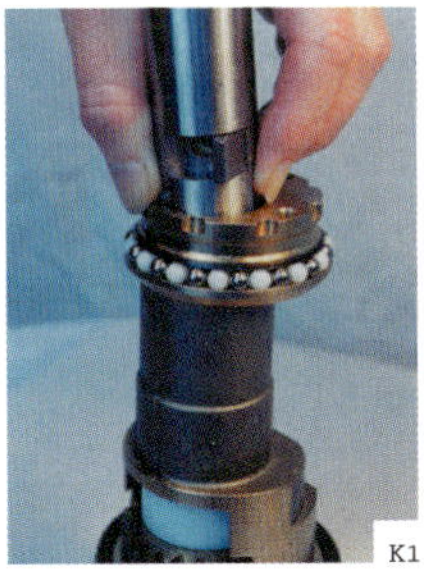
K1

K2

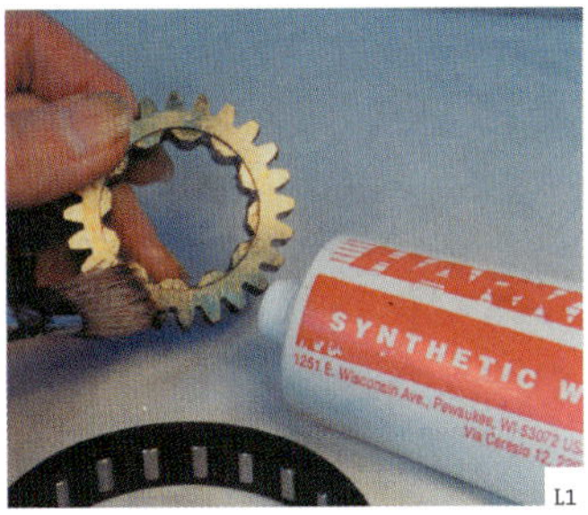

L1

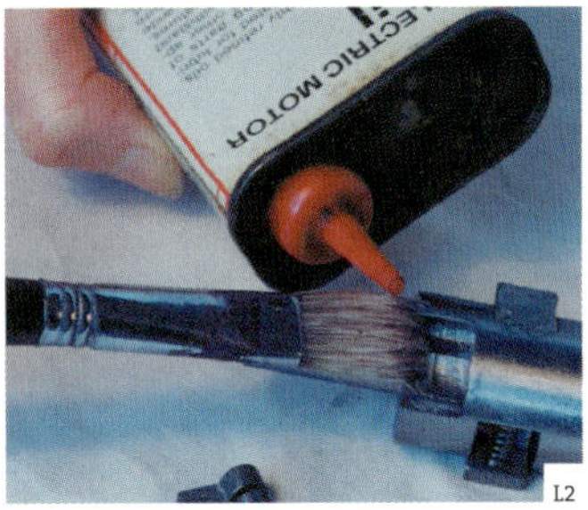
L2

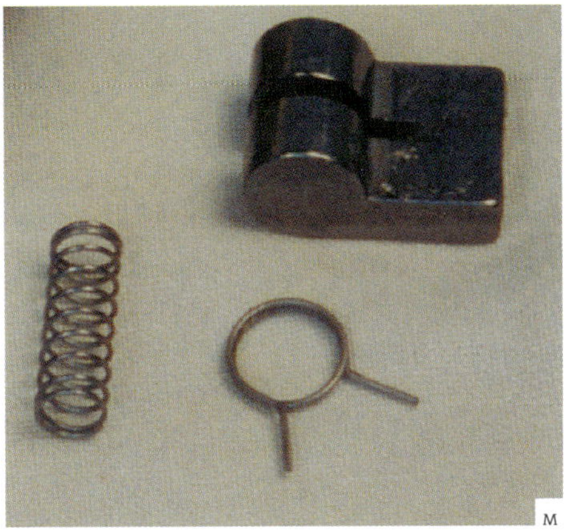
M

LET OP:

Het is belangrijk dat de palletjes soepel kunnen bewegen. Controleer voordat je de aandrijfas weer in de lierbasis schuift of alle palletjes vrij bewegen door ze in te drukken. De palletjes moeten gemakkelijk bewegen en vanzelf weer terugbewegen naar de beginpositie, waarin de palletjes op de vertanding aangrijpen. Wanneer de palletjes niet soepel bewegen, maak ze dan opnieuw schoon en vet ze weer dun in. Werken ze dan nog steeds niet naar behoren, vervang dan de veertjes (foto M). Niet goed werkende palletjes kunnen ertoe leiden dan de lier plotseling terug kan schieten, iets wat bij een stevig trekkende genuaschoot al snel tot ongecontroleerde en gevaarlijke situaties kan leiden.

Foto N laat zien hoe een Harken lier in elkaar zit.

N

Ankerlieren

66 - Onderhoud

Waarom is het nodig?
De ankerlier staat voor op de boot en wordt regelmatig overspoeld met (zout) water. Wanneer de elektromotor van de lier is geplaatst in de kettingbak bevindt deze zich in een vochtige (zoute) omgeving. Hoewel de lier en de motor zijn ontworpen voor gebruik in dit soort omstandigheden is corrosie vrijwel onvermijdelijk.

Wanneer is het nodig?
Laat de lier regelmatig even draaien en spoel de lier regelmatig af met schoon water. Geef de lier jaarlijks een grondige beurt, zoals voorgeschreven in het meegeleverde handboek.

Benodigde gereedschappen
Zeewaterbestendig vet, een vetspuit en sleutels.

Moeilijkheidsgraad
(De moeilijkheidsgraad ligt een stuk hoger wanneer de lier oud is en al lange tijd niet is onderhouden – dit kan zelfs betekenen dat het ding niet eens meer uit elkaar kan worden gehaald.)

De meeste afbeeldingen zijn gemaakt van een SL 555 Sea Tiger horizontale handankerlier, maar het verhaal geldt ook voor veel andere type ankerlieren. De elektrische verticale ankerlier die verderop wordt getoond is van het merk Lofrans.

Ankerlieren kunnen handmatig of elektrisch worden bediend. Er bestaan zowel horizontale ankerlieren waarbij de as waarop de kettingschijf is geplaatst horizontaal ligt, als verticale ankerlieren, ook wel kaapstanders genoemd.

- Het is belangrijk de ankerlier regelmatig met schoon water af te spoelen en te laten draaien (foto's A1, A2 en A3).

A1

A2

A3

B

- Beleg de ankerketting altijd op een sterk punt op het voordek. Wanneer de uitgevierde ankerketting rechtstreeks aan de ankerlier rukt en trekt kan er schade ontstaan aan de as, de lagers of de tandwielen van de ankerlier. Zorg ervoor dat, wanneer je de ketting belegt op een kikker, het vrije eind bovenop ligt zodat de ketting ook kan worden losgemaakt als er spanning op staat (foto B).
- Gebruik een nylon lijn als een soort schokbreker tussen de ketting en het bevestigingspunt op het voordek. Deze rekbare lijn dempt de schokken. Je kunt de lijn met een knoop op de ketting beleggen (foto C)...
- ...of met een kettingklauw vasthaken aan de ketting (foto D).
- Gebruik de vetspuit regelmatig om de vetnippels van nieuw vet te voorzien. Geef ook de as een drupje olie op de plaats waar deze in het lierhuis verdwijnt (foto E).
- Vergeet niet om de borgpen te plaatsen wanneer je voor anker ligt om te voorkomen dat de ketting van de ankerrol afwipt en je boeg eraf zaagt! (foto F).
- Wanneer je de ketting met de hand snel wilt kunnen binnenhalen is een kettingstopper erg handig (foto's G1 en G2).

C

D

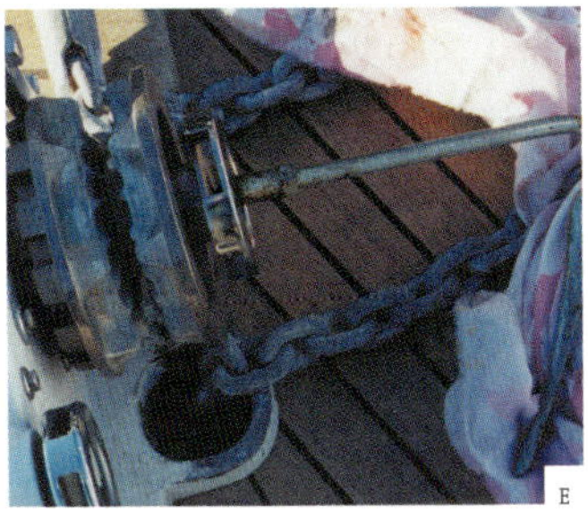
E

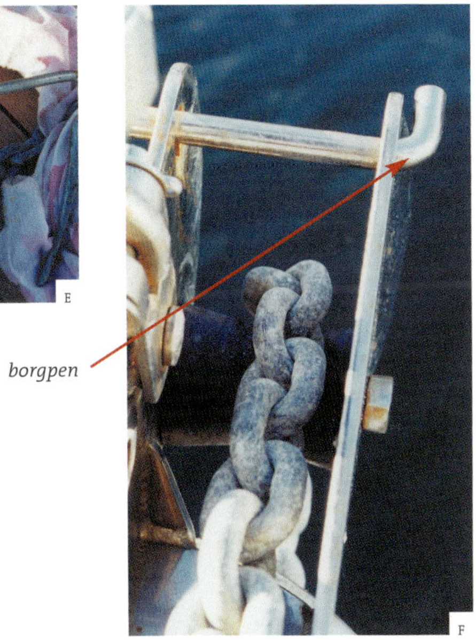

F

G1

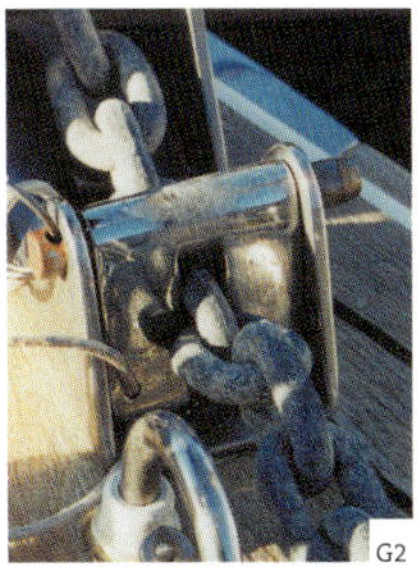
G2

Jaarlijks onderhoud

Controleer voordat je alles uit elkaar haalt op speling van de lagers van de hoofdas. Doe dit door een zijdelingse druk uit te oefenen op de kettingschijf en de verhaalkop. Speling duidt op slijtage, waardoor water in het ankerlierhuis kan dringen en van binnenuit corrosie kan veroorzaken.

Om nieuwe naafbussen te kunnen plaatsen zul je de hele lier uit elkaar moeten halen, een klus die je beter kunt overlaten aan de leverancier of de fabrikant van de ankerlier.

1 Verwijder de bout waarmee de 'touw/ketting uitstoter' vastzit. Aangezien dit een roestvaststalen bout is die is vastgeschroefd in aluminium zal er waarschijnlijk corrosie zijn opgetreden. Het regelmatig losmaken en invetten van deze bout is belangrijk om de bout demontabel te houden. Een andere manier om dit corrosieprobleem onder controle te houden is de bout in te smeren met 'Duralac' of 'Lanocote'. Dit wordt vaak gebruikt op vaste verbindingen tussen aluminium en roestvaststaal, maar werkt ook prima bij verbindingen die soms los moeten (foto H).

2 Verwijder nu de uitstoter. Opnieuw is corrosie hier het grootste probleem en wanneer je de uitstoter niet kunt weghalen kun je ook de kettingschijf niet verwijderen. Je kunt echter het meeste onderhoud ook uitvoeren zonder de kettingschijf te verwijderen en wanneer je de ankerlier jaarlijks voor zover mogelijk een beurt geeft zal deze nog wel wat jaren blijven draaien. Wanneer het echt noodzakelijk is om de uitstoter te verwijderen maar het lukt niet, dan zul je de ankerlier van het dek moeten losmaken zodat je de bout waarmee de uitstoter vastzit kunt uitboren en de uitstoter eruit kunt persen (foto I).

3 Schuif de pal omlaag zodat de kettingschijf niet kan draaien (foto J).

4 Verwijder de bout waarmee de verhaalkop vastzit (foto K).

L1

L2

L3

5 Schuif de verhaalkop van de hoofdas. Wanneer dit niet jaarlijks gedaan wordt is de kans groot dat de verhaalkop vastzit aan de hoofdas, vooral wanneer de verhaalkop is gemaakt van aluminium (foto's L1, L2 en L3).

6 Let op dat je de spie niet kwijtraakt (foto M).

7 Draai de koppelingmoer los (foto's N1, N2 en N3).

spie

M

N1

N2

N3

koppelingmoer

8 Bescherm het ankerlierhuis met een doek en 'wrik' de kettingschijf los van de koppelingconus (foto O)...

9 ...en schuif de kettingschijf van de hoofdas af (foto's P1 en P2).

Let op

Wanneer je vet naar binnen perst via het vetnippel (foto Q1) komt het weer naar buiten door gaatjes in de schroefdraad en het glijvlak van de hoofdas om op die manier de koppelingmoer, het glijvlak van de kettingschijf en koppelingconus te smeren (foto Q2).

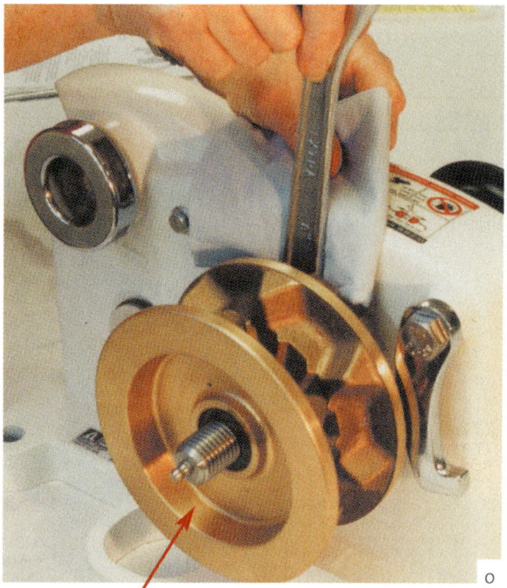
O

P1

P2

kettingschijf *vetnippel* *gaatjes* *koppelingconus*

Q1

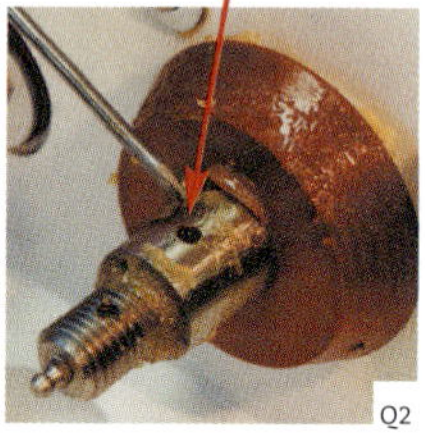
Q2

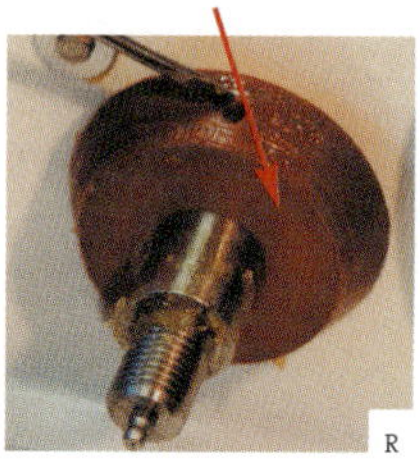
R

10 Indien het nodig is om de koppelingconus te verwijderen zul je de bevestigingspen via dit gaatje naar buiten kunnen drijven (foto R).

11 Wanneer je vermoed dat er water in het ankerlierhuis is gedrongen, zul je de ankerlier van het dek moeten losmaken zodat je de bodemplaat kunt losschroeven om het water te verwijderen (foto's S1, S2 en S3).

S1

S2

S3

- Beschadig de pakking van de bodemplaat niet. Maak de tandwielen schoon en vet ze opnieuw in. Wanneer er veel corrosie in het lierhuis aanwezig is zul je de corrosie moeten verwijderen en de gecorrodeerde veertjes van de pallen moeten vervangen om te voorkomen dat ze breken. Ook kunnen de palletjes door corrosie vast gaan zitten.
- Denk eraan de nylon busjes te plaatsen bij het bevestigen van de ankerlier op het dek, zodat het aluminium is geïsoleerd van de roestvaststalen bouten (foto T). Wanneer de oude nylon busjes zijn opengescheurd, plaats dan nieuwe. Controleer nadat je de ankerlier een paar keer hebt belast of alles nog goed vast zit.

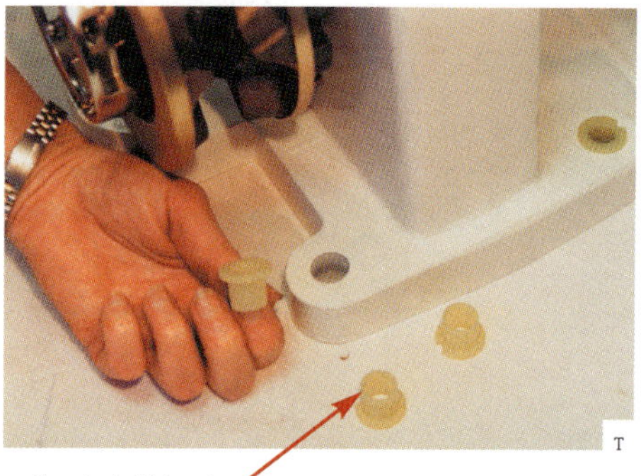
T

nylon isolatiebusjes

U

V

W

Elektrische ankerlieren

Wanneer er een elektrische ankerlier aanwezig is zul je moeten letten op corrosie van het motorhuis en de elektrische aansluitingen.

- Deze elektromotor is geplaatst in de kettingbak. Tegen het plafond is de condens duidelijk zichtbaar (foto U).

- Een verticale ankerlier: een kaapstander (foto V).
- De pal scharniert rondom een roestvaststalen bout die is vastgeschroefd in de aluminium basis van de lier. Hoewel er een nylon busje zit op de plaats waar de as door de pal heen steekt, zal de roestvaststalen schroefdraad uiteindelijk vast gaan zitten in het aluminium. Verwijder deze bout jaarlijks en smeer deze in met vet, Duralac of Lanocote om de corrosie zo lang mogelijk uit te stellen. Alleen op die manier zal het mogelijk blijven de kettingschijf te kunnen verwijderen wanneer het een keer nodig is.

- Houd alle elektrische contacten schoon en vrij van corrosie. Er loopt een grote stroom wanneer de lier moet werken en corrosie kan een sterke spanningsval veroorzaken (foto W).

Opblaasboten

67 - Repareren van een lek

Waarom is het nodig?
Omdat een lekke opblaasboot leegloopt.

Wanneer is het nodig?
Zodra je een lek ontdekt.

Benodigde gereedschappen
Schuurpapier, een schone doek, ontvetter (foto A), kwast, reparatieset, eetlepel, schaar.

Moeilijkheidsgraad

A

Over het algemeen zijn opblaasboten gemaakt van Hypalon of zacht PVC.

Het is van belang lijm en reparatiemateriaal te gebruiken die geschikt zijn voor het materiaal waarvan de opblaasboot is gemaakt. Door te werken met het materiaal dat de fabrikant zelf verkoopt weet je zeker dat het goed zit (foto B). Andere reparatiesets zijn ook in orde, zolang ze maar bedoeld zijn voor het materiaal dat je wilt lijmen.

Hier wordt de procedure voor het plakken van een Zodiac opblaasboot beschreven, maar het verhaal geldt voor alle typen opblaasboten.Houd je strikt aan de voorschiften die bij de reparatieset zijn gevoegd, anders is de kans groot dat de reparatie mislukt. Let daarbij vooral goed op de voorschiften over de temperatuur en de luchtvochtigheid.

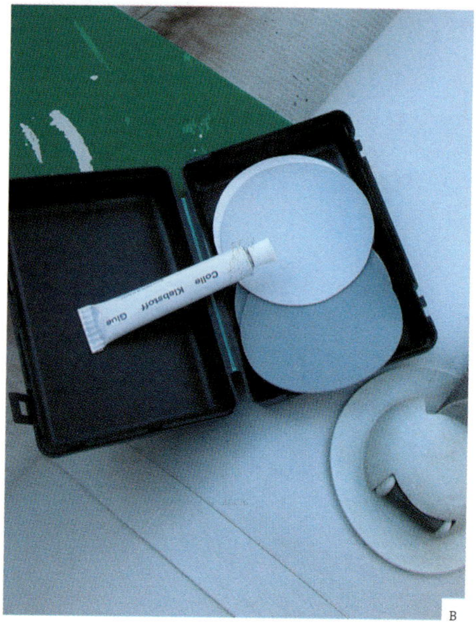

B

C

Het lek opsporen

1 Het lek kan gemakkelijk te vinden zijn door goed te kijken of te luisteren.
2 Zo niet, gebruik dan een kwast en een sopje van afwasmiddel met water om het lek op te sporen (foto C).
3 Smeer met de kwast het sop op de ventielen en de naden (foto D).
4 Smeer wanneer je het lek dan nog niet hebt gevonden het sop op andere verdachte plaatsen en uiteindelijk over de hele opblaasboot (foto E).
5 Een lek veroorzaakt bellen van zeep op de plaats waar de lucht ontsnapt (foto F).
6 Nieuwe ventielen zijn verkrijgbaar bij de watersportwinkel.

D

E

F

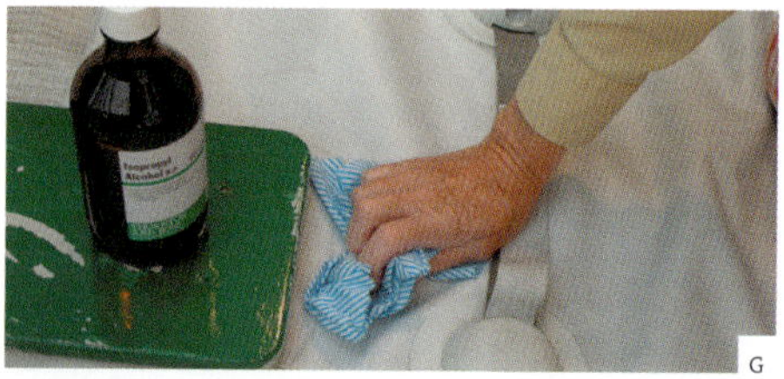
G

H

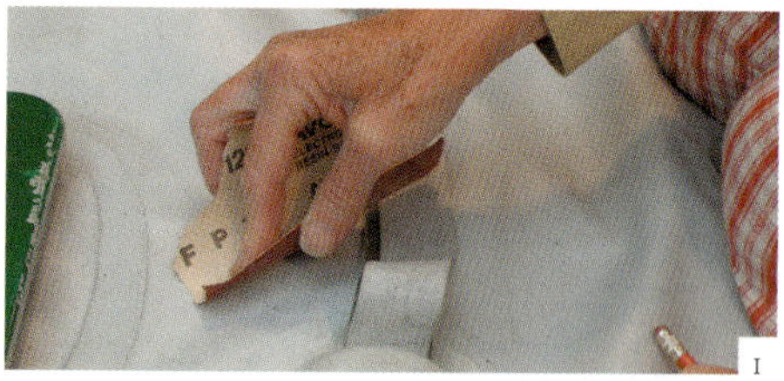
I

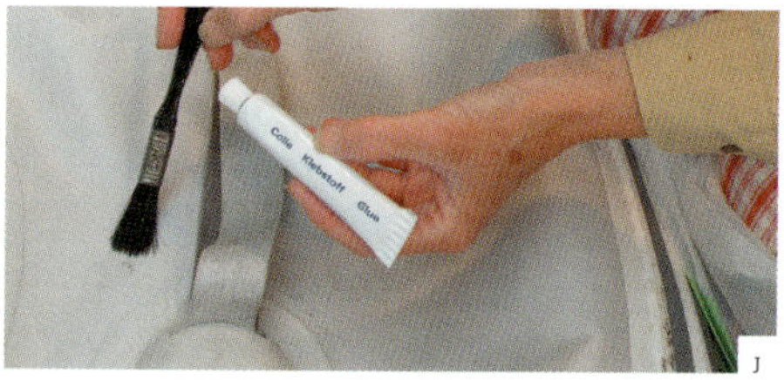

J

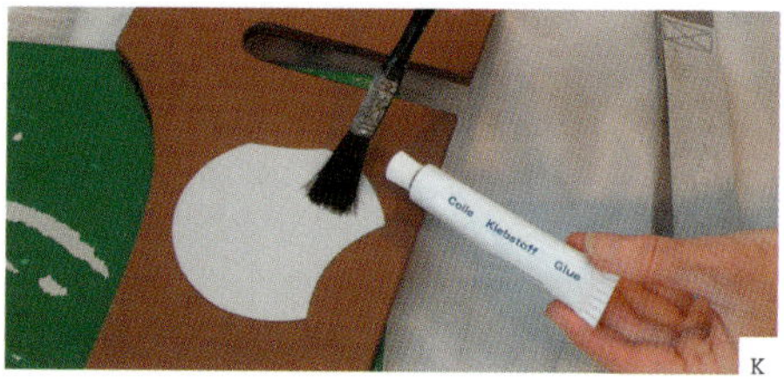

K

Het lek repareren

1. Laat de opblaasboot helemaal leeglopen.
2. Plaats een stevig plat oppervlak, bijvoorbeeld een stuk multiplex, onder de plek die geplakt moet worden.
3. Maak het oppervlak waarop je moet gaan lijmen goed schoon met een ontvetter op basis van alcohol, bijvoorbeeld medicinale alcohol (foto G).
4. Neem een stuk reparatiemateriaal dat minstens 50 mm rondom groter is dan het lek en teken het te bedekken oppervlak af met een potlood (foto H).
5. Ruw het reparatiemateriaal en het oppervlak van de opblaasboot waarop je gaat lijmen op met schuurpapier (foto I).
6. Verwijder met alcohol al het stof van het reparatiemateriaal en het oppervlak waarop je gaat lijmen en laat het minstens 5 minuten goed drogen.
7. Breng vervolgens 3 dunne lagen lijm aan op zowel de opblaasboot als op het stukje reparatiemateriaal, waarbij je het telkens 5 minuten laat drogen (foto J en K).
8. Laat het geheel nog 5 minuten drogen en plaats het reparatiemateriaal dan voorzichtig op de plek waar je het wilt hebben (foto L).
9. Druk met de bolle kant van een eetlepel het reparatiemateriaal aan, startend in het midden en langzaam naar buiten werkend, zodat alle lucht wordt weggeperst (foto M).
10. Verwijder overtollige lijm met een daarvoor geschikt oplosmiddel.
11. Stel de reparatie niet bloot aan regen of zon zolang je bezig bent met de reparatie of zolang de lijm nog niet goed gedroogd is.
12. Wacht minstens 24 uur voordat je de opblaasboot weer opblaast (foto N).

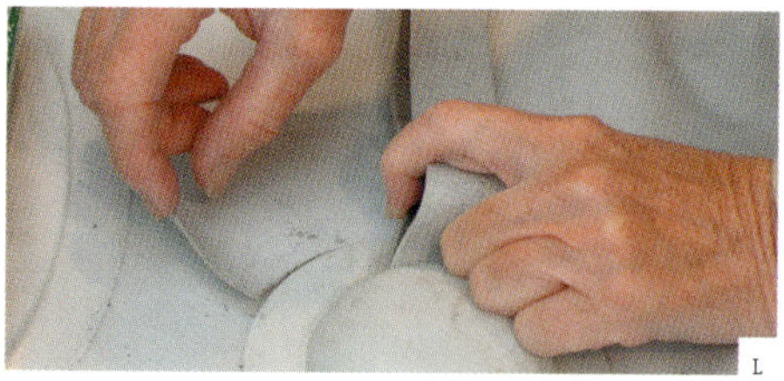
L

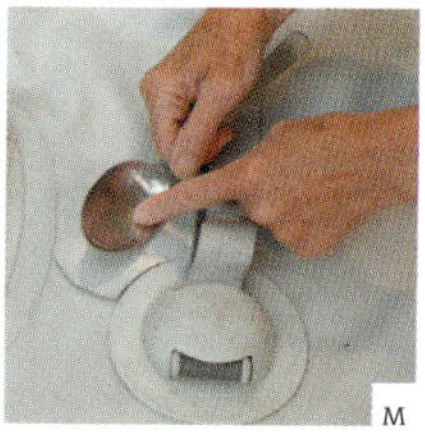
M

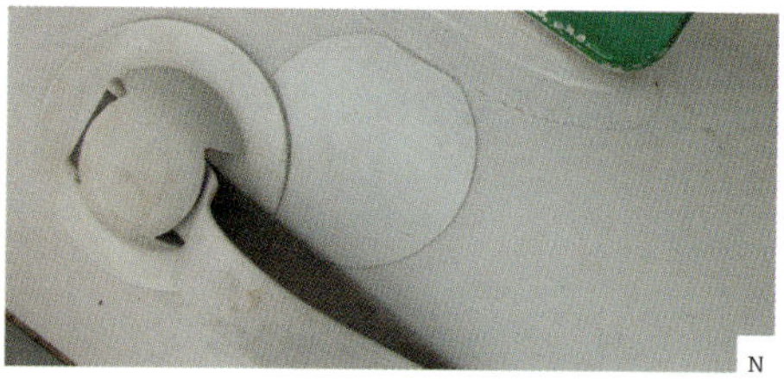
N